纪念季羡林诞辰107周年

（珍藏版）

季羡林自传

季羡林作品集

纪念季羡林诞辰107周年

（珍藏版）

民主与建设出版社
·北京·

© 民主与建设出版社,2018

图书在版编目(CIP)数据

季羡林自传 / 季羡林著. —北京:民主与建设出版社,2018.9
ISBN 978-7-5139-2253-1

Ⅰ.①季… Ⅱ.①季… Ⅲ.①季羡林(1911-2009)—自传 Ⅳ.① K825.4

中国版本图书馆 CIP 数据核字(2018)第 182690 号

季羡林自传
JIXIANLIN ZIZHUAN

出版人	李声笑
责任编辑	刘 芳
封面设计	张 珺
出版发行	民主与建设出版社有限责任公司
电 话	(010)59417747 59419778
社 址	北京市海淀区西三环中路 10 号望海楼 E 座 7 层
邮 编	100142
印 刷	三河市祥宏印务有限公司
版 次	2018 年 10 月第 1 版
印 次	2018 年 10 月第 1 次印刷
开 本	787 毫米 ×1092 毫米 1/16
印 张	24 印张
字 数	215 千字
书 号	ISBN 978-7-5139-2253-1
定 价	39.80 元

注:如有印、装质量问题,请与出版社联系。

我的心是一面镜子[①]（代序）

我在20世纪生活了八十多年了。再过7年，这一世纪，这一千纪就要结束了。这是一个非常复杂、变化多端的世纪。我心里这一面镜子照见的东西当然也是富于变化的，五花八门的，但又多姿多彩的。它既照见了阳关大道，也照见了独木小桥；它既照见了山重水复，也照见了柳暗花明。我不敢保证我这一面心镜绝对通明锃亮，但是我却相信，它是可靠的，其中反映的倒影是符合实际的。

我揣着这一面镜子，一揣揣了八十多年。我现在怎样来评价镜子里照出来的20世纪呢？我现在怎样来评价镜子里照出来的我的一生呢？呜呼，慨难言矣！慨难言矣！"却道天凉好个秋。"我效法这一句词，说上一句：天凉好个冬！

季羡林
1993年

[①] 本文节选自《我的心是一面镜子》。

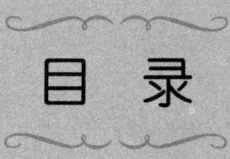
目 录

第一辑　只道寻常

父　辈 / 2

官庄岁月 / 6

大奶奶 / 10

我的母亲 / 13

我的婶母 / 15

我的妻子 / 18

第二辑　游学梦忆（1917—1934）

一师附小 / 22

新育小学 / 24

正谊中学 / 28

山大高中 / 33

省立济南高中 / 38

清华大学 / 41

第三辑 留学哥廷根（1935—1946）

留学去！ / 58

初抵柏林 / 63

在哥廷根学梵文 / 71

汉学研究所讲师 / 82

获得博士学位 / 86

大轰炸、饥饿与乡愁 / 93

我的老师们 / 106

学习吐火罗文 / 115

纳粹末日 / 122

别了，哥廷根 / 130

附：重返哥廷根 / 138

第四辑 我和北大（1946—1993）

任东语系主任（1946—1948） / 148

"洗澡"（1949—1965） / 156

牛棚杂忆（1965—1977） / 166

新时期新生活（1978—1993） / 359

第五辑 百年回眸

百年回眸 / 362

梦游21世纪 / 366

千禧感言 / 369

豪情半怀迎新纪 / 373

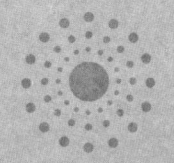

第一辑　只道寻常

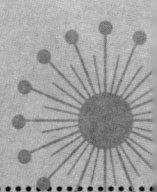

父 辈[1]

我的家乡山东省清平县（现归临清市）是山东有名的贫困地区。我们家是一个破落的农户。祖父母早亡，我从来没有见过他们。祖父之爱，我是一点也没有尝到过的。他们留下了三个儿子，我父亲行大（在大排行中行七）。两个叔父，最小的一个无父无母，送了人，改姓刁。剩下的两个，上无怙恃，孤苦伶仃，寄人篱下，其困难情景是难以言说的。恐怕哪一天也没有吃饱过。饿得没有办法的时候，兄弟俩就到村南枣树林子里去，捡掉在地上的烂枣，聊以果腹。这一段历史我并不清楚，因为兄弟俩谁也没有对我讲过。大概是因为太可怕、太悲惨，他们不愿意再揭过去的伤疤，也不愿意让后一代留下让人惊心动魄的回忆。

但是，乡下无论如何是待不下去了，待下去只能成为饿殍。不知道怎么一来，兄弟俩商量好，到外面大城市里去闯荡一下，找一条活路。最近的大城市只有山东首府济南。兄弟俩到了那

---

[1] 本文节选自《我的心是一面镜子》。

里，两个毛头小伙子，两个乡巴佬，到了人烟稠密的大城市里，举目无亲。他们碰到多少困难，遇到多少波折。这一段历史我也并不清楚，大概是出于同一个原因，他们谁也没有对我讲过。

后来，叔父在济南立定了脚跟，至多也只能像是石头缝里的一棵小草，艰难困苦地挣扎着。于是兄弟俩商量，弟弟留在济南挣钱，哥哥回家务农，希望有朝一日，混出点名堂来，即使不能衣锦还乡，也得让人另眼相看，为父母和自己争一口气。

但是，务农要有田地，这是一个最简单的常识。可我们家所缺的正是田地这玩意儿。大概我祖父留下了几亩地，父亲就靠这个来维持生活。至于他怎样侍弄这点地，又怎样成的家，这一段历史对我来说又是一个谜。

我就是在这时候来到人间的。

天无绝人之路。正在此时或稍微前一点，叔父在济南失了业，流落在关东。用身上仅存的一元钱买了湖北水灾奖券，结果中了头奖，据说得到了几千两银子。我们家一夜之间成了暴发户。父亲买了60亩带水井的地。为了耀武扬威起见，要盖大房子。一时没有砖，他便昭告全村：谁愿意拆掉自己的房子，把砖卖给他，他肯出几十倍高的价钱。俗话说："重赏之下，必有勇夫。"别人的房子拆掉，我们的房子盖成。东、西、北房各五大间。大门朝南，极有气派。兄弟俩这一口气总算争到了。

然而好景不长，我父亲是乡村中朱家郭解一流的人物，仗"义"施财，忘乎所以。有时候到外村去赶集，他一时兴起，全席棚里喝酒吃饭的人，他都请了客。据说，没过多久，60亩上好的良田被卖掉，新盖的房子也把东房和北房拆掉，卖了砖瓦。这些砖瓦买进时似黄金，卖出时似粪土。

一场春梦终成空。我们家又成了破落户。

在我能记事的时候，我们家已经穷到了相当可观的程度。一年大概只能吃一两次"白的"（指白面），吃得最多的是红高粱饼子，棒子面饼子也成为珍品。我在春天和夏天，割了青草，或掰了高粱叶，背到二大爷家里，喂他的老黄牛。赖在那里不走，等着吃上一顿棒子面饼子，打一打牙祭。夏天和秋天，对门的宁大婶和宁大姑总带我到外村的田地里去拾麦子和豆子，把拾到的可怜兮兮的一把麦子或豆子交给母亲。不知道积攒多少次，才能勉强打出点麦粒，磨成面，吃上一顿"白的"。我当然觉得如吃龙肝凤髓。但是，我从来不记得母亲吃过一口。她只是坐在那里，瞅着我吃，眼里好像有点潮湿。我当时哪里能理解母亲的心情呀！但是，我也隐隐约约地立下一个决心：有朝一日，将来长大了，也让母亲吃点"白的"。可是，"树欲静而风不止，子欲养而亲不待"。还没有等到我有能力让母亲吃"白的"，母亲竟舍我而去，留下了我一个终生难补的心灵伤痕，抱恨终天！

我们家，我父亲一辈，大排行兄弟十一个，有六个因为家贫，下了关东。从此音讯杳然。留下的只有五个，一个送了人，我上面已经说过。这五个人中，只有大大爷有一个儿子，不幸早亡，我从来没有见过他。我生下以后，就成了唯一的一个男孩子。在封建社会里，这意味着什么，大家自然能理解。在济南的叔父只有一个女儿。于是兄弟俩一商量，要把我送到济南。当时母亲什么心情，我太年幼，完全不能理解。很多年以后，我才听人告诉我说，母亲曾说过："要知道一去不回头的话，我拼了命也不放那孩子走！"这一句不是我亲耳听到的话，却终生回荡在我耳边。"谁言寸草心，报得三春晖？"

我终于离开了家，当年我六岁。

一个人的一生难免稀奇古怪的。个人走的路有时候并不由自己来决定。假如我当年留在家里，走的路是一条贫农的路。生活可能很苦，但风险绝不会大。我今天的路怎样呢？我广开了眼界，认识了世界，认识了人生，获得了虚名。我曾走过阳关大道，也曾走过独木小桥；坎坎坷坷，又颇顺顺当当，一直走到了耄耋之年。如果当年让我自己选择道路的话，我究竟要选哪一条呢？慨难言矣！

离开故乡时，我的心镜中留下的是一幅一个贫困至极的、一时走了运、立刻又垮下来的农村家庭的残影。

官庄岁月[1]

回忆起自己的童年来,眼前没有红、没有绿,是一片灰黄。

七十多年前的中国,刚刚推翻了清代的统治,神州大地,一片混乱,一片黑暗。我最早的关于政治的回忆,就是"朝廷"二字。当时的乡下人管当皇帝叫坐朝廷,于是"朝廷"二字就成了皇帝的别名。我总以为朝廷这种东西似乎不是人,而是有极大权力的玩意儿。乡下人一提到它,好像都肃然起敬。我当然更是如此。总之,当时皇威犹在,旧习未除,是大清帝国的继续,毫无万象更新之象。

我就是在这新旧交替的时刻,于1911年8月6日,生于山东省清平县(现归临清市)的一个小村庄——官庄。当时全中国的经济形势是南方富而山东(也包括北方其他省份)穷。专就山东论,是东部富而西部穷。我们县在山东西部又是最穷的县,我们村在穷县中是最穷的村,而我们家在全村中又是最穷的家。

---

[1] 本文节选自《我的童年》。

我出生以后，家境仍然是异常艰苦。一年吃白面的次数有限，平常只能吃红高粱面饼子；没有钱买盐，把盐碱地上的土扫起来，在锅里煮水，腌咸菜；什么香油，根本见不到。一年到底，就吃这种咸菜。举人的太太，我管她叫奶奶，她很喜欢我。我三四岁的时候，每天一睁眼，抬腿就往村里跑（我们家在村外），跑到奶奶跟前，只见她把手一蜷，蜷到肥大的袖子里面，手再伸出来的时候，就会有半个白面馒头拿在手中，递给我。我吃起来，仿佛是龙肝凤髓一般，我不知道天下还有比白面馒头更好吃的东西。这白面馒头是她的两个儿子（每家有几十亩地）特别孝敬她的。她喜欢我这个孙子，每天总省下半个，留给我吃。在长达几年的时间内，这是我每天最高的享受、最大的愉快。

　　大概到了四五岁的时候，对门住的宁大婶和宁大姑，每天夏秋收割庄稼的时候，总带我走出去老远到别人割过的地里去拾麦子或者豆子、谷子。一天辛勤之余，可以捡到一小篮麦穗或者谷穗。晚上回家，把篮子递给母亲，看样子她是非常欢喜的。有一年夏天，大概我拾的麦子比较多，她把麦粒磨成面粉，贴了一锅死面饼子。我大概是吃出味道来了，吃完了饭以后，我又偷了一块吃，让母亲看到了，赶着我要打。我当时是赤条条浑身一丝不挂，我逃到房后，往水坑里一跳。母亲没有法子下来捉我，我就站在水中把剩下的白面饼子尽情地享受了。

不记得是从什么时候起我开始学着认字，大概也总在四岁到六岁之间。我的老师是马景功先生。现在我无论如何也记不起有什么类似私塾之类的场所，也记不起有什么《百家姓》、《千字文》之类的书籍。我那一个家徒四壁的家就没有一本书，连带字的什么纸条子也没有见过。反正我总是认了几个字，否则哪里来的老师呢？马景功先生的存在是不能怀疑的。

虽然没有私塾，但是小伙伴是有的。我记得最清楚的有两个：一个叫杨狗，我前几年回家，才知道他的大名，他现在还活着，一字不识；另一个叫哑巴小（意思是哑巴的儿子），我到现在也没有弄清楚他姓甚名谁。我们俩天天在一起玩，浮水、打枣、捉知了、摸虾，不见不散，一天也不间断。后来听说哑巴小当了山大王，练就了一身蹿房越脊的惊人本领，能用手指抓住大庙的椽子，浑身悬空，围绕大殿走一周。有一次被捉住，是十冬腊月，赤身露体，浇上凉水，被捆起来，倒挂一夜，仍然能活着。据说他从来不到官庄来作案，"兔子不吃窝边草"，这是绿林英雄的义气。后来终于被捉杀掉。我每次想到这样一个光着屁股游玩的小伙伴竟成为这样一个"英雄"，就颇有骄傲之意。

我六岁那年，是在春节前夕，公历可能已经是1917年，我离开父母，离开故乡，是叔父把我接到济南去的。叔父此时大概日子已经可以了，他兄弟俩只有我一个男孩子，想把我培养成人，将来能光大门楣，只有到济南去一条路。这可以说是我一生中最关键的一个转折点，否则我今天仍然会在故乡种地（如果我能活着的话），这当然算是一件好事。但是好事也会有成为坏事的时候。文化大革命中间，我曾有几次想到：如果我叔父不把我从故乡接到济南的话，我总能过一个浑浑噩噩但却舒舒服服的日子，哪能被"革命家"打倒在地，身上踏上一千只脚还要永世不得翻身呢？呜呼，世事多变，人生易老，真叫做没有法子！

大奶奶[1]

我的上一辈，大排行，共十一位兄弟。老大、老二，我叫他们"大大爷""二大爷"，是同父同母所生。父亲是个举人，做过一任教谕，官阶未必入流，却是我们庄最高的功名，最大的官，因此家中颇为富有。兄弟俩分家，每人还各得地五六十亩。后来被划为富农。老三、老四、老五、老六、老八、老十，我从未见过，他们父母生身情况不清楚，因家贫遭灾，闯了关东，黄鹤一去不复归矣。老七、老九、老十一，是同父同母所生，老七是我父亲。从小父母双亡，我从来没有见过我的祖父母。贫无立锥之地，十一叔送给了别人，改了姓。九叔也万般无奈被迫背井离乡，流落济南，好歹算是在那里立定了脚跟。我六岁离家，投奔的就是九叔。

所谓"大奶奶"，就是举人的妻子。大大爷生过一个儿子，也就是说，大奶奶有过一个孙子。可惜在娶妻生子后就夭亡了。

---

[1] 本文节选自《寸草心》。

我从来没有见过他。因此，在我上一辈十一人中，男孩子只有我这一个独根独苗。在旧社会"不孝有三，无后为大"的环境中，我成了家中的宝贝，自是意中事。可能还有一些别的原因，在我六岁离家之前，我就成了大奶奶的心头肉，一天不见也不行。

我们家住在村外，大奶奶住在村内。有很长一段时间，我每天早晨一睁眼，滚下土炕，一溜烟就跑到村内，一头扑到大奶奶怀里。只见她把手缩进非常宽大的袖筒里，不知从什么地方拿出半块或一整个白面馒头，递给我。当时吃白面馒头叫做吃"白的"，全村能每天吃"白的"的人，屈指可数，大奶奶是其中一个，季家全家里唯一的一个。对我这个连"黄的"（指小米面和玉米面）都吃不到，只能凑合着吃"红的"（红高粱面）的小孩子，"白的"简直就像是龙肝凤髓，是我一天望眼欲穿地最希望享受到的。

按年龄推算起来，从能跑路到离开家，大约是从三岁到六岁，是我每天必见大奶奶的时期，也是我一生最难忘怀的一段生活。我的记忆中往往闪出一株大柳树的影子。大奶奶弥勒佛似的端坐在一把奇大的椅子上。她身躯胖大，据说食量很大。有一次，家人给她炖了一锅肉。她问家里的人："肉炖好了没有？给我盛一碗拿两个馒头来，我尝尝！"食量可见一斑。可惜我现在怎么样也挖不出吃肉的回忆。我不会没吃过的。大概我的最高愿望也不过是吃点"白的",超过这个标准,对我就如云天渺茫,连回忆都没有了。

可是我终于离开了大奶奶,以古稀或耄耋的高龄,失掉我这块心头肉,大奶奶内心的悲伤,完全可以想象。"可怜小儿女,不解忆长安。"我只有六岁,稍有点不安,转眼就忘了。等我第一次从济南回家的时候,是送大奶奶入土的。从此我就永远失掉了大奶奶。

我的母亲①

我是一个最爱母亲的人,却又是一个享受母爱最少的人。我六岁离开母亲,以后有两次短暂的会面,都是由于回家奔丧,最后一次是分离八年以后,又回家奔丧。这次奔的却是母亲的丧。回到老家,母亲已经躺在棺材里,连遗容都没能见上。从此,人天永隔,连回忆里母亲的面影都变得迷离模糊,连在梦中都见不到母亲的真面目了。这样的梦,我生平不知已有多少次。直到耄耋之年,我仍然频频梦到面目不清的母亲,总是老泪纵横,哭着醒来。对享受母亲的爱来说,我注定是一个永恒的悲剧人物了。奈之何哉!奈之何哉!

关于母亲,我已经写了很多,这里不想再重复。我只想写一件我决不相信其为真而又热切希望其为真的小事。

在清华大学念书时,母亲突然去世。我从北平赶回济南,又赶回清平,送母亲入土。我回到家里,看到的只是一个黑棺材,母亲的面容再也看不到了。有一天夜里,我正睡在里间的土炕上,一叔陪着我。中间隔一片枣树林的对门的宁大叔径直走进

---

① 本文节选自《寸草心》。

屋内，绕过母亲的棺材，走到里屋炕前，把我叫醒，说他的老婆宁大婶"撞客"了——我们那里把鬼附人身叫做"撞客"——撞的客就是我母亲。我大吃一惊，一骨碌爬起来，跌跌撞撞，跟着宁大叔，穿过枣林，来到他家。宁大婶坐在炕上，闭着眼睛，嘴里却不停地说着话，不是她说话，而是我母亲。一见我（毋宁说是一"听到我"，因为她没有睁眼），就抓住我的手，说："儿啊！你让娘想得好苦呀！离家八年，也不回来看看我。你知道，娘心里是什么滋味呀！"如此刺刺不休，说个不停。我仿佛当头挨了一棒，懵懵懂懂，不知所措。按理说，听到母亲的声音，我应当号啕大哭。然而，我没有，我似乎又清醒过来。我在潜意识中，连声问着自己：这是可能的吗？这是真事吗？我心里酸甜苦辣，搅成了一锅酱。我对"母亲"说："娘啊！你不该来找宁大婶呀！你不该麻烦宁大婶呀！"我自己的声音传到我自己的耳朵里，一片空虚，一片淡漠。然而，我又不能不这样，我的那一点"科学"起了支配的作用。"母亲"连声说："是啊！是啊！我要走了。"于是宁大婶睁开了眼睛，木然、愕然坐在土炕上。我回到自己家里，看到母亲的棺材，伏在土炕上，一直哭到天明。

我不能相信这是真的，但是希望它是真的。倚闾望子，望了八年，终于"看"到了自己心爱的独子，对母亲来说不也是一种安慰吗？但这是多么渺茫，多么神奇的一种安慰呀！

我的婶母[1]

这里指的是我九叔续弦的夫人。第一位夫人，虽然是把我抚养大的，我应当感谢她，但是，留给我的却不都是愉快的回忆。我写不出什么文章。

这一位续弦的婶母，是在1935年夏天我离开济南以后才同叔父结婚的，我并没见过她。到了德国写家信，虽然"敬禀者"的对象中也有"婶母"这个称呼，却对我来说是一个空洞的概念。一直到1947年，也就是说十二年以后，我从北平乘飞机回济南，才把概念同真人对上了号。

婶母（后来我们家里称她为"老祖"）是绝顶聪明的人，也是一个有个性有脾气的人。我初回到家，她是斜着眼睛看我的。这也难怪，结婚十几年了，忽然凭空冒出来了一个侄子。"他是什么人呢？好人？坏人？好不好对付？"她似乎有这样多问号。这是人之常情，不能怪她。

---

[1] 本文节选自《寸草心》。

我却对她非常尊敬。她不是个一般的人。在我离家十二年，我在欧洲经历了第二次世界大战，她在国内经历了日军占领和抗日战争。我是亲老、家贫、子幼，可是鞭长莫及。有五六年，音讯不通。上有老，下有小，叔父脾气又极暴烈，甚至有点乖戾，极难侍奉。有时候，经济没有来源，全靠她一个人支撑。她摆过烟摊；到小市上去卖衣服家具；在日军刺刀下去领混合面；骑着马到济南南乡里去勘查田地，充当地牙子，赚点钱供家用；靠自己幼时所学的中医知识，给人看病。她以"少妻"的身份，对付难以对付的"老夫"。她的苦心至今还催我下泪。在这万分艰苦的情况下，她没让孙女和孙子失学，把他们抚养成人。总之，一句话，如果没有老祖，我们的家早就完了。我回到家里来也恐怕只能看到一座空房，妻离子散，叔父归天。

我自认还不是一个浑人。我极重感情，决不忘恩。老祖的所作所为，我看到眼里，记在心中。回北平以后，给她写了一封长信，称她为"老季家的功臣"。听说，她很高兴。见了自己的娘家人，详细通报。从此，她再也不斜着眼睛看我了，我们两人之间的关系十分融洽，互相尊重。我们全家都尊敬她，热爱她。"老祖"这一个朴素简明的称号，就能代表我们全家人的心。

叔父去世以后，老祖同我的妻子彭德华从济南迁来北京。我们一起生活了将近三十年，从没有半点龃龉，总是你尊我敬。

自从我六岁到济南以后，六七十年来，我们家从来没有吵过架，这是极为难得的。我看载入吉尼斯世界纪录，也不为过。老祖到我们家以后，我们能这样和睦，主要归功于她和德华二人，我在其中起的作用，微乎其微。以八十多的高龄，老祖身体健康，精神愉快，操持家务，全都靠她。我们只请了做小时工的保姆。老祖天天背着一个大黑布包，出去采买食品菜蔬，成为朗润园的美谈。老祖是非常满意的，告诉自己的娘家人说："这一家子都是很孝顺的。"可见她晚年心情之一斑。我个人也是非常满意的，我安享了二三十年的清福。老祖以九十岁的高龄离开人世。我想她是含笑离开的。

我的妻子

妻子德华不应该属于"寸草心"的范畴。她借了光，人世间借光的事情也是常有的。

我因为是季家的独根独苗，身上负有传宗接代的重大任务，所以十八岁就结了婚。父母之命，媒妁之言，自不在话下。德华长我四岁。对我们家来说，她真正做到了"毫不利己，专门利人"，一辈子勤勤恳恳，有时候还要含辛茹苦。上有公婆，下有稚子幼女，丈夫十几年不在家，公公又极难侍候，家里又穷，经济朝不保夕。在这些年，她究竟受了多少苦，她只是偶尔对我流露一点，我实在说不清楚。

德华天资不是太高，只念过小学，大概能认千八百字。当我念小学的时候，我曾偷偷地看过许多旧小说，什么《西游记》《封神演义》《彭公案》《施公案》《济公传》《七侠五义》《小五义》等都看过。当时这些书对我来说是"禁书"，叔叔称之为"闲书"。看"闲书"是大罪状，是绝对不允许的。但是，不但我，连叔父的女儿秋妹都偷偷地看过不少。她把小说中常见的词儿"飞檐走壁"念成"飞胆（膽）走壁",一时传为笑柄。可是,德华一辈子也没有看过任何一部小说,别的书更谈不上了。她没有给我写过一封信,她根本拿不起笔来。到了晚年,连早年能认的千八百字也都大半还给了老师,剩下的不太多了。因此,她对我一辈子搞的这一套玩意儿根本不知道是什么东西,有什么意义,她似乎从来也没有想知道过。在这方面,我们俩毫无共同的语言。

在文化方面,她就是这个样子。然而,在道德方面,她却是超一流的。上对公婆,她真正尽了孝道;下对子女,她真正做到了慈母应做的一切;中对丈夫,她绝对忠诚,绝对服从,绝对爱护。她是一个极为难得的孝顺媳妇,贤妻良母。她对待任何人都是忠厚诚恳,从来没有说过半句闲话。她不会撒谎,我敢保证,她一辈子没有说过半句谎话。如果中国将来要修《二十几史》,而其中又有什么"妇女列传"或"闺秀列传"的话,她应该榜上有名。

1962年,老祖同德华从济南搬到北京来,我过单身汉生活数十年,现在总算是有了一个家。这也是德华一生的黄金时期,也是我一生最幸福的时候。我们家里和睦相处,你尊我让,从来没有吵过嘴。有时候家人朋友团聚,食前方丈,杯盘满桌,烹饪往往由她们二人主厨。饭菜上桌,众人狼吞虎咽,她们俩却往往是坐在一旁，笑眯眯地看着我们吃，脸上流露出极为怡悦的表情。对这样的家庭，一切赞誉之词都是无用的，都会黯然失色的。

我活到了八十多，参透了人生真谛。人生无常，无法抗御。我在极端的快乐中，往往心头闪过一丝暗影：天下无不散的筵席。我们家这一出十分美满的戏，早晚会有煞戏的时候。果然，老祖先走了。去年德华又走了。她也已活到超过米寿，她可以瞑目了。

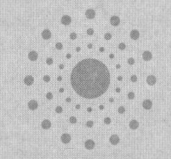

第二辑　游学梦忆（1917—1934）

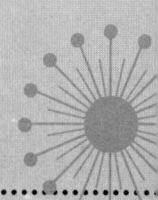

一师附小

我于1917年到济南投靠叔父那一年,念了几个月的私塾,地点在曹家巷。

第二年,我就上了一师附小,地点在南城门内升官街西头。所谓"升官街",与升官发财毫无关系。"官"是"棺"的同音字,这一条街上棺材铺林立,大家忌讳这个"棺"字,所以改谓升官街,礼也。

附小好像是没有校长,由一师校长兼任。当时的一师校长是王士栋,字祝晨,绰号"王大牛"。他是山东教育界的著名人物。民国一创建,他就是活跃的积极分子,担任过教育界的什么高官,同鞠思敏先生等同为山东教育界的元老,在学界享有盛誉。当时,一师和一中并称,都是山东省立重要的学校,因此,一师校长也是一个重要的职位。在一个七八岁的小学生眼中,校长宛如在九天之上,可望而不可即。可是命运真正会捉弄人,16年以后的1934年,我在清华大学毕业后到山东省立济南高中来教书,王祝晨老师也在这里教历史,我们成了平起平坐的同事。对于王老师来说，在一师附小时，他根本不会知道我这样一个小学生。他对此事，决不会有什么感触。而在我呢，情况却迥然不同，一方面我对他执弟子礼甚恭；一方面又是同事，心里直乐。

我大概在一师附小只待了一年多不到两年，因为在我的记忆中换过一次教室，足见我在那里升过一次级。至于教学的情况、老师的情况，则一概记不起来了。唯一残留在记忆中的一件小事，就是认识了一个"盔"字，也并不是在国文课堂上，而是在手工课堂上。老师教我们用纸折叠东西，其中有一个头盔，知道我们不会写这个字，所以用粉笔写在黑板上。这事情发生在一间大而长的教室中，室中光线不好，有点暗淡，学生人数不少，教员写完了这个字以后，回头看学生，戴着近视眼镜的脸上，有一丝笑容。

我在记忆里深挖，再深挖，实在挖不出多少东西来。学校的整个建筑，一团模糊；教室的情况，如云似雾；教师的名字，一个也记不住；学习的情况，如海上三山，糊里糊涂。总之是一点儿具体的影像也没有。我只记得，李长之是我的同班。因为他后来成了名人，所以才记得清楚。当时对他的印象也是模糊不清的。最奇怪的是，我记得一个叫卞蕴珩的同学。他大概是长得非常漂亮，行动也极潇洒。对于一个七八岁的孩子来说，男女外表的美丑，他们是不关心的。可不知为什么，我竟记住了卞蕴珩，只是这个名字我就觉得美妙无比。此人后来再没有见过。对我来说，他成为一条神龙。

新育小学

然而，世事多变，风云突起，为了一件没有法子说是大是小的、说起来简直是滑稽的事，我离开了一师附小，转了学。原来，当时已是"五四"运动风起云涌的时候，而一师校长王祝晨是新派人物，立即起来响应，改文言为白话。忘记了是哪个书局出版的国文教科书中选了一篇名传世界的童话《阿拉伯的骆驼》，内容讲的是：在沙漠大风暴中，主人躲进自己搭起来的帐篷，而把骆驼留在帐外。骆驼忍受不住风沙之苦，哀告主人说："只让我把头放在帐篷里行不行？"主人答应了。过了一会儿，骆驼又哀告说："让我把前身放进去行不行？"主人又答应了。又过了一会儿，骆驼又哀告说："让我全身都进去行不行？"主人答应后，自己却被骆驼挤出了帐篷。童话的意义是非常清楚的。但是天有不测风云，这篇课文竟让叔父看到了。他大为惊诧，高声说："骆驼怎么能说话呢？荒唐！荒唐！转学！转学！"

于是我立即转了学。从此一师附小只留在我的记忆中了。

我从一师附小转学出来，转到了新育小学，时间是在1920年，我九岁。我同一位长我两岁的亲戚同来报名。面试时我认识了一个"骡"字，定在高小一班。我的亲戚不认识，便定在初小三班，少我一年。一字之差，我争取了一年。

小学也是每学期考试一次。每年两次，三年共有六次，我的名次总盘旋在甲等三四名和乙等前几名之间。甲等第一名被一个叫李玉和的同学包办，他比我大几岁，是一个拼命读书的学生。我从来也没有争第一名的念头，我对此事极不感兴趣。根据我后来的经验，小学考试的名次对一个学生一生的生命历程没有多少影响，家庭出身和机遇影响更大。

我一生自认为是一个性格内向的人。可是现在回想起来，我在新育小学时期，一点儿也不内向，而是外向得很。我喜欢打架、欺负人，也被人欺负。有一个男孩子，比我大几岁，个子比我高半头，总好欺负我。最初我有点怕他，他比我劲儿大。时间久了，我忍无可忍，同他干了一架。他个子高，打我的上身。我个子矮，打他的下身。后来搂抱住滚在双杠下面的沙土堆里，有时候他在上面，有时候我也在上面，没有决出胜负。上课铃响了，各回自己的教室，从此他再也不敢欺负我，天下太平了。

我却反过头来又欺负别的孩子。被我欺负得最厉害的是一个名叫刘志学的小学生，岁数可能比我小，个头差不多，但是懦弱无能，一眼被我看中，就欺负起他来。根据我的体会，小学生欺负人并没有任何原因，也没有什么仇恨，只是个人有劲使不出，无处发泄，便寻求发泄的对象了。刘志学就是我寻求的对象，于是便开始欺负他，命令他跪在地下，不听就拳打脚踢。如果他鼓起勇气，抵抗一次，我也许就会停止，至少是会收敛一些。然而他是个窝囊废，一丝抵抗的意思都没有。这当然更增加了我的气焰，欺负的次数和力度都增加了。刘志学家同婶母是拐弯抹角的亲戚。他向家里告状，他父母便来我家告状。结果是我挨了婶母一阵数落，这一幕悲喜剧才告终。

新育小学坐落在南圩子门里，圩子门是朝山街的末端。出圩子门向右拐，有一条通往齐鲁大学的大道。大道中段要经过上面提到的山水沟，右侧有一座小小的龙王庙，左侧则是一大片荒滩，对面土堤很高，这里就是当时的刑场，是处决犯人的地方。犯人出发的地方是城里院东大街路北山东警察厅内的监狱。出大门向右走一段路，再左拐至舜井街，然后出南城门，经过朝山街，出南圩子门，照上面的说法走，就到了目的地。

朝山街是我上学必经之路。有时候，看到街道两旁都挤满了人，就知道，今天又要杀人了。我于是立即兴奋起来，把上学的事早已丢到九霄云外去了。挤在人群里，伸长了脖子，等候着，等候着。此时，只有街道两旁人山人海，街道中间则既无行人，也无车马。不久，看到一个衣着破烂的人，喝得醉醺醺的，右肩背着一支步枪，慢腾腾地走了过去。大家知道，这就是刽子手。再过不久，就看到大队警察，簇拥着待决的囚犯，一个或多个，走了过来。囚犯是五花大绑，背上插着一根木牌，上面写着他的名字，名字上面用朱笔画上了一个红叉。在"十年浩劫"中，我的名字也曾多次被"老佛爷"的鹰犬们画上红叉，表示罪该万死的意思。红卫兵们是很善于学习的。闲言少叙，书归正传。且说犯人过去了以后，街上的秩序立即大乱。人群纷纷向街中间，拥拥挤挤，摩肩接踵，跟着警察大队，挤出南圩子门，纷纷抢占高地制高点，能清晰看到刑场的情况，但又不敢离得太近，理由自明。警察押着犯人走向刑场，犯人面南跪在高崖下面，枪声一响，仪式完毕，警察撤走。这时一部分群众又拥向刑场，观看躺在地上的死尸。枪毙土匪，是没有人来收尸的。我们几个顽皮的孩子当然不甘落后，也随着大家往前拥。经过了这整个过程，才想起上学的事来。走回学校，免不了受到教员的斥责。然而却决不改悔，下一次碰到这样的事，仍然照看不误。

正谊中学

小学毕业时是1923年，我十二岁。当时山东省立第一中学赫赫有名，为众人所艳羡追逐的地方，我连报名的勇气都没有，只敢报考正谊中学，这所学校绰号不佳——"破正谊"，与"烂育英"相映成双。

可这个"破"学校入学考试居然敢考英文，我"瞎猫碰上了死耗子"，居然把英文考卷答得颇好，因此，我被录取为不是一年级新生，而是一年半级，只需念两年半初中即可毕业。

破正谊确实有点"破"，首先是教员水平不高。有一个教生物的教员把"玫瑰"读为jiu kuai，可见一斑。但也并非全破。校长鞠思敏先生是山东教育界的老前辈，人品道德，有口皆碑；民族气节，远近传扬。他生活极为俭朴，布衣粗食，不改其乐。他立下了一条规定：每周一早晨上课前，召集全校学生，集合在操场上，听他讲话。他讲的都是为人处世、爱国爱乡的大道理，从不间断。我认为，在潜移默化中对学生会有良好的影响。

教员也不全是jiu kuai先生，其中也间有饱学之士。有一个姓杜的国文教员，年纪相当老了。由于肚子特大，同学们送他一个绰号"杜大肚子"，名字反隐而不彰了。他很有学问，对古文，甚至"选学"都有很深的造诣。我曾胆大妄为，写过一篇类似骈体文的作文。他用端正的蝇头小楷，把作文改了一遍，给的批语是："欲作花样文章，非多记古典不可。"可怜我当时只有十三四岁，读书不多，腹笥瘠薄，哪里记得多少古典！

另外有一位英文教员，名叫郑又桥，是江浙一带的人，英文水平极高。他改学生的英文作文，往往不是根据学生的文章修改，而是自己另写一篇。这情况只出现在英文水平高的学生作文簿中。他的用意大概是想给他们以简练揣摩的机会，以提高他们的水平，用心亦良苦矣。英文读本水平不低，大半是《天方夜谭》《莎氏乐府本事》《泰西五十轶事》《纳氏文法》，等等。

我从小学到初中，不是一个勤奋用功的学生，考试从来没有得过甲等第一名，大概都是在甲等第三四名或乙等第一二名之间。我也根本没有独占鳌头的欲望。到了正谊以后，此地的环境更给我提供了最佳游乐的场所。校址在大明湖南岸，校内清溪流贯，绿杨垂荫。校后就是"四面荷花三面柳，一城山色半城湖"的"湖"。岸边荷塘星罗棋布，芦苇青翠茂密，水中多鱼虾、青蛙，正是我戏乐的天堂。我家住南城，中午不回家吃饭，家里穷，每天只给铜元数枚，作午餐费。我以一个铜板买锅饼一块，一个铜板买一碗炸丸子或豆腐脑,站在担旁,仓促食之,然后飞奔到校后湖滨去钓虾、钓青蛙。虾是齐白石笔下的那一种,有两个长夹,但虾是水族的蠢材,我只需用苇秆挑逗,虾就张开一只夹,把苇秆夹住,任升提出水面,决不放松。钓青蛙也极容易,只需把做衣服用的针敲弯,抓一只苍蝇,穿在上面,向着蹲坐在荷叶上的青蛙,来回抖动,青蛙食性一起,跳起来猛吞针上的苍蝇,立即被我生擒活捉。我沉湎于这种游戏,其乐融融。至于考个甲等、乙等,则于我如浮云,"管他娘"了。

但是,叔父对我的要求却是很严格的。正谊有一位教高年级国文的教员,叫徐(或许)什么斋,对古文很有造诣。他在课余办了一个讲习班,专讲《左传》《战国策》《史记》一类的古籍,每月收几块钱的学费,学习时间是在下午4点下课以后。叔父要我也报了名。每天正课完毕以后,再上一两小时的课,学习上面说的那一些古代典籍。现在已经记不清楚,究竟学习了多长的时间,好像时间不是太长。有多少收获,也说不清楚了。

当时,济南有一位颇有名气的冯鹏展先生,老家广东,流寓北方。英文水平很高,白天在几个中学里教英文,晚上在自己创办的尚实英文学社授课。他住在按察司街南口一座两进院的大房子里,学社就设在前院几间屋子里,另外还请了两位教员,一位是陈鹤巢先生,一位是纽威如先生,白天都有工作,晚上7时至9

时来学社上课。当时正流行diagram（图解）式的英文教学法，我们学习英文也使用这种方法，觉得颇为新鲜。学社每月收学费大洋三元，学生有几十人之多。我在这里学习了两三年，收获相信是有的。

就这样，虽然我自己在学习上并不勤奋，然而，为环境所迫，反正是够忙的。每天从正谊回到家中，匆匆吃过晚饭，又赶回城里学英文。当时只有十三四岁，精力旺盛到超过需要。在一天奔波之余，每天晚9点下课后，还不赶紧回家，而是在灯火通明的十里长街上，看看商店的橱窗，慢腾腾地走回家。虽然囊中无钱，看了琳琅满目的商品，也能过一过"眼瘾"，饱一饱眼福。

叔父显然认为，这样对我的学习压力还不够大，必须再加点码。他亲自为我选了一些古文，讲宋明理学的居多，亲手用毛笔正楷抄成一本书，名之曰《课侄选文》，有空闲时，亲口给我讲授，他坐，我站，一站就是一两小时。要说我真感兴趣，那是谎话。这些文章对我来说，远远比不上叔父称之为"闲书"的那一批《彭公案》《济公传》等有趣。我往往躲在被窝里用手电筒来偷看这些书。

我在正谊中学读了两年半书就毕业了。在这一段时间内，我懵懵懂懂，模模糊糊，在明白与不明白之间；主观上并不勤奋，客观上又非勤奋不可；从来不想争上游，实际上却从未沦为下游。最后离开了我的大虾和青蛙,我毕业了。

我告别了我青少年时期的一个颇为值得怀念的阶段,更上一层楼,走上了人生的一个新阶段。当年我十五岁,时间是1926年。

初中读了两年半,毕业正在春季。没有办法,我只能就近读正谊高中。年级变了,上课的地址没有变,仍然在山(假山也)奇水秀的大明湖畔。

山大高中

这一年夏天,山东大学附设高级中学成立了。山东大学是山东省的最高学府,校长是有名的前清状元山东教育厅厅长王寿彰,以书法名全省。因为状元是"稀有品种",所以他颇受到一般人的崇敬。

附设高中一建立,因为这是一块金招牌,立即名扬齐鲁。我此时似乎也有了一点雄心壮志,不再像以前那样畏畏缩缩,经过了一番考虑,立即决定舍正谊而取山大高中。

山大高中是文理科分校的,文科校址选在北园白鹤庄。此地遍布荷塘,春夏之时,风光秀丽旖旎,绿柳映地,红荷映天,山影迷离,湖光潋滟,蛙鸣塘内,蝉噪树巅。我的叔父曾有一首诗赞美北园:"杨花落尽菜花香,嫩柳扶疏傍寒塘。蛙鼓声声向人语:此间即是避秦乡。"可见他对北园的感受。我在这里还验证了一件小而有趣的事。有人说,离开此处有几十里的千佛山,倒影能在湖中看到。有人说这是海外奇谈。可是我亲眼在校南的荷塘水面上清晰地看到佛山的倒影,足证此言不虚。

这所新高中在大名之下，是能副其实的。首先是教员队伍可以说是极一时之选，所有的老师几乎都是山东中学界赫赫有名的人物。国文教员王玉先生家学渊源，学有素养，文宗桐城派，著有文集，后为青岛大学教师。英文教员是北大毕业的刘老师，英文很好，是一中的教员。教数学的是王老师，也是一中的名教员。教史地的是祁蕴璞先生，一中教员，好学不倦，经常从日本购买新书，那样熟悉世界学术情况的人，恐怕他是唯一的一个。教伦理学的是上面提到的正谊的校长鞠思敏先生。教逻辑的是一中校长完颜祥卿先生。此外还有两位教经学的老师，一位是前清翰林或进士，由于年迈，有孙子伴住，姓名都记不清了。另一位姓名也记不清，因为他忠于清代，开口就说："我们大清国如何如何。"所以学生就管他叫"大清国"。两位老师教《诗经》《书经》等书，上课从来不带任何书，四书、五经，本文加注，都背得滚瓜烂熟。

中小学生都爱给老师起绰号，并没有什么恶意，此事恐怕古今皆然，南北不异。上面提到的"大清国"，只是其中之一。我们有一位"监学"，可能相当于后来的训育主任，他经常住在学校，权力似乎极大，但人缘却并不佳。因为他秃头无发，学生们背后叫他"刘秃蛋"。那位姓刘的英文教员，学生还是很喜欢他的，只因他人长得过于矮小，学生们送给他了一个非常刺耳的绰号，叫做"X亘"，X代表一个我无法写出的字。

建校第一年，招了五班学生，三年级一个班，二年级一个班，一年级三个班，总共不到二百人。因为学校离城太远，学生全部住校。伙食由学生自己招商操办，负责人选举产生。因为要同奸商斗争，负责人的精明能干就成了重要的条件。奸商有时候夜里偷肉，负责人必须夜里巡逻，辛苦可知。遇到这样的负责人，伙食质量立即显著提高，他就能得全体同学的拥护，从而连续当选，学习必然会受到影响。

学校风气是比较好的，学生质量是比较高的，学生学习是努力的。因为只有男生，不收女生，因此免掉很多麻烦，没有什么"绯闻"一类的流言。"刘秃蛋"人望不高，虽然不学，但却有术，统治学生，胡萝卜与大棒并举，拉拢与表扬齐发。除了我们三班因细故"架"走了一个外省来的英文教员以外，再也没有发生什么风波。此地处万绿丛中，远挹佛山之灵气，近染荷塘之秀丽，地灵人杰，颇出了一些学习优良的学生。

至于我自己，上面已经谈到过，在心中有了一点"小志"，大概是因为入学考试分数高，所以一入学我就被学监指定为三班班长。在教室里，我的座位是第一排左数第一张桌子，标志着与众不同。论学习成绩，因为我对国文和英文都有点基础，别人无法同我比。别的课想得高分并不难，只要在考前背熟课文就行了。国文和英文，则必须学有素养，临阵磨枪，临时抱佛脚，是不行的。在国文班上，王玉老师出的第一次作文题是"读《徐文长传》书后"，我不意竟得了全班第一名，老师的评语是"亦简练，亦畅达"。此事颇出我意外。至于英文，由于我在上面谈到的情况，我独霸全班，被尊为"英文大家"（学生戏译为great home）。第一学期，我考了个甲等第一名。这是我生平第一次荣登这个宝座，虽然并非什么意外之事，我却有点沾沾自喜。

可事情还没有完。王状元不知从哪里得来的灵感，他规定：凡是甲等第一名平均成绩在九十五分以上者，他要额外褒奖。全校五个班当然有五个甲等第一，但是，平均分数超过九十五分者，却只有我一个人，我的平均分数是九十七分。于是状元公亲书一副对联，另外还写了一个扇面，称我为"羡林老弟"，这实在是让我受宠若惊。对联已经佚失，只有扇面还保存下来。

虚荣之心，人皆有之；我独何人，敢有例外。于是我真正立下了"大志"，决不能从宝座上滚下来，那样面子太难看了。我买了韩、柳、欧、苏的文集，苦读不辍。又节省下来仅有的一点零用钱，远至日本丸善书店，用"代金引换"（C.O.D.）的办法，去购买英文原版书，也是攻读不辍。结果是"皇天不负有心人"，两年四次考试，我考了四个甲等第一，大大地满足了自己的虚荣心。我不愿意说谎话，我决不是什么英雄，"怀有大志",我从来没有过"大丈夫当如是也"一类的大话,我是一个十分平庸的人。

时间到了1928年,应该上三年级了。但是日寇在济南制造了"五三惨案",杀了中国的外交官蔡公时,派兵占领了济南。学校停办,外地的教员和学生,纷纷逃离。我住在济南,只好留下,当了一年的准亡国奴。

省立济南高中

第二年，1929年，奉系的土匪军阀早就滚蛋，来的是西北军和国民党的新式军阀。王老状元不知哪里去了。教育厅厅长换了新派人物，建立了全省唯一的一所高中：山东省立济南高中，表面上颇有"换了人间"之感，四书、五经都不念了，写作文也改用了白话。教员阵容仍然很强，但是原有的老教员多已不见，而是换了一批外省的，主要是从上海来的教员，国文教员尤其突出。也许是因为学校规模大了，我对全校教员不像北园时代那样如数家珍，个个都认识。现在则是迷离模糊，说不清张三李四了。

因为我已经读了两年，一入学就是三年级。任课教员当然也不会少的，但是，奇怪的是英文、数学、历史、地理等课的教员的姓名我全忘了，能记住的都是国文教员。这些人大都是当时颇有名气的作家，什么胡也频先生、董秋芳（冬芬）先生、夏莱蒂先生、董每戡先生，等等。我对他们都很尊重，尽管有的先生没有教过我。

初入学时，国文教员是胡也频先生。他根本很少讲国文，几乎每一堂都在黑板上写上两句话：什么是"现代文艺"？"现代文艺"的使命是什么？"现代文艺"，当时叫"普罗文学"，现代称之为无产阶级文学。它的使命就是革命。胡先生以一个年轻革命家的身份，毫无顾忌，勇往直前，公然在学生区摆上桌子，招收现代文艺研究会的会员。我是一个积极分子，当了会员，还写过一篇《现代文艺的使命》的文章，准备在计划出版的刊物上发表，内容现在完全忘记了，无非是一些肤浅的革命口号。胡先生的过激行动，引起了国民党的注意，准备逮捕他，他逃到上海去了，两年后就在上海龙华就义。

学期中间，接过胡先生教鞭的是董秋芳先生，他同他的前任迥乎不同，他认真讲课，认真批改学生的作文。他出作文题目，非常奇特，往往在黑板上写上四个大字：随便写来，意思就是让学生愿意写什么，就写什么。有一次，我写了一篇相当长的作文，是写我父亲死于故乡我回家奔丧的心情的。董老师显然很欣赏这一篇作文，在作文本每页的空白处写了几个眉批："一处节奏，又一处节奏。"这真正是正中下怀，我写文章，好坏姑且不论，我是非常重视节奏的。我这个个人心中的爱好，不意董老师一语道破，夸大一点说，我简直要感激涕零了。他还在这篇作文的后面写了一段很长的批语，说我和理科学生王联榜是全班甚至全校之冠，我的虚荣心又一次得到了满足。我之所以能毕生在研究方向迥异的情况下始终不忘舞笔弄墨，到了今天还被人称作一个作家，这是与董老师的影响和鼓励分不开的。恩师大德，我终生难忘。

我不记得高中是怎样张榜的。反正我在这最后一学年的两次考试中，又考了两个甲等第一，加上北园的四个，共是六连冠。要说是不高兴，那不是真话，但也并没有飘飘然觉得自己有什么了不起。

到了1930年夏天，我的中学时代就结束了。当年我是十九岁。

如果青年朋友们问我有什么经验和诀窍，我回答说：没有的。如果非要我说点什么不行的话，那我只能说两句老生常谈："书山有路勤为径，学海无涯苦作舟。""勤""苦"二字就是我的诀窍。说了等于白说，但白说也得说。

清华大学

中国古代许多英雄,根据正史的记载,都颇有一些豪言壮语,什么"大丈夫当如是也!"什么"彼可取而代也!"又是什么"燕雀焉知鸿鹄之志哉?"真正掷地作金石声,令我十分敬佩,可我自己不是那种人。

在我读中学的时候,像我这种从刚能吃饱饭的家庭出身的人,唯一的目的和希望就是——用当时流行的口头语来说——能抢到一只"饭碗"。当时社会上只有三个地方能生产"铁饭碗":一个是邮政局,一个是铁路局,一个是盐务稽核所。这三处地方都掌握在不同国家的帝国主义分子手中。在那半殖民地社会里,"老外"是上帝。不管社会多么动荡不安,不管"城头"多么"变幻大王旗","老外"是谁也不敢碰的。他们生产的"饭碗"是"铁"的,砸不破,摔不碎。只要一碗在手,好好干活,不违"洋"命,则终生会有饭吃,无忧无虑,成为羲皇上人。

我的家庭也希望我在高中毕业后能抢到这样一只"铁饭

碗"。我不敢有违严命，高中毕业后曾报考邮政局。若考取后，可以当一名邮务生。如果勤勤恳恳，不出娄子，干上十年二十年，也可能熬到一个邮务佐，算是邮局里的一个芝麻绿豆大的小官了。就这样混上一辈子，平平安安，无风无浪。幸乎？不幸乎？我没有考上。大概面试的"老外"看我不像那样一块料，于是我名落孙山了。

在这样的情况下，我才报考了大学。北大和清华都录取了我。我同当时众多的青年一样，也想出国去学习，目的只在"镀金"，并不是想当什么学者。"镀金"之后，容易抢到一只饭碗，如此而已。在出国方面，我以为清华条件优于北大，所以舍后者而取前者。后来证明，我这一宝算是押中了。这是后事，暂且不提。

清华是当时两大名牌大学之一，前身叫留美预备学堂，是专门培养青年到美国去学习的。留美若干年镀过了金以后，回国后多为大学教授，有的还做了大官。在这些人里面究竟出了多少真正的学者，没有人做过统计，我不敢瞎说。同时并存的清华国学研究院，是一所很奇特的机构，仿佛是西装革履中一袭长袍马褂，非常不协调。然而在这个不起眼的机构里却有名闻宇内的四大导师：梁启超、王国维、陈寅恪、赵元任。另外有一名年轻的讲师李济，后来也成了大师，担任了台湾"中央研究院"的院长。这个国学研究院,与其说它是一所现代化的学堂,毋宁说它是一所旧日的书院。一切现代化学校必不可少的烦琐的规章制度,在这里似乎都没有。师生直接联系,师了解生,生了解师,真正做到了循循善诱,因材施教。虽然只办了几年,梁、王两位大师一去世,立即解体,然而所创造的业绩却是非同小可。我不确切知道究竟毕业了多少人,估计只有几十个人,但几乎全都成了教授,其中有若干位还成了学术界的著名人物。听史学界的朋友说,中国20世纪30年代后形成了一个学术派别,名叫"吾师派",大概是由某些人写文章常说的"吾师梁任公""吾师王静安""吾师陈寅恪"等演变而来的。从这一件小事也可以看到清华国学研究院在学术界影响之大。

吾生也晚,没有能亲逢国学研究院的全盛时期。我于1930年入清华时,留美预备学堂和国学研究院都已不再存在,清华改成了国立清华大学。清华有一个特点:新生投考时用不着填上报考的系名,录取后,再由学生自己决定入哪一个系;读上一阵,觉得不恰当,还可以转系。转系在其他一些大学中极为困难——比如说现在的北京大学,但在当时的清华,却真易如反掌。可是根据我的经验:世上万事万物都具有双重性。没有入系的选择自由,很不舒服;现在有了入系的选择自由,反而更不舒服。为了这个问题,我还真伤了点脑筋。系科盈目,左右掂量,好像都有点儿吸引力，究竟选择哪一个系呢？我一时好像变成了莎翁剧中的Hamlet碰到了To be or not to be that is the question。我是从文科高中毕业的，按理说，文科的系对自己更适宜。然而我却忽然一度异想天开，想入数学系，真是"可笑不自量"。经过长时间的考虑，我决定入西洋文学系（后改名外国语文系）。这一件事也证明我"少无大志"，我并没有明确的志向，想当哪一门学科的专家。

当时的清华大学的西洋文学系在全国各大学中是响当当的名牌。原因据说是由于外国教授多，讲课当然都用英文，连中国教授讲课有时也用英文。用英文讲课，这可真不得了呀！只是这一条就能够发聋振聩，于是就名满天下了。我当时未始不在被振发之列，又同我那虚无缥缈的出国梦联系起来，我就当机立断，选了西洋文学系。

从1930年到现在，67个年头已经过去了。所有的当年的老师都已经去世了。最后去世的一位是后来转到北大来的美国的温德先生，去世时已经活过了一百岁。我现在想根据我在清华学习四年的印象，对西洋文学系做一点儿评价，谈一谈我个人的一点儿看法。我想先从古希腊找一张护身符贴到自己身上："吾爱吾师，吾尤爱真理。"有了这一张护身符，我就可以心安理得，能够畅所欲言了。

我想简略地实事求是地对西洋文学系的教授阵容做一点分析。我说"实事求是",至少我认为是实事求是,难免有不同的意见,这就是平常所谓的"仁者见仁,智者见智"了。我先从系主任王文显教授谈起。他的英文极好,能用英文写剧本,没怎么听他说过中国话。他是莎士比亚研究的专家,有一本用英文写成的有关莎翁研究的讲义,似乎从来没有出版过。他隔年开一次莎士比亚的课,在课堂上念讲义,一句闲话也没有。下课铃一摇,合上讲义走人。多少年来,都是如此。讲义是否随时修改,不得而知。据老学生说,讲义基本上不做改动。他究竟有多大学问,我不敢瞎说。他留给学生最深的印象是他充当冰球裁判时那种脚踏溜冰鞋似乎极不熟练的战战兢兢如履薄冰的神态。

再来介绍温德教授。他是美国人,怎样到清华来的,我不清楚。他教欧洲文艺复兴文学和第三年法语。他终身未娶,死在中国。据说他读的书很多,但没见他写过任何学术文章。学生中流传着有关他的许多逸闻趣事。他说,在世界上所有的宗教中,他最喜爱的是伊斯兰教,因为伊斯兰教的"天堂"很符合他的口味。学生中流传的逸闻之一就是:他身上穿着五百块大洋买来的大衣(当时东交民巷外国裁缝店的玻璃橱窗中摆出一块呢料,大书"仅此一块"。被某一位冤大头买走后,第二天又摆出同样一块,仍然大书"仅此一块"。价钱比平常同样的呢料要贵上五至十倍。)腋下夹着十块钱一册的《万人丛书》(*Everyman's Library*)(某一国的老外名叫Vetch，在北京饭店租了一间铺面，专售西书。他把原有的标价剪掉，然后抬高四五倍的价钱卖掉)，眼睛上戴着用八十块大洋配好但把镜片装反了的眼镜，徜徉在水木清华的林荫大道上，昂首阔步，醉眼蒙眬。

还有翟孟生教授。他也是美国人，教西洋文学史。听说他原是清华留美预备学堂的理化教员。后来学堂撤销，改为大学，他就留在西洋文学系。他大概是颇为勤奋，确有著作，而且是厚厚的大大的巨册，在商务印书馆出版，书名叫A Survey of European Literature。读了可以对欧洲文学得到一个完整的概念。但是，书中错误颇多，特别是在叙述某一部名作的故事内容中，时有张冠李戴之处。学生们推测，翟老师在写作此书时，手头有一部现成的欧洲文学史，又有一本Story Book，讲一段文学发展的历史事实，遇到名著，则查一查Story Book，没有时间和可能尽读原作，因此名著内容印象不深，稍一疏忽，便出讹误。不是行家出身，这种情况实在是难以避免的。我们不应苛责翟孟生老师。

吴可读教授。他是英国人，讲授中世纪文学。他既无著作，也不写讲义。上课时他顺口讲，我们顺手记。究竟学到了些什么东西，我早已忘到九霄云外去了。他还讲授当代长篇小说一课。他共选了五部书，其中包括当时才出版不太久但已赫赫有名的《尤里西斯》和《追忆逝水年华》。此外还有托马斯·哈代的《还乡》，吴尔芙和劳伦斯各一部。第一、二部谁也不敢说完全看懂。我只觉迷离模糊，不知所云。根据现在的研究水平来看，我们的吴老师恐怕也未必能够全部透彻地了解。

毕莲教授，她是美国人。我也不清楚她是怎样到清华来的。听说她在美国教过中小学。她在清华讲授中世纪英语，也是一无著作，二无讲义。她的拿手好戏是能背诵英国大诗人Chaucer的Canterury Tales开头的几段。听老同学说，每逢新生上她的课，她就背诵那几段，背得滚瓜烂熟，先给学生一个下马威。以后呢？以后就再也没有什么新花样了。年轻的学生们喜欢品头论足，说些开玩笑的话。我们说：程咬金还能舞上三板斧，我们的毕老师却只能砍上一板斧。

下面介绍两位德国教授。第一位是石坦安，讲授第三年德语。不知道他的专长何在，只是教书非常认真，颇得学生的喜爱。此外我对他便一无所知了。第二位是艾克，字锷风。他算是我的业师。他教我第四年德文，并指导我的学士论文。他在德国拿到过博士学位，主修的好像是艺术史。他精通希腊文和拉丁文，偏爱德国古典派的诗歌，对于其名最初隐而不彰后来却又大彰的诗人薛德林（Holderlin）情有独钟，经常提到他。艾克先生教书并不认真，也不愿费力。有一次我们几个学生请他用德文讲授，不用英文。他便用最快的速度讲了一通，最后问我们："Verstehen Sie etwas davon？"（你们听懂了什么吗？）我们瞠目结舌，敬谨答曰："No！"从此天下太平，再也没有人敢提用德文讲授的事。他学问是有的，曾著有一部厚厚的《宝塔》，是用英文写的，利用了很丰富的资料和图片，专门讲中国的塔。这一部书在国外汉学界颇有一些名气。他的另外一部专著是研究中国明代家具的，附了很多图表，篇幅也相当多。由此可见他的研究兴趣之所在。他工资极高，孤身一人，租赁了当时辅仁大学附近的一座王府，他就住在银安殿上，雇了几个听差和厨师。他收藏了很多中国古代名贵字画，坐拥画城，享受王者之乐。1946年，我回到北京时，他仍在清华任教。此时他已成了家，夫人是一位中国女画家，年龄比他小一半，年轻貌美。他们夫妇请我吃过烤肉。北京一解放，他们就流落到夏威夷。锷风老师久已谢世，他的夫人还健在。

我在上面提到过，我的学士论文是在锷风老师指导下写成的，是用英文写的，题目是The Early Poems of F. Holderlin。英文原稿已经遗失，只保留下来了一份中文译文。一看这题目，就能知道是受到了艾先生的影响。现在回忆起来，我当时的德文水平不可能真正看懂薛德林的并不容易懂的诗句。当然，要说一点儿都不懂，那也不是事实。反正是半懂半不懂，囫囵吞枣，参考了几部《德国文学史》，写成了这一篇论文，分数是E（excellent，优）。我年轻时并不缺少幻想力，这是一篇幻想力加学术探讨写成的论文。本章的题目是"学术研究的发轫阶段"。如果这就算学术研究的话，说它是"发轫"，也未尝不可。但是，这个"轫""发"得并不辉煌，里面并没有什么"天才的火花"。

现在再介绍西洋文学系的老师，先介绍吴宓（字雨僧）教授。他是美国留学生，是美国人文主义大师白璧德的弟子，在国内不遗余力地宣传自己老师的学说。他反对白话文，更反对白话文学。他联合了一些志同道合者，创办了《学衡》杂志，文章一律是文言。他自己也用文言写诗，后来出版了《吴宓诗集》。在中国文坛上，他属于右倾保守集团，没有什么影响。他给我们讲授两门课：一门是"英国浪漫诗人"，一门是"中西诗之比较"。在美国，他入的是比较文学系。在中国，他是提倡比较文学的先驱者之一。但是，他在这方面的文章却几乎不见。就以我为例，"比较文学"这个概念当时并没有形成。如果真有文章的话，他并不缺少发表的地方，《学衡》和天津《大公报·文学副刊》都掌握在他手中。留给我印象最深的只是他那些连篇累牍的关于白璧德人文主义的论述文章。在"英国浪漫诗人"这一堂课上，我记得最清楚的是他让我们背诵那些浪漫诗人的诗句，有时候要背得很长很长。理论讲授我一点儿也回忆不起来了。在"中西诗之比较"这一堂课上，除了讲点儿西方的诗和中国的古诗之外，关于理论，我的回忆中也是一片空白。反之，最难忘的却是：他把自己一些新写成的旧诗也铅印成讲义，在堂上散发。他那有名的《空轩诗》就是在这种情况下发到我们手中的。雨僧先生生性耿直，古貌古心，却流传着许多"绯闻"。他似乎爱过、追求过不少女士，最著名的一个是毛彦文。他曾有一首诗，开头两句是："吴宓苦爱○○○，三洲人士共惊闻。"隐含在三个○里面的人名，用押韵的方式呼之欲出。"三洲"指的是亚、欧、美。这虽是诗人的夸大，知道的人确实不少，这却是事实。他的《空轩诗》被学生在小报《清华周刊》上改写为打油诗，给他开了一个不大不小的玩笑。第一首的头两句被译成了"一见亚北貌似花，顺着秋秸往上爬"。"亚北"者，指一个姓欧阳的女生。关于这一件事，我曾在发表在香港《大公报·文学副刊》上的一篇谈叶公超先生的散文中写到过，这里不再重复。回头仍然讲吴先生的"中西诗之比较"这一门课。为这一门课我曾写过一篇论文，题目忘记了，是师命或者自愿，我也忘记了。内容依稀记得是把陶渊明同一位英国浪漫诗人相比较，当然不会比出什么东西来的。我最近几年在一些文章和谈话中，对比较文学的"无限可比性"颇有所指责。X和Y，任何两个诗人或其他作家都可以硬拉过来一比，有人称之为"拉郎配"，是一个很形象的说法。焉知六十多年前自己就是一个"拉郎配"者或始作俑者。自己向天上吐的唾沫最终还是落到自己脸上,岂不尴尬也哉!然而这个事实我却无法否认。如果这样的文章也能算科学研究的"发轫"的话,我的发轫起点实在是很低的。但是,话又说了回来,在西洋文学系教授群中,讲真有学问的,雨僧先生算是一个。

下面介绍叶崇智(公超)教授。他教我们第一年英语,用的课本是英国女作家Jane Austen的《傲慢与偏见》。他的教学法非常离奇,一不讲授,二不解释,而是按照学生的座次——我先补充一句,学生的座次是并不固定的——从第一排右手起,每一个学生念一段,依次念下去。念多么长,好像也并没有一定之规,他一声令下:Stop! 于是就Stop了。他问学生:"有问题没有?"如果没有,就是邻座的第二个学生念下去。有一次,一个同学提了一个问题,他大声喝道:"查字典去!"一声狮子吼,全堂愕然、肃然,屋里静得能听到彼此的呼吸声。从此天下太平,再没有人提任何问题了。就这样过了一年。公超先生英文非常好,对英国散文大概是很有研究的。可惜他惜墨如金,从来没见他写过任何文章。

在文坛上,公超先生大概属于新月派一系。他曾主编过——或者帮助编过一个纯文学杂志《学文》。我曾写过一篇散文《年》,送给了他。他给予这篇文章极高的评价,说我写的不是小思想、小感情，而是"人类普遍的意识"。他立即将文章送《学文》发表。这实出我望外，欣然自喜，颇有受宠若惊之感。为了表示自己的感激之情，兼怀有巴结之意，我写了一篇《我是怎样写起文章来的？》送呈先生。然而，这次却大出我意料，狠狠地碰了一个钉子。他把我叫了去，铁青着脸，把原稿掷给了我，大声说道："我一个字都没有看！"我一时目瞪口呆，赶快拿着文章开路大吉。个中原因我至今不解。难道这样的文章只有成了名的作家才配得上去写吗？此文原稿已经佚失，我自己是自我感觉极为良好的。平心而论，我在清华四年，只写过几篇散文：《年》《黄昏》《寂寞》《枸杞树》，一直到今天，还是一片赞美声。清夜扪心，这样的文章我今天无论如何也写不出来了。我一生从不敢以作家自居，而只以学术研究者自命。然而具有讽刺意味的是：如果说我的学术研究起点很低的话，我的散文创作的起点应该说是不低的。

公超先生虽然一篇文章也不写，但是，他并非懒于动脑筋的人。有一次，他告诉我们几个同学，他正考虑一个问题：在中国古代诗歌中，人的感觉或者只是诗人的感觉的转换问题。他举了一句唐诗："静听松风寒。"最初只是用耳朵听，然而后来却变成了躯体的感受"寒"。虽然后来没见有文章写出，却表示他在考虑一些文艺理论的问题。当时教授与学生之间有明显的鸿沟：

教授工资高，社会地位高，存在决定意识，由此就形成了"教授架子"这个词。我们学生只是一群有待于到社会上去抢一只饭碗的碌碌青年。我们同教授们不大来往，路上见了面，也是望望然而去之，不敢用代替西方"早安"、"晚安"一类的致敬词的"国礼"："你吃饭了吗？""你到哪里去呀？"去向教授们表示敬意。公超先生后来当了大官：台湾的"外交部长"。关于这一件事，我同我的一位师弟——一位著名的诗人有不同的看法。我曾在香港《大公报·文学副刊》上发表过的一篇文章中提到此事。此文上面已提到。

再介绍一位不能算是主要教授的外国女教授，她是德国人华兰德小姐，讲授法语。她满头银发，闪闪发光，恐怕已经有了一把子年纪，终身未婚。中国人习惯称之为"老姑娘"。也许正因为她是"老姑娘"，所以脾气有点变态。用医生的话说，可能就是迫害狂。她教一年级法语，像是教初小一年级的学生。后来我领略到的那种德国外语教学方法，她一点儿都没有。极简单的句子，翻来覆去地教，令人从内心深处厌恶。她脾气却极坏，又极怪，每堂课都在骂人。如果学生的卷子答得极其正确，让她无辫子可抓，她就越发生气，气得简直浑身发抖，面红耳赤，开口骂人，语无伦次。结果是把百分之八十的学生全骂走了，只剩下我们五六个不怕骂的学生。我们商量"教训"她一下。有一天，在课堂上，我们一齐站起来，对她狠狠地顶撞了一番。大出我们所料，她屈服了。从此以后，天下太平，再也没有看到她撒野骂人了。她住在当时燕京大学南面军机处的一座大院子里，同一个美国"老姑娘"相依为命。二人合伙吃饭，轮流每人管一个月的伙食。在这一个月中，不管伙食的那一位就百般挑剔，恶毒咒骂。到了下个月，人变换了位置，骂者与被骂者也颠倒了过来。总之是每月每天必吵。然而二人却谁也离不开谁，好像吵架已经成了生活的必不可缺的内容。

我在上面介绍了清华西洋文学系的大概情况，决没有一句谎言。中国古话：为尊者讳，为贤者讳。这道理我不是不懂。但是为了真理，我不能用撒谎来讳，我只能据实直说。我也决不是说，西洋文学系一无是处。这个系能出像钱钟书和万家宝（曹禺）这样大师级的人物，必然有它的道理。我在这里无法详细推究了。

专就我个人而论，专从学术研究发轫这个角度上来看，我认为，我在清华四年，有两门课对我影响最大：一门是旁听而又因时间冲突没能听全的历史系陈寅恪先生的"佛经翻译文学"；一门是中文系朱光潜先生的"文艺心理学"，是一门选修课。这两门不属于西洋文学系的课程，我可万没有想到会对我终身产生了深刻而悠久的影响，决非本系的任何课程所能相比于万一。陈先生上课时让每个学生都买一本《六祖坛经》。我曾到今天的美术馆后面的某一座大寺庙里去购买此书。先生上课时，任何废话都不说，先在黑板上抄写资料，把黑板抄得满满的，然后再根据所抄的资料进行讲解分析，对一般人都不注意的地方提出崭新的见解，令人顿生石破天惊之感，仿佛酷暑饮冰，凉意遍体，茅塞顿开。听他讲课，简直是最高最纯的享受。这同他写文章的做法如出一辙。当时我对他的学术论文已经读了一些，比如《四声三问》，等等。每每还同几个同学到原物理楼南边王静安先生纪念碑前，共同阅读寅恪先生撰写的碑文，觉得文体与流俗不同，我们戏说这是"同光体"。有时在路上碰到先生腋下夹着一个黄布书包，走到什么地方去上课，步履稳重，目不斜视，学生们都投以极其尊重的目光。

朱孟实（光潜）先生是北大的教授，在清华兼课。当时他才从欧洲学成归来。他讲"文艺心理学"，其实也就是美学。他的著作《文艺心理学》还没有出版，也没有讲义。他只是口讲，我们笔记。孟实先生的口才并不好，他不属于能言善辩一流，而且还似乎有点儿怕学生，讲课时眼睛总是往上翻，看着天花板上的某一个地方，不敢瞪着眼睛看学生。可他一句废话也不说，慢条斯理，操着安徽乡音很重的蓝青官话，讲着并不太容易理解的深奥玄虚的美学道理，句句仿佛都能钻入学生心中。他显然同鲁迅先生所说的那一类，在外国把老子或庄子写成论文让洋人吓了一跳，回国后却偏又讲康德、黑格尔的教授，完全不可相提并论。他深通西方哲学和当时在西方流行的美学流派，而对中国旧的诗词又极娴熟。所以在课堂上引东证西或引西证东，触类旁通，头头是道，毫无牵强之处。我觉得，这才是真正的比较文学，比较诗学。这样的本领，在当时是凤毛麟角，到了今天，也不多见。他讲的许多理论，我终生难忘，比如Lipps的"感情移入说"，到现在我还认为是真理，不能更动。

陈、朱二师的这两门课，使我终身受用不尽。虽然我当时还没有敢梦想当什么学者，然而这两门课的内容和精神却已在潜移默化中融入了我的内心深处。如果说我的所谓"学术研究"真有一个待"发"的"韧"的话，那个"韧"就隐藏在这两门课里面。

第三辑　留学哥廷根(1935—1946)

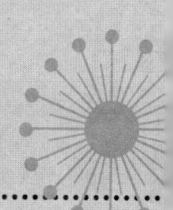

留学去！

五六十年以前，一股浓烈的留学热弥漫全国，其声势之大决不下于今天。留学牵动着成千上万青年学子的心。

当时要想出国，无非走两条路：一条是私费，一条是官费。前者只有富商、大贾、高官、显宦的子女才能办到。后者又有两种：一种是全国性质的官费，比如留英庚款、留美庚款之类；一种是各省举办的。二者都要经过考试。这两种官费人数都极端少，只有一两个。在芸芸学子中，走这条路，比骆驼钻针眼还要困难。是否有走后门的？我不敢说绝对没有。但是根据我个人的观察，一般是比较公道的，录取的学员中颇多英俊之才。这种官费钱相当多，可以在国外过十分舒适的生活，往往令人羡煞。

我当然也患了留学热，而且其严重程度决不下于别人。可惜我投胎找错了地方，我的家庭在乡下是贫农，在城里是公务员，连个小官都算不上。平常日子，勉强糊口。我于1934年大学毕业时，叔父正失业，家庭经济实际上已经破了产，其贫窭之状可想而知。私费留学，我想都没有想过，我这个癞蛤蟆压根儿不想吃天鹅肉，我还没有糊涂到那个程度。官费留学呢，当时只送理工科学生，社会科学受到歧视。

……（当时我）至高无上的梦就是出国镀金。我常常面对屋前的枝叶繁茂花朵鲜艳的木槿花，面对小花园里的亭台假山，做着出国的梦。同时，在灯红酒绿中，又会蓦地感到手中的饭碗在动摇。二十刚出头的年龄，却心怀百岁之忧，我的精神无论如何也振作不起来。我有时候想：就这样混下去吧，反正自己毫无办法，空想也白搭。俗话说："车到山前必有路。"我这辆车还没驶到山前，等到了山前再说吧。

然而不行。别人出国留学镀金的消息，不时传入自己耳中。一听到这种消息，就像我看别人一样，我也是浑身发抖。我遥望欧山美水，看那些出国者如神仙中人，而自己则像人间凡夫，"更隔蓬山千万重"了。

我就这样度过了一整年。

正当我心急似火而又一筹莫展的时候，真像是天赐良机，我的母校清华大学同德国学术交换处（DAAD）签订了一个合同：双方交换研究生，路费制装费自己出，食宿费相互付给：中国每月三十块大洋，德国一百二十马克。条件并不理想，一百二十马克只能勉强支付食宿费用。相比之下，官费一个月八百马克，有天渊之别了。

然而，对我来说，这却像是一根救命的稻草，非抓住不行了。我在清华名义上主修德文，成绩四年全优（这其实是名不副实的），我一报名，立即通过。但是，我的困难也是明摆着的：家庭经济濒于破产，而且亲老子幼。我一走，全家生活靠什么来维持呢？我面对的都是切切实实的现实困难，在狂喜之余，不由得又心忧如焚了。

出我意料之外，我得到了我叔父和全家的支持。他们对我说："我们咬咬牙，过上两年紧日子，只要饿不死，就能迎来胜利的曙光，为祖宗门楣增辉。"这种思想根源，我是清清楚楚的。当时封建科举的思想，仍然在社会上流行。人们把小学毕业看作秀才，高中毕业看作举人，大学毕业看作进士，而留洋镀金则是翰林一流。在人们眼中，我已经中了进士。古人说：没有场外的举人。现在则是场外的进士，我眼看就要入场，焉能悬崖勒马呢？

但是，我的困难是显而易见的。除了前面说到的家庭经济困难之外，还有制装费和旅费。因为知道，到了德国以后，不可能有余钱买衣服，在国内制装必须周到齐全。这都需要很多钱。在过去一年内，我从工资中节余了一点钱，数量不大；向朋友借了点钱，七拼八凑，勉强做了几身衣服，装了两大皮箱。长途万里的旅行准备算是完成了。此时，我心里不知道是什么滋味，酸、甜、苦、辣,搅和在一起,但是决没有像调和鸡尾酒那样美妙。我充满了渴望,而又忐忑不安,有时候想得很美,有时候又忧心忡忡,在各种思想矛盾中,迎接我生平第一次大抉择、大冒险。

我在1935年8月1日离开了家。我留下的是一个破败的家,老亲、少妻、年幼子女。这样一个家和我这一群亲人,他们的命运谁也不知道,正如我自己的命运一样。生离死别,古今同悲。临离家时,我思绪万端。叔父、婶母、德华(妻子),女儿婉如牵着德华的手,才出生几个月的延宗酣睡在母亲怀中,都送我到大门口。娇女、幼子,还不知道什么叫离别,也许还觉得好玩。双亲和德华是完全理解的。我眼里含着泪,硬把大量的眼泪压在肚子里,没有敢再看他们一眼——我相信,他们眼里也一定噙着泪珠——扭头上了洋车,只有大门楼上残砖败瓦的影子在我眼前一闪。

我先乘火车到北平。办理出国手续,只有北平有可能,济南是不行的。到北平以后,我先到沙滩找了一家公寓,赁了一间房子,存放那两只大皮箱。立即赶赴清华园,在工字厅招待所找到了一个床位,同屋的是一位比我高几级的清华老毕业生,他是什么地方保险公司的总经理。夜半联床,娓娓对谈。他再三劝我,到德国后学保险。将来回国,饭碗决不成问题,也许还是一只金饭碗。这当然很有诱惑力,但却同我的愿望完全相违。我虽向无大志，可是对做官、经商，却决无兴趣，对发财也无追求。对这位老学长的盛意，我只有心领了。

当时的北平没有外国领馆，办理出国护照的签证，必须到天津去。于是我同乔冠华就联袂乘火车赴天津，到俄、德两个领馆去请求签证。手续决没有现在这样复杂，领馆的俄、德籍的工作人员，只简简单单地问了几句话，含笑握手，并祝我们一路顺风。我们的出国手续就全部办完，只等出发了。

回到北平以后，几个朋友在北海公园为我饯行，记得有林庚、李长之、王锦弟、张露薇等。终于到了应该起程的日子。8月31日，朋友们把我们送到火车站，就是现在的前门老车站。当然又有一番祝福，一番叮嘱。在登上火车的一刹那，我脑海里忽然浮现出一句旧诗："万里投荒第二人。"

初抵柏林

当年想从中国到欧洲去,飞机没有,海路太遥远又麻烦,最简便的路程就是苏联西伯利亚大铁路。其中一段通过中国东三省。这几乎是唯一的可行的路,但是有麻烦、有困难、有疑问、有危险。日本军国主义分子在东三省建立了所谓"满洲国",这里有危险。过了"满洲国",就是苏联,这里有疑问。我们一心想出国,必须面对这些危险和疑问,义无反顾。明知山有虎,偏向虎山行,我们仿佛成了那样的英雄了。

车到了山海关,要进入"满洲国"了。车停了下来,我们都下车办理入"国"的手续。无非是填几张表格,这对我们并无困难。但是每人必须交手续费三块大洋。这三块大洋是一个人半个月的饭费,我们真有点舍不得。既要入境,就必须缴纳,这个"买路钱"是省不得的。我们万般无奈,掏出三块大洋,递了上去,脸上尽量不流露出任何不满的表情,说话更是特别小心谨慎,前去是一个布满了荆棘的火坑,这一点我们比谁都清楚。幸而没有出麻烦,我们顺利过了"关",又登上车。

第二天（9月2日）早晨到了哈尔滨。我们必须在哈尔滨住上几天，置办长途旅行在火车上吃的东西。我们先找了一家小客店住下，让自己紧张的精神松弛一下。

在哈尔滨山东人很多，大到百货公司的老板，小到街上的小贩，几乎无一不是山东人。他们大都能讲一点洋泾浜俄语，他们跟白俄能明白。这里因为白俄极多，俄语相当流行，因而产生了一些俄语译音字，比如把面包叫做"列巴"，等等。中国人嘴里的俄语，一般都不讲究语法完全正确、音调十分地道，只要对方"明白"，目的就算达到了。

我们在旅店里休息了以后，走到大街上去置办火车上的食品，这件事办起来一点也不费事。大街上有许多白俄开的铺子，你只要走进去，说明来意，立刻就能买到一大篮子装好的食品。主体是几个重约七八斤的大"列巴"，辅之以一两根几乎同样粗大的香肠，再加上几斤干奶酪和黄油，另外再配上几个罐头，共约四五十斤重，足供西伯利亚火车上约莫八九天之用。原来火车上本来是有餐车的，可是据过去的经验，餐车上的食品异常贵，而且只收美元。其指导思想是清楚的，苏联是无产阶级专政的国家，要"念念不忘阶级斗争"。外国人一般被视为资产阶级，是无产阶级的对立面，只要有机会，就必须与之"斗争"。餐费昂贵无非是斗争的方式。可惜我们这些"资产阶级"阮囊羞涩，实在付不出那样多美元，于是哈尔滨的白俄食品店尚矣。

我们在哈尔滨住了几天，登上了苏联经营的西伯利亚火车，时间是9月4日。

第二天，车到了满洲里，是苏联与"满洲国"接壤的地方。火车停了下来，据说要停很长的时间。我们都下了车，接受苏联海关的检查。我决没有想到，苏联官员竟检查得这样细致，又这样慢条斯理，这样万分认真。我们所有的行李，不管是大是小，是箱是筐，统统一律打开，一一检查，巨细不遗。我们躬身侍立，随时准备回答垂询。我们准备在火车上提开水用的一把极其平常又极其粗糙的铁壶，也未能幸免，而且受到加倍的垂青。这件东西，一目了然，然而苏联官员却像发现了奇迹，把水壶翻来覆去，推敲研讨，又碰又摸，又敲又打，还要看一看壶里面是否有"夹壁墙"。连那一个薄铁片似的壶盖，也难逃法网，敲了好几遍。这里只缺少一架显微镜，如果真有一架的话，不管是多么高度的，他们也决不会弃置不用。我怒火填膺，真想发作。旁边一位同车的外国老年朋友，看到我这个情况，拍了拍我的肩膀，用英文说了句："Patience is the great virtue（忍耐是大美德）。"我理解他的心意，相对会心一笑，把怒气硬是压了下去，恭候检查如故。大概当时苏联人把外国人都当成"可疑分子"，都有存心颠覆他们政权的嫌疑，所以不得不尔。

检查完毕，我的怒气已消，心里恢复了平静。我们几个人走出车站，到市内去闲逛。满洲里只是一个边城小镇，连个小城都算不上。只有几条街，很难说哪一条是大街。我们到一家木板房商店里去，买了几个甜酱菜罐头，是日本生产的，带上车去，可以佐餐。

再回到车上，天下大定，再不会有什么干扰了。车下面是横亘欧亚的万里西伯利亚大铁路，从此我们就要在这车上住上七八天。"人是地里仙，一天不见走一千。"我们现在一天决不止走一千，我们要在风驰电掣中过日子了。

我们在车上，既有困难，又有乐趣。一转眼，就过去了八天，于9月14日晚间，到了莫斯科。

莫斯科是当时全世界唯一的一个社会主义国家的首都，颇具神秘色彩，是世界上许多人所向往的地方。我也颇感兴趣。

任何行车时间表上，也都没有在这里停车两天的规定。然而据以前的旅行者说，列车到了莫斯科，总用种种借口，停上一天。我想，原因是十分明显的。苏联当局想让我们这些资本主义国家的人，领略一下社会主义的风采，沾一点社会主义的甘露，给我们洗一洗脑筋，让我们在大吃一惊之余，转变一下自己的世界观，在灰色上涂上一点红。

对我们青年来说，赤都不是没有吸引力的。我个人心里却有一点矛盾。我对外蒙古"独立"问题,很不理解。现在我自己到了苏联的首都,由于沿途的经历并没能给我留下什么好印象,如今要我们在赤都留上一天看一看,那就看一看吧。

火车一停,路局就宣布停车一天,修理车辆。接着来了一位女导游员,年轻貌美,白脸长身,穿着非常华贵、时髦,涂着口红,染着指甲,一身珠光宝气。我确实大吃一惊。当时还没有"极左"这个词,我的思想却是"极左"的,我想象中的"普罗"小姐完全不是这个样子。我眼前这一位"普罗",同资产阶级贵小姐究竟还有什么区别呢?

我们这一群外国旅客被送上一辆大轿车,到莫斯科市内去观光。导游小姐用英文讲解。

晚上,我们又回到火车上。同车的外国旅客又聚会了。

夜里不知是在什么时候,火车又开动了。第二天下午,到了苏联与波兰接界的地方,叫斯托尔扑塞(Stolpce),在这里换乘波兰车。晚上过波京华沙。14日晨四时进入德国境内。

早晨八时,火车到了德国首都柏林。长达十日的长途火车旅行就在这里结束。

柏林是我这一次万里长途旅行的目的地,是我的留学热的最后归宿,是我旧生命的结束,是我新生命的开始。在我眼中,柏林是一个无比美妙的地方。经过长途劳顿,跋山涉水,我终于来到了。我心里的感觉是异常复杂的，既有兴奋，又有好奇；既有兴会淋漓，又有忐忑不安。从当时不算太发达的中国，一下子来到这里，置身于高耸的楼房之中，漫步于宽敞的长街之上，自己宛如大海中的一滴水。

清华老同学赵九章等，到车站去迎接我们，为我们办理了一切应办的手续，使我们避免了许多麻烦，在离开家乡万里之外，感到故园的温暖。

老同学把我们先带到康德大街彼得公寓，把行李安顿好，又带我们到中国饭店去吃饭。当时柏林的中国饭馆不是很多，据说只有三家。饭菜还可以，只是价钱太贵。除了大饭店以外，还有一家可以包饭的小馆子。

清华老同学汪殿华和他的德国夫人，在夏洛滕堡区的魏玛大街，为我们找到了一间房子，房东名叫罗斯瑙（Rosenau），看长相是一个犹太人。一提到找房子，人们往往会想到老舍早期的几部长篇小说中讲到中国人在英国伦敦找房子的情况，那是非常困难的。如果出租招贴上没有明说可以租给中国人，你就别去问，否则一定会碰钉子。在德国则没有这种情况。在柏林，你可以租到任何房子，只有少数过去中国学生住过的房子是例外。在这里你会受到白眼，遭到闭门羹。个中原因，一想便知，用不着我来啰嗦了。

到德国来，要想念好书，必须先学好德语。我在清华学德语，虽然四年得了八个优，其实是张不开嘴的。来到柏林，必须补习德语口语，不再成为哑巴。远东协会的林德（Linde）和罗哈尔（Rochall）博士热心协助，带我到柏林大学的外国学院去，见到校长，他让我念了几句德文，认为满意，就让我参加柏林大学外国留学生德语班的最高班。从此我就成了柏林大学的学生，天天去上课。教授名叫赫姆（Høhm），我从来没有遇到这样好的外语教员。他发音之清晰，讲解之透彻，简直达到了神妙的程度。我上课时，总和乔冠华在一起。我们每天乘城内火车到大学去上课，乐此不疲。

我到德国来念书，柏林只是一个临时站，我还要到别的地方去的。但是，到哪里去呢？德国学术交换处的魏娜（Wiehner），最初打算把我派到东普鲁士的哥尼斯堡（Kønigsberg）大学去。德国最伟大的古典哲学家康德就在这里担任教授，这当然是一个十分令人神往的地方。但是这地方离柏林较远，比较偏僻，我人地生疏，表示不愿意去。最后，几经磋商，改派我到哥廷根（Gøttingen）大学去，我同意了。我因此就想到，人的一生实在非常复杂，因果交互影响。我的老师吴宓先生有两句诗："世事纷纭果造因，错疑微似便成真。"这的确是很有见地的话，是参透了人生真谛才能道出的。如果我当年到了哥尼斯堡，那么我的人生道路就会同今天的截然不同。我不但认识不了西克（Sieg）教授和瓦尔德施米特（Waldschmidt）教授，就连梵文和巴利文也不会去学。这样一个季羡林今天会是什么样子呢？那只有天晓得了。

决定到哥廷根去，这算是大局已定，我心头的一块石头落了地。我到处打听哥廷根的情况，幸遇老学长乐森先生。他正在哥廷根大学读书，现在来柏林办事。他对我详细谈了哥廷根大学的情况，我心中的疑团尽释，大有耳聪目明之感。又在柏林待了一段时间，最后在大学开学前终于离开了柏林。我万万没有想到，此番一去就是七年，没有再回来过。我不喜欢柏林，也不喜欢这里那些成群结队的中国留学生。

在哥廷根学梵文

我于1935年10月31日,从柏林到了哥廷根。原来只打算住两年,焉知一住就是十年整,住的时间之长,在我的一生中,仅次于济南和北京,成为我的第二故乡。

哥廷根是一个小城,人口只有十万,而流转迁移的大学生有时会到二三万人,是一个典型的大学城。大学已有几百年的历史,德国学术史和文学史上许多显赫的名字,都与这所大学有关。以他们的名字命名的街道,到处都是。让你一进城,就感到洋溢全城的文化气和学术气,仿佛是一个学术乐园,文化净土。

我初到哥廷根时,人地生疏。老学长乐森先生到车站去接我,并且给我安排好了住房。房东姓欧朴尔(Oppel),老夫妇俩只有一个儿子。儿子大了,到外城去上大学,就把他住的房间租给我。我在这样一个只有一对老夫妇的德国家庭里住了下来,同两位老人晨昏相聚,成为这个家庭的一员,一住就是十年,没有搬过一次家。

在哥廷根,我要走的道路终于找到了,我指的是梵文的学习。这条道路，我已经走了将近六十年，今后还将走下去，直到不能走路的时候。

这条道路同哥廷根大学是分不开的。因此我在这里要讲讲大学。

我在上面已经对大学介绍了几句，因为，要想介绍哥廷根，就必须介绍大学。我们甚至可以说，哥廷根之所以成为哥廷根，就是因为有这一所大学。这所大学创建于中世纪，至今已有几百年的历史，是欧洲较为古老的大学之一。它共有五个学院：哲学院、理学院、法学院、神学院、医学院。一直没有一座统一的建筑，没有一座统一的大楼。各个学院分布在全城各个角落，研究所更是分散得很，许多大街小巷，都有大学的研究所。学生宿舍更没有大规模的，小部分学生住在各自的学生会中，绝大部分分住在老百姓家中。行政中心叫Aula，楼下是教学和行政部门；楼上是哥廷根科学院。文法学科上课的地方有两个：一个叫大讲堂（Auditorium）；一个叫研究班大楼（Seminargebäude）。白天，大街上走的人中有一大部分是到各地上课的男女大学生，熙熙攘攘，煞是热闹。

在历史上，大学出过许多名人。德国最伟大的数学家高斯（Gauss），就是这个大学的教授。在高斯以后，这里还出过许多大数学家。从19世纪末起，一直到我去的时候，这里公认是世界数学中心。当时当代最伟大的数学家大卫·希尔伯特（David Hilbert）虽已退休，但还健在。他对中国学生特别友好。我曾在一家书店里遇到过他，他走上前来，跟我打招呼。除了数学以外，理科学科中的物理、化学、天文、气象、地质等，教授阵容都极强大。有几位诺贝尔奖金获得者在这里任教。蜚声全球的化学家A.温道斯（A.Windaus）就是其中之一。

文科教授的阵容，同样也是强大的。在德国文学史和学术史上占有重要地位的格林兄弟，都在哥廷根大学待过。他们的童话流行全世界，在中国也可以说是家喻户晓。他们的大字典，一百多年以后才由许多德国专家编纂完成，成为德国语言研究中的一件大事。

哥廷根大学文理科的情况大体就是这样。

我在上面提到，初到哥廷根时，就有意学习古代文字。但这只是一种朦朦胧胧的想法，究竟要学习哪一种古文字，自己并不清楚。德国大学是绝对自由的。只要中学毕业，就可以愿意入哪个大学，就入哪个，不懂什么叫入学考试。入学以后，愿意入哪个系，就入哪个；愿意改系，随时可改；愿意选多少课，选什么课，悉听尊便；学文科的可以选医学、神学的课；也可以只选一门课，或者选十门、八门。上课时，愿意上就上，不愿意上就走；迟到早退，完全自由。从来没有课堂考试。有的课开课时需要教授签字,这叫开课前的报到(Anmeldung),学生就拿课程登记簿(Studienbuch)请教授签;有的在结束时还需要教授签字,这叫课程结束时的教授签字(Abmeldung)。此时,学生与教授可以说是没有多少关系。有的学生,初入大学时,一学年或者甚至一学期换一个大学。经过几经转学,两三年以后,选中了自己满意的大学,满意的系科,这时才安定住下,同教授接触,请求参加他的研究班,经过一两个研究班,师生互相了解了,教授认为孺子可教,才给博士论文题目。再经过几年努力写作,教授满意了,就举行论文口试答辩,及格后,就能拿到博士学位。在德国,是教授说了算,什么院长、校长、部长都无权干预教授的决定。如果一个学生不想做论文,决没有人强迫他。只要自己有钱,他可以十年八年地念下去。这就叫做"永恒的学生"(Ewiger Student),是一种全世界所无的稀有动物。

我就是在这样一种绝对自由的气氛中,在第一学期选了希腊文。另外又杂七杂八地选了许多课,每天上课六小时。我的用意是练习听德文,并不想学习什么东西。

我选课虽然以希腊文为主,但是学习情绪时高时低,始终并不坚定,第一堂课印象就不好。

至于梵文,我在国内读书时,就曾动过学习的念头。但当时国内没有人教梵文,所以愿望没有能实现。来到哥廷根,认识了一位学冶金学的中国留学生湖南人龙丕炎（范禹），他主攻科技，不知道为什么却学习过两个学期的梵文。我来到时，他已经不学了，就把自己用的施滕茨勒（Stenzler）著的一本梵文语法送给了我。我同章用也谈过学梵文的问题，他鼓励我学。于是，在我选择道路徘徊踟蹰的混乱中，又增加了一层混乱。幸而这混乱只是暂时的，不久就从混乱的阴霾中流露出来了阳光。

我毕生要走的道路终于找到了，我沿着这一条道路一走走了半个多世纪，一直走到现在，而且还要走下去。

哥廷根实际上是学习梵文最理想的地方。除了上面说到的城市幽静、风光旖旎之外，哥廷根大学有悠久的研究梵文和比较语言学的传统。19世纪上半叶研究《五卷书》的一个转译本《卡里来和迪木乃》的大家、比较文学史学的创建者本发伊（T.Benfey）就曾在这里任教。19世纪末弗朗茨·基尔霍恩（Franz Kielhorn）在此地任梵文教授。接替他的是海尔曼·奥尔登堡（Hermann Oldenberg）教授。奥尔登堡教授的继任人是读通吐火罗文残卷的大师西克教授。1935年，西克退休，瓦尔德施米特接掌梵文讲座，这正是我到哥廷根的时候。被印度学者誉为活着的最伟大的梵文家雅可布·瓦克尔纳格尔（Jakob Wackernagel）曾在比较语言学系任教。真可谓梵学天空，群星灿列。再加上大学图书馆历史极久、规模极大、藏书极富、名声极高，梵文藏书甲德国，据说都是基尔霍恩从印度搜罗到的。这样的条件，在德国当时，是无与伦比的。

我决心既下，1936年春季开始的那一学期，我选了梵文。4月2日，我到高斯–韦伯楼东方研究所去上第一课。这是一座非常古老的建筑，当年大数学家高斯和大物理学家韦伯（Weber）试验他们发明的电报，就在这座房子里，它因此名扬全球。楼下是埃及学研究室，巴比伦、亚述、阿拉伯文研究室。楼上是斯拉夫语研究室，波斯、土耳其语研究室和梵文研究室。梵文课就在研究室里上。这是瓦尔德施米特教授第一次上课，也是我第一次同他会面。他看起来非常年轻，是柏林大学梵学大师海因里希·吕德斯（Heinrich Lüders）的学生，研究新疆出土的梵文佛典残卷的专家，虽然年轻，已经在世界梵文学界颇有名声。可是选梵文课的却只有我一个学生，而且还是外国人。虽然只有一个学生，他仍然认真严肃地讲课，一直讲到四点才下课。这就是我梵文学习的开始。研究所有一个小图书馆，册数不到一万，然而对一个初学者来说，却是应有尽有。最珍贵的是奥尔登堡的那一套上百册的德国和世界各国梵文学者寄给他的论文汇集，分门别类，装订成册，大小不等，语言各异。如果自己去搜集，那是无论如何也不会这样齐全的，因为有的杂志非常冷僻，到大图书馆都不一定能查到。在临街的一面墙上，在镜框里贴着德国梵文学家的照片，有三四十人之多，从中可见德国梵学之盛。这是德国学术界十分值得骄傲的地方。

我从此就天天到这个研究所来。

我从此就找到了我真正想走的道路。

清华大学与德国学术交换处订的合同，规定学习期限为两年。我原来也只打算在德国住两年。在这期间，我的身份是学生。在德国十年中，这二年的学生生活可以算是一个阶段。

在这二年内，一般说来，生活是比较平静的，没有大风大浪，没有剧烈的震动。希特勒刚上台不几年，德国人崇拜他如疯如狂。我认识一个女孩子，年轻貌美。有一次同她偶尔谈到希特勒，她脱口而出："如果我能同希特勒生一个孩子，是我莫大的光荣！"我真是大吃一惊，做梦也没有想到。我没有见过希特勒本人，只是常常从广播中听到他那疯狗的狂吠声。在德国人中，反对他的微乎其微。他手下那著名的两支队伍：SA（Sturm Abteilung，冲锋队）和SS（Schutz Staffel，党卫军），在街上随时可见。前者穿黄制服，我们称之为"黄狗"；后者着黑制服，我们称之为"黑狗"。这黄黑二狗从来没有跟我们中国学生找过麻烦。进商店，会见朋友，你喊你的"希特勒万岁！"我喊我的"早安""日安""晚安"，各行其是，互不侵犯，井水不犯河水，倒也能和平共处。我们同一般德国人从来不谈政治。

实际上，在当时，无论是在中国，还是在德国，都是处在大风暴的前夕。两年以后，情况就大大地改变了。

这一点我是有所察觉的，不过是无能为力，只好能过一天平静的日子，就过一天，苟全性命于乱世而已。

从表面上来看，市场还很繁荣，食品供应也极充足，限量制度还没有实行，只要有钱，什么都可以买到。我每天早晨在家里吃早点：小面包、牛奶、黄油、干奶酪，佐之以一壶红茶。然后到梵文研究所去，或上课，或学习。中午在外面饭馆里吃。吃完，仍然回到研究所，从来不懂什么睡午觉。下午也是或上课，或学习。晚上六点回家，房东老太太把他们中午吃的热饭菜留一份给我晚上吃。因此我就不必像德国人那样，晚饭只吃面包香肠喝茶了。

就这样，日子过得有条有理，蛮惬意的。

一到星期日，当时住在哥廷根的几个中国留学生：龙丕炎、田德望、王子昌、黄席棠、卢寿枬等就不约而同地到城外山下一片叫做"席勒草坪"的绿草地去会面。这片草地终年绿草如茵，周围古木参天，东面靠山，山上也是树木繁茂，大森林长宽各几十里。山中颇有一些名胜，比如俾斯麦塔，高踞山巅，登临一望，全城尽收眼底。此外还有几处咖啡馆和饭店。我们在席勒草坪会面以后，有时也到山中去游逛，午饭就在山中吃。见到中国人，能说中国话，真觉得其乐无穷，往往是在闲谈笑话中忘记了时间的流逝。等到注意到时间时，已是暝色四合，月出于东山之上了。

至于学习，我仍然是全力以赴。我虽然原定只能留两年，但我仍然做参加博士考试的准备。根据德国的规定，考博士必须读三个系：一个主系，两个副系。我的主系是梵文、巴利文等所谓印度学（Indologie），这是大局已定。关键是在两个副系上，然而这件事又是颇伤脑筋的。当年我在国内患"留学热"而留学一事还渺茫如蓬莱三山的时候，我已经立下大誓：决不写有关中国的博士论文。鲁迅先生说过，有的中国留学生在国外用老子与庄子谋得了博士头衔，令洋人大吃一惊；然而回国后讲的却是康德、黑格尔。我鄙薄这种博士，决不步他们的后尘。现在到了德国，无论主系和副系决不同中国学沾边。我听说，有一个学自然科学的留学生，想投机取巧，选了汉学作副系。在口试的时候，汉学教授问的第一个问题是：中国的杜甫与英国的莎士比亚，谁先谁后？中国文学史长达几千年，同屈原等比起来，杜甫是偏后的。而在英国则莎士比亚已算较古的文学家。这位留学生大概就受这种印象的影响，开口便说："杜甫在后。"汉学教授说："你落第了！下面的问题不需要再提了。"

谈到口试，我想在这里补充两个小例子，以见德国口试的情况，以及教授的权威。19世纪末，德国医学泰斗微耳和（Virchow）有一次口试学生，他把一盘子猪肝摆在桌子上，问学生道："这是什么？"学生瞠目结舌，半天说不出话来，哪里会想到教授会拿猪肝来呢。结果是口试落第。微耳和对他说："一个医学工作者一定要实事求是，眼前看到什么，就说是什么。连这点本领和勇气都没有，怎能当医生呢？"又一次，也是这位微耳和在口试，他指了指自己的衣服，问："这是什么颜色？"学生端详了一会儿，郑重答道："枢密顾问（德国成就卓著的教授的一种荣誉称号）先生！您的衣服曾经是褐色的。"微耳和大笑，立刻说："你及格了！"因为他不大注意穿着，一身衣服穿了十几年，原来的褐色变成黑色了。这两个例子虽小，但是意义却极大。它告诉我们，德国教授是怎样处心积虑地培养学生实事求是不受任何外来影响干扰的观察问题的能力。

回头来谈我的副系问题。我坚决不选汉学，这已是定不可移的了。那么选什么呢？我考虑过英国语言学和德国语言学。后来，又考虑过阿拉伯文，我还真下工夫学了一年阿拉伯文。后来，又觉得不妥，决定放弃。最后选定了英国语言学与斯拉夫语言学。但斯拉夫语言学，不能只学一门俄文，我又加学了南斯拉夫文，从此天下大定。

斯拉夫语研究所也在高斯-韦伯楼里面。从那以后，我每天到研究所来，学习一整天。主要精力当然是用到学习梵文和巴利文上。梵文班原先只有我一个学生，大概从第三学期开始，来了两个德国学生：一个是历史系学生，一个是一位乡村牧师。前者在我来哥廷根以前已经跟西克教授学习过几个学期。等到我第二学年开始时，他来参加，没有另外开班，就在一个班上。我最初对他真是肃然起敬，他是老学生了。然而，过了不久，我就发现，他学习颇为吃力。尽管他在中学时学过希腊文和拉丁文，又懂英文和法文，但是对付这个语法规则烦琐到匪夷所思的程度的梵文，他却束手无策。在课堂上，只要老师一问，他就眼睛发直、口发呆，嗫嗫嚅嚅，说不出话来。一直到第二次世界大战爆发，他被征从军，他始终没能征服梵文。用我的话来说，就是，他没有跳过龙门。

我自己学习梵文，也并非一帆风顺。这一种在现在世界上已知的语言中语法最复杂的古代语言，形态变化之丰富，同汉语截然相反，我当然会感到困难。但是，既然已经下定决心要学习，就必然要把它征服。在这二年内，我曾多次暗表决心：一定要跳过这个龙门。

汉学研究所讲师

1937年到了,我的交换期满了,是我应该回国的时候了。然而,国内"七七"事变爆发,不久我的家乡山东济南就被日军占领,我断了退路,就同汉学研究所发生了关系。

这个所的历史,我不清楚,我从来也没有想去研究过。汉学虽然也属于东方学的范畴,但并不在高斯-韦伯楼东方研究所内,而是在另外一个地方,在一座大楼里面。楼前有一个大草坪,盖满绿草,有许多株参天的古橡树。整个建筑显得古穆堂皇,颇有一点气派。一进楼门,有极其宽敞高大的过厅,楼梯也是极宽极高,是用木头建成的。这里不见什么人,但是打扫得也是油光锃亮。研究所在二楼,有七八间大房子,一间所长办公室,一间课堂,其余全是藏书室和阅览室。这里藏书之富颇令我吃惊。在这几间大房子里,书架从地板一直高达天花板,全整整齐齐地排满了书,中国书和日本出版的汉籍,占绝大多数,也有几架西文书。里面颇有一些珍贵的古本,我记得有几种明版的小说,即使放在国内图书馆中,也得算作善本书。其中是否有海内孤本,因为我对此道并非行家里手,不敢乱说。这些书是怎样到哥廷根来的,我也没有打听。可能有一些是在中国的传教士带回去的。

所长是古斯塔夫·哈隆(Gustav Haloun)教授,是苏台德人,在感情上与其说他是德国人,毋宁说他是捷克人。他反对法西斯,自是意内事。在过去两年内,我们有一些来往,但不很密切。我交换期满的消息,传到了他的耳朵里,他主动跟我谈这个问题,问我愿意不愿意留下。我已是有家归不得,正愁没有办法,他的建议自然使我喜出望外。于是交换期一满,我立即受命为汉文讲师。原来我到汉学研究所来是做客,现在我也算是这里的主人了。

哈隆教授为人亲切和蔼,比我长二十多岁。我到研究所后,我仍然是梵文研究所的博士生,我仍然天天到高斯-韦伯楼去学习,我的据点仍然在梵文研究所。但是,既然当了讲师,就有授课的任务。授课地点就在汉学研究所内,我到这里来的机会就多了起来,同哈隆和他夫人见面的机会也就多了起来。我们终于成了无话不谈的知心朋友,也可以说是忘年交吧。哈隆虽然不会说中国话,但汉学的基础是十分深厚的。他对中国古代文献,比如《老子》《庄子》之类,是有很高的造诣的。甲骨文尤其是他的拿手好戏,讲起来头头是道,颇有一些极其精辟的见解。他对古代西域史地钻研很深,他的名作《月氏考》,蜚声国际士林。他非常关心图书室的建设。闻名欧洲的哥廷根大学图书馆,不收藏汉文典籍，所有的汉文书都集中在汉学研究所内。购买汉文书籍的钱好像也由他来支配。我曾经替他写过不少的信，给中国北平琉璃厂和隆福寺的许多旧书店，订购中国古籍。中国古籍也确实源源不断地越过千山万水，寄到研究所内。我曾特别从国内订购虎皮宣，给这些线装书写好书签，贴在上面。结果是整架的蓝封套上都贴上了黄色小条，黄蓝相映，闪出了异样的光芒，给这个研究所增添了无量光彩。

因为哈隆教授在国际汉学界广有名声，他同许多国家的权威汉学家都有来往。又由于哥廷根大学汉学研究所藏书丰富，所以招徕了不少外国汉学家来这里看书。我个人在汉学研究所藏书室里就见到了一些世界知名的汉学家。留给我印象最深的是英国汉学家阿瑟·韦利（Arthur Waley），他以翻译中国古典诗歌蜚声世界。他翻译的唐诗竟然被收入著名的《牛津英国诗选》。这一部《诗选》有点像中国的《唐诗三百首》之类的选本，被选入的诗都是久有定评的不朽名作。韦利翻译的中国唐诗，居然能置身其间，其价值概可想见了，韦利在英国文学界的地位也一清二楚了。

我在这里还见到了德国汉学家奥托·冯·梅兴-黑尔芬（Otto von Mänchen-Helfen）。他正在研究明朝的制漆工艺。有一天，他拿着一部本所的藏书，让我帮他翻译几段。我忘记了书名，只记得纸张印刷都异常古老，白色的宣纸已经变成了淡黄色，说不定就是明版书。我对制漆工艺毫无通解，勉强帮他翻译了一点，自己也不甚了了。但他却连连点头，他因为钻研已久，精于此道，所以一看就明白了。从那一次见面后，再没有见到他过。后来我在一本英国杂志上见到他的名字。此公大概久已移居新大陆，成了美籍德人了。

可能就在"七七"事变后一两年内，哈隆有一天突然告诉我，他要离开德国到英国剑桥大学，去任汉学教授了。他在德国多年郁郁不得志，大学显然也不重视他，我从没有见到他同什么人来往过。他每天一大早同夫人从家中来到研究所。夫人做点针线活，或看点闲书。他则伏案苦读，就这样一直到深夜才携手回家。在寂寞凄清中，夫妇俩相濡以沫，过的几乎是形单影只的生活。看到这情景，我心里充满了同情。临行前，我同田德望在市政府地下餐厅为他饯行。他以极其低沉的声调告诉我们，他在哥廷根这么多年，真正的朋友只有我们两个中国人！泪光在他眼里闪动，我此时似乎非常能理解他的心情。他被迫去国，丢下他惨淡经营的图书室，心里是什么滋味，难道还不值得我一洒同情之泪吗？后来，他从英国来信，约我到英国剑桥大学去任教。我回信应允。可是等到我于1946年回国后，亲老、家贫、子幼，我不忍心再离开他们了。我回信说明了情况，哈隆回信，表示理解。我再没有能见到他。他在好多年以前已经去世，岁数也不会太大。一直到现在，我每想到我这位真正的朋友，内心就悲痛不已。

获得博士学位

一转眼，时间已经到了1939年。

在这以前的两年内，德国的邻国，每年春天一次，秋天一次，患一种奇特的病，称之为"侵略狂"或者"迫害狂"都是可以的，我没有学过医，不敢乱说。到了此时，德国报纸和广播电台就连篇累牍地报道，德国的东西南北四邻中有一个邻居迫害德国人了，挑起争端了，进行挑衅了，说得声泪俱下，气贯长虹。德国人心激动起来了，全国沸腾了。但是接着来的是德国出兵镇压别人，占领了邻居的领土，他们把这种行动叫做"抵抗"，到邻居家里去"抵抗"。德国法西斯有一句名言："谎言说上一千遍，就变成了真理。"这就是他们新闻政策的灵魂。连我最初都有点相信，德国人不必说了。但是到了下半年，或者第二年的上半年，德国的某一个邻居又患病了，而且患的是同一种病，不由得我不起疑心。德国人聪明绝世，在政治上却幼稚天真如儿童。他们照例又激动起来了，全国又沸腾起来了。结果又有一个邻国倒了霉。

我预感到情况不妙，大有"山雨欲来风满楼"之势了。

事实证明，我的预感是正确的。

1939年9月1日，德国的东邻波兰犯了上面说的那种怪"病"，德国"被迫"出兵"抵抗"，没有用很多的时间，波兰的"病"就完全治好了。全国被德军占领。如此接二连三，许多邻国的"病"都被德国治好，国土被他们占领。等到法国的马其诺防线被突破，德军进占巴黎以后，德国的四邻的"病"都已完全被法西斯治好了。我预感，德国又要寻找新的病人了。这个病人不是别的国家，只能是苏联。

事实证明，我的预感又不幸而言中了。

1941年6月22日，我早晨一起来，女房东就告诉我，德国同苏联已经开了火。我的日记上写道："这一招早就料到，却没想到这样快。"这本来应该说是一件天大的事，但是德国人谁也不紧张。原因大概是，最近几年来，几乎每年两次出现这样的事，"司空见惯浑无事"了。我当然更不会紧张。前两天约好同德国朋友苹可斯（Pinks）和格洛斯（Gross）去郊游，照行不误。整整一天，我们乘车坐船，几次渡过小河，在旷野绿林中，步行了几十公里，唱歌、拉手风琴、野餐，玩了个不亦乐乎，尽欢而归。在灯火管制、街灯尽熄的情况下，在黑暗中摸索着走回了家。无论是对我，还是对德国朋友来说，今天早晨德苏宣战的消息，给我们没有留下任何印象。

然而怪事还在后面。

战争既已打响,不管人们多么淡漠,总希望听到进一步的消息:是前进了呢?是后退了呢?是相持不下呢?然而任何消息都没有。23日没有,24日没有,25日没有,26日没有,27日仍然没有。在整整沉默了一个礼拜之后,到了又一个礼拜日29日,广播却突如其来地活泼,一个早晨就播送了八个"特别广播":德军已在苏联境内长驱直入,势如破竹。一个"特别广播"报告一个重大胜利。一直表现淡漠的德国人,震动起来了,他们如疯了似的,山呼"万岁"。而我则气得内心暴跳如雷,一听"特别广播",神经就极度紧张,浑身发抖。没有办法,我就用双手堵住耳朵,心里数着一、二、三、四等,数到一定的程度,心想广播恐已结束,然而一松手,广播喇叭怪叫如故。此时我心中热血沸腾,直冲脑海。晚上需要吃加倍的安眠药,才能勉强入睡。30日的日记里写道:"住下去,恐怕不久就会进疯人院。"

我的失眠症从此进入严重的阶段了。

精神是苦闷的,形势是严峻的,但是我的学业仍然照常进行。

在我选定的三个系里,学习都算是顺利。主系梵文和巴利文,第一学期,瓦尔德施米特教授讲梵文语法,第二学期就念梵文原著《那罗传》，接着读迦梨陀娑的《云使》等。从第五学期起，就进入真正的Seminar（讨论班），读中国新疆吐鲁番出土的梵文佛经残卷，这是瓦尔德施米特教授的拿手好戏，他的老师H.吕德斯（H.Lüders）和他自己都是这方面的权威。第六学期开始，他同我商量博士论文的题目，最后定为研究《大事》（*Mahāvastu*）偈陀部分的动词变化。我从此就在上课、教课之余，利用一切可利用的时间，啃那厚厚的三大册《大事》。第二次世界大战爆发后不久，我的教授被征从军。已经退休的西克教授，以垂暮之年，出来代替他上课。西克教授真正是诲人不倦，第一次上课他就对我郑重宣布：他要把自己毕生最专长的学问，统统地毫无保留地全部传授给我，一个是《梨俱吠陀》，一个是印度古典语法《大疏》，一个是《十王子传》，最后是吐火罗文。他是读通了吐火罗文的世界大师。就这样，在瓦尔德施米特教授从军期间，我就一方面写论文，一方面跟西克教授上课。学习是顺利的。

一个副系是英国语言学，另一个副系是斯拉夫语言学，我也照常上课，这些课也都是顺利的。

专就博士论文而论，这是学位考试至关重要的一项工作。教授看学生的能力，也主要是通过论文。德国大学对论文要求十分严格，题目一般都不大，但必须有新东西，才能通过。有的中国留学生在德国已经待了六七年,学位始终拿不到,关键就在于论文。章用就是一个例子,一个姓叶的留学生也碰到了相同的命运。我的论文,题目定下来以后,我积极写作,到了1940年,已经基本写好。瓦尔德施米特从军期间,西克也对我加以指导。瓦尔德施米特回家休假,我就把论文送给他看。我自己不会打字,帮我打字的是迈耶(Meyer)家的大女儿伊姆加德(Irmgard),一位非常美丽的女孩子。这一年的秋天,我天天晚上到她家去。因为梵文字母拉丁文转写,符号很多,穿靴戴帽,我必须坐在旁边,才不致出错。9月13日,论文打完。事前已经得到瓦尔德施米特的同意。10月9日,把论文交给文学院院长戴希格雷贝尔(Deichgräber)教授。德国规定,院长安排口试的日期,而院长则由最年轻的正教授来担任。戴希格雷贝尔是希腊文、拉丁文教授,是刚被提升为正教授的。按规矩本应该三个系同时口试,但是瓦尔德施米特正值休假回家,不能久等;英文教授勒德尔(Roeder)却有病住院。在1940年12月23日口试时,只有梵文和斯拉夫语言学,英文以后再补。

到了第二年1941年2月19日,勒德尔教授病愈出院,补英文口试,瓦尔德施米特教授也参加了,我又得了一个sehr gut。连论文加口试,共得了四个sehr gut。我没有给中国人丢脸,可以告慰我亲爱的祖国,也可以告慰母亲在天之灵了。博士考试一幕就此结束。

至于我的博士论文，当时颇引起了一点轰动。轰动主要来自克劳泽（Krause）教授。他是一位蜚声世界的比较语言学家，是一位非凡的人物，自幼双目失明，但有惊人的记忆力，过耳不忘，像照相机那样准确无误。他能掌握几十种古今的语言。北欧几种语言，他都能说。上课前，只需别人给他念一遍讲稿，他就能几乎是一字不差地讲上两小时。他也跟西克教授学过吐火罗语，他的大著《西吐火罗语语法》被公认为能够跟西克、西克灵（Siegling）、舒尔策（Schulze）的吐火罗语语法媲美。他对我的博士论文中关于语尾——mathe 的一段附录，给予了极高的评价。因为据说在古希腊文中有类似的语尾，这种偶合对研究印欧语系比较语言学有突破性的意义。

我为什么非要取得一个博士学位不行呢？其中原因有的同一般人一样，有的则可能迥乎不同。中国近代许多大学者，比如王国维、梁启超、陈寅恪、郭沫若、鲁迅，等等，都没有什么博士头衔，但都在学术史上有地位。这一点我是知道的。可这些人都是不平凡的天才，博士头衔对他们毫无用处。但我扪心自问，自己并不是这种人，我从不把自己估计过高，我甘愿当一个平凡的人。而一个平凡的人，如果没有金光闪闪的博士头衔，则在抢夺饭碗的搏斗中必然是个失败者。这可以说是动机之一，但是还有之二。我在国内时对某一些趾高气扬不可一世的留学生看不顺眼,窃以为他们也不过在外国炖了几年牛肉,一旦回国,在非留学生面前就摆起谱来了。但自己如果不也是留学生,则一表示不平,就会有人把自己看成一个吃不到葡萄而说葡萄酸的狐狸。我为了不当狐狸,必须出国,而且必须取得博士学位。这个动机,说起来十分可笑,然而却是真实的。多少年来,博士头衔就像一个幻影,飞翔在我的眼前,或近或远,或隐或显。有时候近在眼前,似乎一伸手就可以抓到;有时候又远在天边,可望而不可即,有时候熠熠闪光;有时候又晦暗不明。这使得我时而兴会淋漓,时而又垂头丧气。一个平凡人的心情,就是如此。

大轰炸、饥饿与乡愁

现在多年的夙愿终于实现了,我立即又想到自己的国和家。"山川信美非吾土,漂泊天涯胡不归。"适逢1942年德国政府承认了南京汉奸汪记政府,国民党政府的公使馆被迫撤离,撤到瑞士去。我经过仔细考虑,决定离开德国,先到瑞士去,从那里再设法回国。我的初中同班同学张天麟那时住在柏林,我想去找他,看看有没有办法可想。决心既下,就到我认识的师友家去辞行。大家当然都觉得很惋惜,我心里也充满了离情别绪。最难过的一关是我的女房东。此时男房东已经故去,儿子结了婚,住在另外一个城市里。我是她身边唯一的一个亲人,她是拿我当儿子来看待的。回忆起来她丈夫逝世的那一个深夜,是我跑到大街上去叩门找医生,回家后又伴她守尸的。如今我一旦离开,五间房子里只剩下她孤身一人,冷冷清清,凄凄惨惨,她如何能忍受得了!她一听到我要走的消息,立刻放声痛哭。我一想到相处七年,风雨同舟,一旦诀别,何日再见?也不禁热泪盈眶了。

到了柏林以后,才知道,到瑞士去并不那么容易。即便到了那里，也难以立即回国。看来只能留在德国了。此时战争已经持续了三年。虽然小的轰炸已经有了一些，但真正大规模的猛烈的轰炸，还没有开始。在柏林，除了食品短缺外，生活看上去还平平静静。大街上仍然是车水马龙，行人熙攘，脸上看不出什么惊慌的神色。我抽空去拜访了大教育心理学家施普兰格尔（E.Spranger），又到普鲁士科学院去访问西克灵教授，他同西克教授共同读通了吐火罗文。我读他的书已经有些年头了，只是从未晤面。他看上去非常淳朴老实，木讷寡言。在战争声中仍然伏案苦读，是一个典型的德国学者。就这样，我在柏林住了几天，仍然回到了哥廷根，时间是1942年10月30日。

我一回到家，女房东仿佛凭空捡了一只金凤凰，喜出望外。我也仿佛有游子还家的感觉。回国既已无望，我只好随遇而安，丢掉一切不切实际的幻想，同德国共存亡，同女房东共休戚了。

我又恢复了七年来的刻板单调的生活。每天在家里吃过早点，就到高斯-韦伯楼梵文研究所去，在那里一直工作到中午。午饭照例在外面饭馆里吃。吃完仍然回到研究所。我现在已经不再是学生，办完了退学手续，专任教员了。我不需要再到处跑着去上课，只是有时到汉学研究所去给德国学生上课。主要精力用在自己读书和写作上。我继续钻研佛教混合梵语，沿着我的博士论文所开辟的道路前进。除了肚子饿和间或有的空袭外，生活极有规律，极为平静。研究所对面就是大学图书馆,我需要的大量的有时甚至极为稀奇古怪的参考书,这里几乎都有,真是一个理想的学习和写作的环境。因此,我的写作成果是极为可观的。在博士后的五年内,我写了几篇相当长的论文,刊登在哥廷根科学院院刊上,自谓每一篇都有新的创见。直到今天,已经过了将近半个世纪,还不断有人引用。这是我毕生学术生活的黄金时期,从那以后再没有过了。

然而来了大轰炸。

战争已经持续了三四年。最初一两年,英美苏的飞机也曾飞临柏林上空,投掷炸弹。但那时技术水平还相当低,炸弹只能炸坏高层楼房的最上面一二层,下面炸不透。因此每一座高楼都有的地下室就成了全楼的防空洞,固若金汤,人们待在里面,不必担忧。即使上面中了弹,地下室也只是摇晃一下而已。德国法西斯头子都是说谎专家、牛皮大王,这一件事他们也不放过。他们在广播里报纸上,嘲弄又加吹嘘,说盟军的飞机是纸糊的,炸弹是木制的,德国的空防系统则是铜墙铁壁。政治上比较天真的德国人民,哗然和唱,全国一片欢腾。

然而曾几何时,盟军的轰炸能力陡然增强。飞来的次数越来越多,每一次飞机的数目也越增越多。不但白天来,夜里也能来。炸弹穿透力量日益提高,由穿透一两层提高到穿透七八层,最后十几层楼也抵挡不住。炸弹由楼顶穿透到地下室,然后爆炸，此时的地下室就再无安全可言了。我离开柏林不久，英国飞机白天从西向东飞，美国飞机晚上从东向西飞，在柏林"铺起了地毯"。所谓"铺地毯"是此时新兴的一个名词，意思是，飞机排成了行列，每隔若干米丢一颗炸弹，前后左右，不留空隙，就像客厅里铺地毯一样。到了此时，法西斯头子"王顾左右而言他"，以前的牛皮仿佛根本没有吹过，而老实的德国人民也奉陪健忘，再也不提什么纸糊木制了。

哥廷根是个小城，最初盟国飞机没有光临。到了后来，大城市已经炸遍，有的是接二连三地炸，小城市于是也蒙垂青。哥廷根总共被炸过两次，都是极小规模的，铺地毯的光荣没有享受到。这里的人民普遍大意，全城没有修筑一个像样的防空洞。一有警报，就往地下室里钻。灯光管制还是相当严的。每天晚上，在全城一片黑暗中，不时有"Licht aus！"（灭灯！）的呼声喊起，回荡在夜空中，还颇有点诗意哩。有一夜，英国飞机光临了，我根本无动于衷，拥被高卧。后来听到炸弹声就在不远处，楼顶上的窗子已被震碎。我一看不妙，连忙狼狈下楼，钻入地下室里。心里自己念叨着：以后要多加小心了。

第二天早起进城，听到大街小巷都是清扫碎玻璃的哗啦哗啦声。原来是英国飞机开了一个不大不小的玩笑：他们投下的是气爆弹，目的不在伤人，而在震碎全城的玻璃。他们只在东、西城门处各投一颗这样的炸弹，全城的玻璃大部分都被气流摧毁了。

万没有想到，我在此时竟碰到一件怪事。我正在哗啦声中，沿街前进，走到兵营操场附近，从远处看到一个老头，弯腰屈背，仔细看什么。他手里没有拿着笤帚之类的东西，不像是扫玻璃的。走到跟前，我才认清，原来是德国飞机制造之父、蜚声世界的流体力学权威普兰特尔（Prandtl）教授。我赶忙喊一声："早安，教授先生！"他抬头看到我，也说了声："早安！"他告诉我，他正在看操场周围的一段短墙，看炸弹爆炸引起的气流是怎样摧毁这一段短墙的。他嘴里自言自语："这真是难得的机会！我的流体力学试验室里是无论如何也装配不起来的。"我陡然一惊，立刻又肃然起敬。面对这样一位抵死忠于科学研究的老教授，我还能说些什么呢？

无独有偶。我听说，在南德慕尼黑城，在一天夜里，盟军大批飞机飞临城市上空，来"铺地毯"。正在轰炸高峰时，全城到处起火，人们都纷纷从楼上往楼下地下室或防空洞里逃窜，急急如漏网之鱼。然而独有一个老头却反其道而行之，他是从楼下往楼顶上跑，也是健步如飞，急不可待。他是一位地球物理学教授。他认为，这是极其难得的做实验的机会，在实验室里无论如何也不会有这样的现场：全城震声冲天，地动山摇。头上飞机仍在盘旋，随时可能有炸弹掉在他的头上。然而他全然不顾，宁愿为科学而舍命。对于这样的学者，我又有什么话好说呢？

大轰炸就这样在全国展开。德国人民怎样反应呢？法西斯头子又怎样办呢？每次大轰炸之后，德国人在地下室或防空洞里蹲上半夜，饥寒交迫，担惊受怕，情绪当然不会高。他们天性不会说怪话，至于有否腹诽，我不敢说。此时，法西斯头子立即宣布，被炸城市的居民每人增加"特别分配"一份，咖啡豆若干粒，还有一点别的什么。外国人不在此例。不了解当时德国情况的人，无法想象德国人对咖啡偏爱之深。有一本杂志上有一幅漫画：一只白金戒指，上面镶的不是宝石，不是金刚钻，而是一颗咖啡豆。可见咖啡身价之高。挨过一次炸，正当接近闹情绪的节骨眼上，忽然皇恩浩荡，几粒咖啡豆从天而降，一杯下肚，精神焕发，又大唱"德国必胜"的滥调了。

在哥廷根第一次被轰炸之后，我再也不敢麻痹大意了。只要警笛一响，我立即躲避。到了后来，英国飞机几乎天天来。用不着再在家里恭候防空警报了。我吃完早点，就带着一个装满稿子的皮包，走上山去，躲避空袭。另外还有几个中国留学生加入了这个队伍，各自携带着认为有价值的东西，走向山中。

同轰炸并驾齐驱的是饥饿。

我初到德国的时候，供应十足充裕，要什么有什么，根本不知饥饿为何物。但是，法西斯头子侵略成性，其实法西斯的本质就是侵略，他们早就扬言：要大炮，不要奶油。在最初，德国人桌子上还摆着奶油，肚子里填满了火腿，根本不了解这句口号的真正意义。于是,全国翕然响应,仿佛他们真不想要奶油了。大概从1937年开始,逐渐实行了食品配给制度。最初限量的就是奶油,以后接着是肉类,最后是面包和土豆。到了1939年,希特勒悍然发动第二次世界大战,德国人的腰带就一紧再紧了。这一句口号得到了完满的实现。

我虽生也不辰,在国内时还没有真正挨过饿。小时候家里穷,一年至多只能吃两三次白面,但是吃糠咽菜,肚子还是能勉强填饱的。现在到了德国,才真受了"洋罪"。这种"洋罪"是慢慢地感觉到的。我们中国人本来吃肉不多,我们所谓"主食"实际上是西方人的"副食"。黄油从前我们根本不吃,所以在德国人开始沉不住气的时候,我还优哉游哉、处之泰然。但是,到了我的"主食"面包和土豆限量供应的时候,我才感到有点不妙了。黄油失踪以后,取代它的是人造油。这玩意儿放在汤里面,还能呈现出几个油珠儿,但一用来煎东西,则在锅里嗞嗞几声,一缕轻烟,油就烟消云散了。在饭馆里吃饭时,要经过几次思想斗争,从战略观点和全局观点反复考虑之后,才请餐馆服务员(Herr Ober)"煎"掉一两肉票。倘在汤碗里能发现几滴油珠,则必大声唤起同桌者的注意,大家都乐不可支了。

最困难的问题是面包,少且不说,实质更可怕,完全不知道里面掺了什么东西。有人说是鱼粉,无从否认或证实。反正是只要放上一天，第二天便有腥臭味。而且吃了，能在肚子里制造气体。在公共场合出虚恭，俗话就是放屁，在德国被认为是极不礼貌，有失体统的。然而肚子里带着这样的面包去看电影，则在影院里实在难以保持体统。我就曾在看电影时亲耳听到虚恭之声，此起彼伏，东西应和。我不敢耻笑别人，我自己也正在同肚子里过量的气体作殊死斗争，为了保持体面，想把它镇压下去，而终于还以失败告终。

但是也不缺少令人兴奋的事：我打破了纪录，是自己吃饭的纪录。有一天，我同一位德国女士骑自行车下乡，去帮助农民摘苹果。在当时，城里人谁要是同农民有一些联系，别人会垂涎三尺的，其重要意义决不亚于今天的"走后门"。这一位女士同一户农民挂上了钩，我们就应邀下乡了。苹果树都不高，只要有一个短梯子，就能照顾全树了。德国苹果品种极多，是本国的主要果品。我们摘了半天，工作结束时，农民送了我一篮子苹果，其中包括几个最优品种的；另外还有五六斤土豆。我大喜过望，跨上了自行车，有如列子御风而行，一路青山绿水看不尽，轻车已过数重山。到了家，把土豆全部煮上，蘸着积存下的白糖，一鼓作气，全吞进肚子，但仍然还没有饱意。

长期挨饿的结果是，人们都逐渐瘦了下来。现在有人害怕肥胖，提倡什么减肥，往往费上极大的力量，却不见效果。于是有人说："我就是喝白水，身体还是照样胖起来的。"这话现在也许是对的，但在当时却完全不是这样。我的男房东在战争激烈时因心脏病死去。他原本是一个大胖子，到死的时候，体重已经减轻了二三十公斤，成了一个瘦子了。我自己原来不胖，没有减肥的物质基础。但是饥饿在我身上也留下了伤痕：我失掉了饱的感觉，大概有八年之久。后来到了瑞士，才慢慢恢复过来。此是后话，这里不提了。

逸趣虽然有，但环境日益险恶，也是不可否认的事实。

随着形势的日益险恶，我的怀乡之情也日益腾涌。这比刚到哥廷根时的怀念母亲之情，其剧烈的程度不可同日而语了。

这种怀乡之情并不是由于受了德国方面的什么刺激而产生的。正相反，看了德国人的沉着冷静的神态，使我颇感到安慰。他们该干什么，就干什么，看不出什么紧张。比如就拿轰炸来说吧，我原以为，轰炸到了"铺地毯"的程度，已经是蔑以复加矣。然而不然。原来还有更高的层次。最初，敌机飞临德国上空时，总要拉响警笛的。警笛也有不同的层次，以敌机距离本城的远近来划分。敌机一飞走，警报立即解除。我们都绝对要听从警笛的指挥，不敢稍有违反。在这里也表现出德国人遵守纪律、热爱秩序的特点。但是，到了后来，东线战争毫无进展，德国从四面受到包围。防空能力一度吹嘘得像神话一般，现在则完全垮了台。敌机随时可以飞临上空，也不论白天和夜晚，愿意投弹则投弹；不愿意投弹，则以机关枪向地面扫射。警笛无法拉响，警报无法发出。因为一天二十四小时，时时刻刻都在警报中，警笛已经是英雄无用武之地了。到了此时，我们出门，先抬头看一看天空，天上有飞机，则到街道旁边的房檐下躲一躲。飞机一过，立即出来，该干什么干什么。常常听到人说，什么地方的村庄和牛被敌机上的机关枪扫射了，子弹比平常的枪弹要大得多。听到这些消息，再加上空中的机声，然而人们丝毫也不紧张，而有点处之泰然了。

再拿食品来说吧。日益短缺，这自在意料之中，不足为怪。奇怪的倒是德国人，他们也是处之泰然的，不但没有怪话，而且有时还颇有些幽默感。我曾在一张报纸上看到一幅漫画，画的是一家人在吃饭。舅舅用叉子叉着一块兔子肉，嘴里连声称赞："真好吃呀！"而坐在对面的小外甥，则低头垂泪。这兔子显然是小孩豢养大的。从城里来的舅舅只知道肉好吃，全然不理解小孩的心情。德国人给人的印象是严肃、认真、淳朴，他们的彻底性是有口皆碑的。他们似乎不像英国人那样欣赏幽默。然而在食品缺乏到可怕的程度的时候，他们居然并不缺少幽默。我提到的这一幅漫画不是一个绝好的证明吗？

德国人这种对待轰炸和饥饿的超然泰然的态度，当然会感染了我。但是我身处异域，离开自己的祖国和亲人有千山万水之遥。比起德国人来，祖国和亲人就在眼前，当然感受完全不同。我是一个"老外"，是在异域受"洋罪"。自己的一些牢骚、一些想法，平常日子无法宣泄，自然而然地就在梦中表现出来。我不是庄子所谓的"至人无梦"的"至人"，我的梦非常多。我的一些希望在梦中肆无忌惮地得到了满足。我梦的最多的是祖国的食品。我这个人素无大志，在食品方面亦然。我从来没有梦到过什么燕窝、鱼翅、猴头、熊掌，这些东西本来就与我缘分不大。我做梦梦到最多的是吃炒花生米和锅饼（北京人叫"锅盔"）。这都是小时候常吃而直到今天耄耋之年仍然经常吃的东西。每天平旦醒来，想到梦中吃的东西，怀乡之情如大海怒涛，奔腾汹涌，无论如何也抑制不住。

此时，大学的情况，也真让人触目伤心。大战爆发以后，有几年的时间，男生几乎都被征从军，只剩下了女生，奔走于全城各研究所之间，哥廷根大学变成一个女子大学。无论走进哪一间教室或实验室，都是粉白黛绿，群雌粥粥，仿佛到了女儿国一般。等到战争越过了最高峰逐渐走向结束的时候，从东部俄国前线上送回来了大量的德国伤兵，一部分就来到了哥廷根。这时候，在大街上奔走于全城各研究所之间的，除了女生以外，就是缺胳膊断腿的拄着双拐或单拐，甚至乘坐轮椅的伤残大学生。在上课的大楼中，在洁净明亮的走廊上，拐杖触地的清脆声，处处可闻。这种声音回荡在粉白黛绿之间，让人听了，不知应当作何感想。德国的大音乐家还没有哪一个谱过拐声交响乐。我这个外乡人听了，真是欲哭无泪。

同德国伤兵差不多同时拥进哥廷根城的是苏联、波兰、法国等国的俘虏，人数也是很多的。既然是俘虏，最初当然有德国人看管。后来大概是由于俘虏太多，而派来看管的德国男人则又太少了，我看到好多俘虏自由自在地在大街上闲逛。我也曾在郊外农田里碰到过苏联俘虏，没有看管人员，他们就带了锅，在农田挖掘收割剩下的土豆，挖出来，就地解决，找一些树枝，在锅里一煮，就狼吞虎咽地吃开了。他们显然是饿得够呛的。俘虏中是有等级的，苏联和法国俘虏级别似乎高一点，而波兰的战俘和平民，在法西斯眼中是亡国之民，受到严重的侮辱性的歧视，每个人衣襟上必须缝上一个写着P字的布条，有如印度的不可接触者，让人一看就能够分别。法显《佛国记》中说是"击木以自异"，在现代德国是"挂条以自异"。有一天，我忽然在一个我每天必须走过的菜园子里，看到一个襟缝P字的波兰少女在那里干活，圆圆的面孔，大大的眼睛，非常像八九年前我在波兰火车上碰到的Wala。难道真会是她吗？我不敢贸然搭话。从此我每天必然看到她在菜地里忙活。"同是天涯沦落人"，我首先想到的就是这一句话。我心里痛苦万端，又是欲哭无泪。经过长期酝酿，我写成了那一篇《Wala》，表达了我的沉痛心情。

我当时的心情就是这个样子。

此时，我同家里早已断了书信。祖国抗日战争的情况也几乎完全不清楚。偶尔从德国方面听到一点消息，由于日本是德国盟国，也是全部谎言。杜甫的诗说："烽火连三月，家书抵万金。"我想把它改为"烽火连八岁，家书抵亿金"，这样才真能符合我的情况。日日夜夜，不知道有多少事情揪住了我的心。祖国是什么样子了？家里又怎样了？叔父年事已高，家里的经济来源何在？婶母操持这样一个家，也真够她受的。德华带着两个孩子，日子不知是怎样过的？"可怜小儿女，未解忆长安。"我想，他们是能够忆长安的。他们大概知道，自己有一个爸爸在很远很远的地方。家里还有一条名叫"憨子"的小狗，在国内时，我每次从北京回家，一进门就听到汪汪的吠声，但它一看到是我，立即摇起了尾巴，憨态可掬。这一切都是我时刻想念的。连院子里那两棵海棠花也时来入梦。这些东西都使我难以摆脱。真正是抑制不住的离愁别恨，数不尽的不眠之夜！

我特别是经常想到母亲。初到哥廷根时思念母亲的情景，上面已经谈过了。当我同祖国和家庭完全断掉联系的时候，我思母之情日益剧烈。母亲入梦，司空见惯。但可恨的是，即使在梦中看到母亲的面影，也总是模模糊糊的。原因很简单，我的家乡是穷乡僻壤，母亲一生没照过一张相片。我脑海里那一点母亲的影子，是我在十几岁时离开她用眼睛摄取的，是极其不可靠的。可怜我这个失母的孤儿，连在梦中也难以见到母亲的真面目，老天爷不是对我太残酷了吗？

我的老师们

在深切怀念我的两个不在眼前的母亲的同时,在我眼前那一些德国老师们,就越发显得亲切可爱了。

在德国老师中同我关系最密切的当然是我的Doktor-Vater(博士父亲)瓦尔德施米特教授。我同他初次会面的情景,我在上面已经讲了一点。他给我的第一个印象是,他非常年轻。他的年龄确实不算太大,同我见面时,大概还不到四十岁吧。他穿一身厚厚的西装,面孔是孩子似的面孔。我个人认为,他待人还是彬彬有礼的。德国教授多半都有点教授架子,这是他们的社会地位和经济地位所决定的,是不以人的意志为转移的。后来听说,在我以后的他的学生们都认为他很严厉。据说有一位女士把自己的博士论文递给他,他翻看了一会儿,一下子把论文摔到地下,愤怒地说道:"Das ist aber alles Mist!(这全是垃圾,全是胡说八道!)"这位女士从此耿耿于怀,最终离开了哥廷根。

我跟他学了十年,应该说,他从来没有对我发过脾气。他教学很有耐心,梵文语法抠得很细。不这样是不行的,一个字多一个字母或少一个字母,意义往往差别很大。我以后自己教学生,也学他的榜样,死抠语法。他的教学法是典型的德国式的。记得是德国19世纪的伟大东方语言学家埃瓦尔德(Ewald)说过一句话:"教语言好比教游泳,把学生带到游泳池旁,把他往水里一推,不是学会游泳,就是淹死,后者的可能性是微乎其微的。"瓦尔德施米特采用的就是这种教学法。第一、二两堂,念一念字母。从第三堂起,就读练习,语法要自己去钻。我最初非常不习惯,准备一堂课,往往要用一天的时间。但是,一个学期四十多堂课,就读完了德国梵文学家施滕茨勒(Stenzler)的教科书,学习了全部异常复杂的梵文文法,还念了大量的从梵文原典中选出来的练习。这个方法是十分成功的。

瓦尔德施米特教授的家庭,最初应该说是十分美满的。夫妇二人,一个上中学的十几岁的儿子。有一段时间,我帮助他翻译汉文佛典,常常到他家去,同他全家一同吃晚饭,然后工作到深夜。餐桌上没有什么人多讲话,安安静静。有一次他笑着对儿子说道:"家里来了一个中国客人,你明天大概要在学校里吹嘘一番吧?"看来他家里的气氛是严肃有余,活泼不足。他夫人也是一个不大爱说话的人。

后来,大战一爆发,他自己被征从军,是一个什么军官。不久,他儿子也应征入伍。过了不太久,从1941年冬天起,东部战线胶着不进,相持不下,但战斗是异常激烈的。他们的儿子在北欧一个国家阵亡了。我现在已经忘记了,夫妇俩听到这个噩耗时反应如何。按理说,一个独生子幼年战死,他们的伤心可以想见。但是瓦尔德施米特教授是一个十分刚强的人,他在我面前从未表现出伤心的样子,他们夫妇也从未同我谈到此事。然而活泼不足的家庭气氛,从此更增添了寂寞冷清的成分,这是完全可以想象的了。

在瓦尔德施米特被征从军后的第一个冬天,他预订的大剧院的冬季演出票,没有退掉。他自己不能观看演出,于是就派我陪伴他夫人观看,每周一次。我吃过晚饭,就去接师母,陪她到剧院。演出有歌剧,有音乐会,有钢琴独奏,有小提琴独奏,等等。演员都是外地或国外来的,都是赫赫有名的人物。剧场里灯火辉煌,灿如白昼。男士们服装笔挺,女士们珠光宝气,一片升平祥和气象。我不记得在演出时遇到空袭,因此不知道敌机飞临上空时场内的情况。但是散场后一走出大门,外面是完完全全的另一个世界,顶天立地的黑暗,由于灯火管制,不见一缕光线。我要在这任何东西都看不到的黑暗中,摸索着走很长的路送师母到山下她的家中。一个人在深夜回家时,万籁俱寂,走在宁静的长街上,只听到自己脚步的声音,蹵然而喜。但此时正是乡愁最浓时。

我想到的第二位老师是西克(Sieg)教授。

他的家世，我并不清楚。到他家里，只见到老伴一人，是一个又瘦又小的慈祥的老人。子女或什么亲眷，从来没有见过。看来是一个非常孤寂清冷的家庭，尽管老夫妇情好极笃，相依为命。我见到他时，他已经早越过了古稀之年。他是我平生所遇到的中外各国的老师中对我最爱护、感情最深、期望最大的老师。一直到今天，只要一想到他，我的心立即剧烈地跳动，老泪立刻就流满全脸。他对我传授知识的情况，上面已经讲了一点，下面还要讲到。在这里我只讲我们师徒二人相互间感情深厚的一些情况。为了存真起见，我仍然把我当时的一些日记，一字不改地抄在下面：

1940年10月13日

昨天买了一张西克教授的相片，放在桌子上，对着自己。

这位老先生我真不知道应该怎样感激他，他简直有父亲或者祖父一般的慈祥。我一看到他的相片，心里就生出无穷的勇气，觉得自己对梵文应该拼命研究下去，不然简直对不住他。

1941年2月1日

五点半出来，到西克教授家里去。他要替我交涉增薪，院长已答应。这真是意外的事。我真不知道应该怎样感谢这位老人家，他对我好得真是无微不至，我永远不会忘记！

原来他发现我生活太清苦，亲自找文学院院长，要求增加我的薪水。其实我的薪水是足够用的，只因我枵腹买书，所以就显得清苦了。

1941年，我一度想设法离开德国回国。我在10月29日的日记里写道：

十一点半，西克教授去上课。下了课后，我同他谈到我要离开德国，他立刻激动起来，脸也红了，说话也有点震颤了。他说，他预备将来替我找一个固定的位置，好让我继续在德国住下去，万没想到我居然想走。他劝我无论如何不要走，他要替我设法同Rektor（大学校长）说，让我得到津贴，好出去休养一下。他简直要流泪的样子。我本来心里还有点迟疑，现在又动摇起来了。一离开德国，谁知道哪一年再能回来，能不能回来？这位像自己父亲一般替自己操心的老人十九是不能再见了。我本来容易动感情，现在更控制不住自己，很想哭上一场。

像这样的情况，日记里还有一些，我不再抄录了。仅仅这三则,我觉得,已经完全能显示出我们之间的关系了。还有一些情况,我在下面谈吐火罗文的学习时再谈,这里暂且打住。

我想到的第三位老师是斯拉夫语言学教授布劳恩(Braun)。他父亲生前在莱比锡大学担任斯拉夫语言学教授,他可以说是家学渊源,能流利地说许多斯拉夫语。我见他时,他年纪还轻,还不是讲座教授。由于年龄关系,他也被征从军,但根本没有上过前线,只是担任翻译,是最高级的翻译。苏联一些高级将领被德军俘虏,希特勒等法西斯头子要亲自审讯,想从中挖取超级秘密。担任翻译的就是布劳恩教授,其任务之重要可想而知。他每逢休假回家的时候,总高兴同我闲聊他当翻译时的一些花絮,很多是德军和苏军内部最高领导层的真实情况。他几次对我说,苏军的大炮特别厉害,德国难望其项背。这是德国方面从来没有透露过的极端机密,给我留下了深刻的印象。

他的家庭十分和美。他有一位年轻的夫人,两个男孩子,大的叫安德烈亚斯,有五六岁,小的叫斯蒂芬,只有两三岁。斯蒂芬对我特别友好,我一到他家,他就从远处飞跑过来,扑到我的怀里。他母亲教导我说:"此时你应该抱住孩子,身子转上两三圈,小孩子最喜欢这玩意!"教授夫人很和气,好像有点愣头愣脑,说话直爽,但有时候没有谱儿。

布劳恩教授的家离我住的地方很近,走两三分钟就能走到。

因此，我常到他家里去玩。他有一幅中国古代的刺绣，上面绣着五个大字：时有溪山兴。他要我翻译出来。从此他对汉文产生了兴趣，自己买了一本汉德字典，念唐诗。他把每一个字都查出来，居然也能讲出一些意思。我给他改正，并讲一些语法常识。对汉语的语法结构，他觉得既极怪而又极有理，同他所熟悉的印欧语系语言迥乎不同。他认为，汉语没有形态变化，也可能是优点，它能给读者以极大的联想自由，不像印欧语言那样被形态变化死死地捆住。

他是一个多才多艺的人，擅长油画。有一天，他忽然建议要给我画像。我自然应允了。于是有比较长的一段时间，我天天到他家里去，端端正正地坐在那里，当模特儿。画完了以后，他问我的意见。我对画不是内行，但是觉得画得很像我，因此就很满意了。在科学研究方面，他也表现了他的才艺。他的文章和专著都不算太多，他也不搞德国学派的拿手好戏：语言考据之学。用中国的术语来说，他擅长义理。他有一本讲19世纪沙俄文学的书，就是专从义理方面着眼，把列夫·托尔斯泰和陀思妥耶夫斯基列为两座高峰，而展开论述，极有独特的见解，思想深刻，观察细致，是一部不可多得的著作。可惜似乎没有引起多少注意，我都觉得有寂寞冷落之感。

总之，布劳恩教授在哥廷根大学是颇为不得志的。正教授没有份儿,哥廷根科学院院士更不沾边儿。有一度,他告诉我,斯特拉斯堡大学有一个正教授的空缺,他想去,而且把我也带了去。后来不知为什么,没有实现。一直到四十多年以后我重新访问西德时,我去看他,他才告诉我,他在哥廷根大学终于得到了一个正教授的讲座,他认为可以满意了。然而他已经老了,无复年轻时的潇洒英俊。我一进门他第一句话说是:"你晚来了一点,她已经在月前去世了!"我知道他指的是谁,我感到非常悲痛。安德烈亚斯和斯蒂芬都长大了,不在身边。老人看来也是冷清寂寞的。在西方社会中,失掉了实用价值的老人,大多如此。我欲无言了。去年听德国来人说,他已经去世。我谨以心香一瓣,祝愿他永远安息!

我想到的第四位德国老师是冯·格林(Dr.von Grimm)博士。据说他是来自苏联的德国人,俄文等于是他的母语。在大学里,他是俄文讲师。大概是因为他从来没有发表过什么学术论文,所以连副教授的头衔都没有。在德国,不管你外语多么到家,只要没有学术著作,就不能成为教授。工龄长了,工资可能很高,名位却不能改变。这一点同中国是很不一样的。中国教授贬值,教授膨胀,由来久矣。这也算是中国的"特色"吧。反正冯·格林始终只是讲师。他教我俄文时已经白发苍苍,心里总好像是有一肚子气,终日郁郁寡欢。他只有一个老伴,他们就住在高斯-韦伯楼的三楼上，屋子极为简陋。老太太好像终年有病，不大下楼。但心眼极好，听说我患了神经衰弱症，夜里盗汗，特意送给我一个鸡蛋，补养身体。要知道，当时一个鸡蛋抵得上一个元宝，在饿急了的时候，鸡蛋能吃，而元宝则不能。这一番情意，我异常感激。冯·格林博士还亲自找到大学医院的内科主任沃尔夫（Wolf）教授，请他给我检查。我到了医院，沃尔夫教授仔仔细细地检查过以后，告诉我，这只是神经衰弱，与肺病毫不相干。这一下子排除了我的一块心病，如获重生。这更增加了我对这两位孤苦伶仃的老人的感激。离开德国以后，没有能再见到他们，想他们早已离开人世了，却永远活在我的心中。

我回想起来的老师当然不限于以上四位，比如阿拉伯文教授冯·素顿（von Soden）、英文教授勒德（Roeder）和怀尔德（Wilde）、哲学教授海泽（Heyse）、艺术史教授菲茨图姆（Vitzthum）侯爵、德文教授麦伊（May）、伊朗语教授欣茨（Hinz），等等，我都听过课或有过来往，他们待我亲切和蔼，我都永远不会忘记。我在这里就不一一叙述了。

学习吐火罗文

我在上面曾讲到偶然性,我也经常想到偶然性。一个人一生中不能没有偶然性,偶然性能给人招灾,也能给人造福。

我学习吐火罗文,就与偶然性有关。

说句老实话,我到哥廷根以前,没有听说过什么吐火罗文。到了哥廷根以后,读通了吐火罗文的大师西克就在眼前,我也还没有想到学习吐火罗文。原因其实是很简单的,我要学三个系,已经选了那么多课程,学了那么多语言,已经是超负荷了。我是有自知之明的(有时候我觉得过了头),我学外语的才能不能说一点都没有,但是决非语言天才。我不敢在超负荷上再超负荷。而且我还想到,我是中国人,到了外国,我就代表中国。我学习砸了锅,丢个人的脸是小事,丢国家的脸却是大事,决不能掉以轻心。因此,我随时警告自己:自己的摊子已经铺得够大了,决不能再扩大了。这就是我当时的想法。

但是,正如我在上面已经讲到的,第二次世界大战一爆发,瓦尔德施米特被征从军,西克出来代理他。老人家一定要把自己的拿手好戏统统传给我。他早已越过古稀之年。难道他不知道教书的辛苦吗？难道他不知道在家里颐养天年会更舒服吗？但又为什么这样自找苦吃呢？我猜想，除了个人感情因素之外，他是以学术为天下之公器，想把自己的绝学传授给我这个异域的青年，让印度学和吐火罗学在中国生根开花。难道这里面还有某一些极"左"的先生们所说的什么侵略的险恶用心吗？中国佛教史上有不少传法、传授衣钵的佳话，什么半夜里秘密传授，什么有其他弟子嫉妒等，我当时都没有碰到，大概是因为时移事迁今非昔比了吧。倒是最近我碰到了一件类似这样的事情。说来话长，不讲也罢。

总之，西克教授提出了要教我吐火罗文，丝毫没有征询意见的意味，他也不留给我任何考虑的余地。他提出了意见，立刻安排时间，马上就要上课。我真是深深地被感动了，除了感激之外，还能有什么话说呢？我下定决心，扩大自己的摊子，"舍命陪君子"了。

能够到哥廷根来跟这一位世界权威学习吐火罗文，是世界上许多学者的共同愿望。多少人因为得不到这样的机会而自怨自艾。我现在是近水楼台，是为许多人所艳羡的，这一点我是非常清楚的。我要是不学，实在是难以理解的。正在西克给我开课的时候，比利时的一位治赫梯文的专家沃尔特·古勿勒（Walter

Couvreur）来到哥廷根，想从西克教授治吐火罗文。时机正好，于是一个吐火罗文特别班就开办起来了。大学的课程表上并没有这样一门课，而且只有两个学生，还都是外国人，真是一个特别班。可是西克并不马虎，以他那耄耋之年，每周有几次从城东的家中穿过全城，走到高斯–韦伯楼来上课。精神矍铄，腰板挺直，不拿手杖，不戴眼镜，他本身简直就是一个奇迹。走这样远的路，却从来没有人陪他。他无儿无女，家里没有人陪，学校里当然更不管这些事。尊老的概念，在西方国家，几乎根本没有。西方社会是实用主义的社会，一个人对社会有用，他就有价值；一旦没用，价值立消。没有人认为其中有什么不妥之处。因此西克教授对自己的处境也就安之若素、处之泰然了。

吐火罗文残卷只有中国新疆才有。原来世界上没有人懂这种语言，是西克和西克灵在比较语言学家W.舒尔策（W.Schulze）帮助下，读通了的。他们三人合著的吐火罗语语法，蜚声全球士林，是这门新学问的经典著作。但是，这一部长达五百一十八页的煌煌巨著，却决非一般的入门之书，而是异常难读的。它就像是一片原始森林，艰险复杂，歧路极多，没有人引导，自己想钻进去，是极为困难的。读通这一种语言的大师，当然就是最理想的引路人。西克教吐火罗文，用的也是德国的传统方法，这一点我在上面已经谈到过。他根本不讲解语法，而是从直接读原文开始。我们一起头就读他同他的伙伴西克灵共同转写成拉丁字母、连同原卷影印本一起出版的吐火罗文残卷——西克经常称之为"精制品"（Prachtstück）的《福力太子因缘经》。我们自己在下面翻读文法，查索引，译生词；到了课堂上，我同古勿勒轮流译成德文，西克加以纠正。这工作是异常艰苦的。原文残卷残缺不全，没有一页是完整的，连一行完整的都没有，虽然是"精制品"，也只是相对而言，这里缺几个字，那里缺几个音节。不补足就抠不出意思，而补足也只能是以意为之，不一定有很大的把握。结果是西克先生讲得多，我们讲得少。读贝叶残卷，补足所缺的单词或者音节，一整套做法，我就是在吐火罗文课堂上学到的。我学习的兴趣日益浓烈，每周两次上课，我不但不以为苦，有时候甚至有望穿秋水之感了。

不知道什么原因，我回忆当时的情景，总是同积雪载途的漫长的冬天联系起来。有一天，下课以后，黄昏已经提前降临到人间，因为天阴，又由于灯火管制，大街上已经完全陷入一团黑暗中。我扶着老人走下楼梯，走出大门。十里长街积雪已深，阒无一人。周围静得令人发怵，脚下响起了我们踏雪的声音，眼中闪耀着积雪的银光。好像宇宙间就只剩下我们师徒二人。我怕老师摔倒，紧紧地扶住了他，就这样一直把他送到家。我生平可以回忆、值得回忆的事情，多如牛毛。但是这一件小事却牢牢地印在我的记忆里。每一回忆就感到一阵凄清中的温暖，成为我回忆的"保留节目"。然而至今已时移境迁，当时认为是细微小事，今生今世却决无可能重演了。

同这一件小事相联的，还有一件小事。哥廷根大学的教授们有一个颇为古老的传统：星期六下午，约上两三同好，到山上林中去散步，边走边谈，谈的也多半是学术问题；有时候也有争论，甚至争得面红耳赤。此时大自然的旖旎风光，在这些教授心目中早已不复存在了，他们关心的还是自己的学问。不管怎样，这些教授在林中漫游倦了，也许找一个咖啡馆，坐下喝点什么，吃点什么。然后兴尽回城。有一个星期六的下午，我在山下散步，逢巧遇到西克先生和其他几位教授正要上山，我连忙向他们致敬。西克先生立刻把我叫到眼前，向其他几位介绍说："他刚通过博士论文答辩，是最优等。"言下颇有点得意之色。我真是既感且愧，我自己那一点学习成绩，实在是微不足道，然而老人竟这样赞誉，真使我不安了。中国唐诗中杨敬之诗："平生不解藏人善，到处逢人说项斯。""说项"传为美谈，不意于万里之外的异域见之。除了砥砺之外，我还有什么好说呢？

有一次，我发下宏愿大誓，要给老人增加点营养，给老人一点欢悦。要想做到这一点，只有从自己少得可怜的食品分配中硬挤。我有一两个月没有吃奶油，忘记了是从哪里弄到的面粉和贵似金蛋的鸡蛋，以及一斤白糖，到一个最有名的糕点店里，请他们烤一个蛋糕。这无疑是一件极其贵重的礼物，我像捧着一个宝盒一样把蛋糕捧到老教授家里。这显然有点出他意料，他的双手有点颤抖，叫来了老伴，共同接了过去，连"谢谢"二字都说不出来了。这当然会在我腹中饥饿之火上又加上了一把火，然而我心里是愉快的，成为我一生最愉快的回忆之一。

等到美国兵攻入哥廷根以后，炮声一停，我就到西克先生家去看他。他的住房附近落了一颗炮弹，是美军从城西向城东放的。他的夫人告诉我，炮弹爆炸时，他正伏案读有关吐火罗文的书籍，窗子上的玻璃全被炸碎，玻璃片落满了一桌子，他奇迹般地竟然没有受任何一点伤。我听了以后，真不禁后怕起来了。然而对这一位把研读吐火罗文置于性命之上的老人，我的崇敬之情在内心里像大海波涛一样汹涌澎湃起来。西克先生的个人成就，德国学者的辉煌成就，难道是没有原因的吗？从这一件小事中我们可以学习多少东西呢？同其他一些有关西克先生的小事一样，这一件也使我毕生难忘。

我拉拉杂杂地回忆了一些我学习吐火罗文的情况，我把这归之于偶然性。这是对的，但还有点不够全面。偶然性往往与必然性相结合，在这里有没有必然性呢？不管怎样，我总是学了这一种语言，而且把学到的知识带回到中国。尽管我始终没有把吐火罗文当做主业，它只是我的副业，中间还由于种种原因我几乎有三十年没有搞，只是由于另外一个偶然性我才又重理旧业，但是，这一种语言的研究在中国毕竟算生了根，开花结果是必然的结果。一想到这一点，我对我这一位像祖父般的老师的怀念之情和感激之情，便油然而生。

现在西克教授早已离开人世，我自己也年届耄耋，能工作的日子有限了。但是，一想到我的老师西克先生，我的干劲就无限腾涌。中国的吐火罗学，再扩大一点说，中国的印度学，现在可以说是已经奠了基。我们有一批朝气蓬勃的中青年梵文学者，是金克木先生和我的学生和学生的学生，当然也可以说是西克教授和瓦尔德施米特教授学生的学生的学生。他们将肩负起繁荣这一门学问的重任，我深信不疑。一想到这一点，我虽老迈昏庸，又不禁有一股清新的朝气涌上心头。

纳粹末日

我在上面多次讲到1945年美国兵占领哥廷根以后的事情,好像与时间顺序有违,但是为了把一件事情叙述完整,不得不尔。按顺序来说,现在是叙述美国兵进城的情况了。

时间到了1945年春末,战局急转直下。此时,德国方面已经谈不到什么抵抗,只有招架之功,没有还手之力,甚至连还手之力也没有了。一天二十四小时,都是警报期。老百姓盛传,英美飞机不带炸弹了。他们愿意什么时候飞来,就什么时候飞来,从飞机上用机枪扫射。有什么地方一辆牛车被扫中,牛被打得流出了肠子。如此等等,不一而足。但是,从表面上看起来,老百姓并没有惊慌失措,他们还是相当沉着的,只是显然有点麻木。

德国民族是异常勤奋智慧的民族,办事治学一丝不苟的彻底性,名扬世界。他们在短短的一二百年内所创造的文化业绩,彪炳寰中。但是,在政治上,他们的水平却不高。我初到德国的时候,他们受法西斯头子的蛊惑,有点忘乎所以的样子,把自己的前途看成是一条阳关大道,只有玫瑰,没有荆棘。后来来了战争，对他们的想法，似乎没有任何影响。在长期的战争中，他们的情绪有时候昂扬奋发，有时候又低沉抑郁。到了英美和苏联的大军从东西两方面压境的时候，他们似乎感觉到，情况有点不妙了。但是，总起来看，他们的情绪还是平静的。前几年听了所谓"特别报道"而手舞足蹈的情景，现在完完全全看不到了。

在无言中，他们似乎在等待着什么。

他们等待的事情果然到了。这是一个天翻地覆的改变。

无论如何，这是一个极大的转折点。从此以后，哥廷根——我相信，德国其他地方也一样——在历史上揭开了新的一页。法西斯彻底完蛋了。他们横行霸道，倒行逆施，气焰万丈，不可一世，而今安在哉！德国普通老百姓对此反应不像我想得那样剧烈。他们很少谈论这个问题。他们好像是当头挨了一棒，似乎清楚，又似乎糊涂；似乎有所反思，又似乎没有；似乎有点在乎，又似乎根本不在乎。给我的总印象是茫然，木然，憒然，默然。一个极端有天才的民族，就这样在一夜之间糊里糊涂地、莫名其妙地沦为战败国，成了任人宰割的民族。不管德国人自己怎样想，我作为一个在德国住了十年对德国人民怀有深厚感情的外国人，真有点欲哭无泪了。

对我个人来说，人类历史上迄今最残酷的战争，就这样结束了，似乎有点不够意思。我在上面谈到第二次世界大战爆发时，曾经这样说过:"可是万万没有想到,这一出人类历史上罕见的大戏,开端竟是这样平平淡淡。"今天大战结束了,结束得竟也是这样平平淡淡。难道历史上许多后代认为是惊天地泣鬼神的大战之类的事件,当时开始与结束都是这样的平平淡淡吗?

但是,对哥廷根的德国人来说,不管他们的反应如何麻木,却决非平平淡淡,对一部分人还有切肤之痛。在人类历史上,有许多战胜国进入战败国"屠城"的记载,中国就有不少。但是,美国进城以后,没有"屠城",而且从表面上看起来,还似乎非常文明。我从来没有看到"山姆大叔"在大街上污辱德国人的事情。战胜国与战败国之间的关系,似乎颇为融洽。我也没有看到德国人敌视美国兵,搞什么破坏活动。我看到的倒是一些德国女孩子围着美国大兵转的情景,似乎有一些祥和之气了。

实际上并非完全如此。美国大兵也是有一本账的,他们不知从哪里弄到了一个"卐名单",哥城的各类纳粹头子都是榜上有名。美国兵就按图索骥,有一天就索到了我住房对门的施米特先生家里。他有一个女儿是纳粹女青年组织的一个Gau(大区)的头子。先生不在家,他的胖太太慌了神,吓得浑身发抖,来敲门求援。我只好走过去,美国兵大概很意外,问我是干什么的。我说是中国人,是"盟国",来帮他当翻译的。美国兵没有再说话,我就当起翻译来。他没有问多少话,态度中正平和,一点没有凶狠的样子。反正胖太太的女儿已经躲了起来，当母亲的只说不知道。讯问也就结束了，从此美国大兵没有再来。

此外，美国兵还占用了一些民房。他们漂洋过海，不远万里而来。进了城，没有适当的营房，就占用德国居民的房子。凡是单独成楼、花园优美的房子，很多都被选中。我的老师瓦尔德施米特教授在城外山下新盖的一幢小楼，也没能逃过美国大兵的"优选"，他们夫妇俩被赶到不知什么地方去暂住，美国一群大兵则昂然住了进去。虽然只不过住了几天，就换防搬走，然而富丽堂皇、古色古香的陈设已经受到了一些破坏。有几把古典式的椅子，平常他们夫妇俩爱如珍宝，轻搬轻放，此时有的竟折断了腿。美国兵搬走后，我到他家里去看。教授先生指给我看，一脸苦笑，没有讲什么话，心中滋味，只能意会。教授夫人则不那么冷静，她告诉我，美国大兵夜里酗酒跳舞，通宵达旦，把楼板踩得震天价响。玲珑苗条的椅子腿焉得不断！老夫妇都没有口出恶言，说明他们很有涵养。然而亡国奴的滋味他们却深深地尝到了，恐怕大出他们的臆断吧。

被占的房子当然不止这一家。在比较紧张的那些日子里，我走在大街上，看街道两旁的比较漂亮的房子、临街的房间，只要开着窗子，就往往看到室内的窗台上，密密麻麻地、整整齐齐地排满了大皮靴的鞋底，不是平卧着，而是直立着。当然不是晒靴子,那样靴底不会是直立着。仔细一推究,靴底的后面会有靴子;靴子的后面会有脚丫子;脚丫子后面会有大小腿;大小腿后面会有躯体;到了最后,在躯体后面还会有脑袋,脑袋大概就枕在什么地方。然而此时,"删繁就简三秋树",把从靴子到脑袋统统删掉了(只有表象如此,当然不会实际删掉),接触我的视线的就只有皮靴底。乍看之下,就先是一愣,忽然顿悟,看了这样洋洋大观的情景,我只有大笑了。

这是美国大兵在那里躺着休息,把脚放到了窗台上。美国兵个个年轻,有的长身玉立,十分英俊。但是总给人以吊儿郎当的印象。他们向军官敬礼,也不像德国兵那样认真严肃,总让人感到嬉皮笑脸、嘻嘻哈哈。据说,他们敬礼也并不十分严格,尉官只给校官以上的敬礼,同级不敬;兵对兵也不敬礼,不管是哪一等。这些都同德国不同。此外,美国兵的大少爷作风和浪费习气也十分令人吃惊。他们吃饭,罐头食品居多。一罐鸡鱼鸭肉,往往吃了不到一半,就任意往旁边一丢,成了垃圾。给汽车加油,一桶油往往灌不到一半,便不耐烦起来,大皮靴一踢,滚到旁边,桶里的油还汩汩地向外流着,闪出了一丝丝白色的光。更令人吃惊的是他们剪断通信电缆的豪举。美军进城以后,为了通信方便,需要架设电缆。又为了省事起见,自己不竖立电线杆,而是就把电缆挂在或搭在大街两旁的树枝上。最初只有屈指可数的几条,后来大概是由于机关增多,需要量随之大增,电缆的数目也日益增多,有的树枝上竟搭上了十几条几十条,压在一起,黑黑的一大堆。过了不久,美军有的撤走,不再需要电缆通信。按照我的想法,他们似乎应该把厚厚的一大摞电缆,从树枝上一一取下,卷起,运走,到别的地方再用。然而,确实让我大吃一惊,美国大兵不愿意费这个事,又不肯留给德国人使用。他们干脆把电缆在每一棵树上就地剪断。结果是街旁绿树又添奇景:每一棵树的枝头都累累垂垂悬挂着剪断的电缆。电缆,以及我上面谈到的罐头食品和汽油,都是从遥远的美国用飞机或轮船运来的。然而美国这个暴发户大国和它的大少爷士兵们,好像对这一点连想都没有想,他们似乎从来不讲什么节约,大手大脚,挥霍浪费。这同我们中国的传统教育大相径庭,我有什么话好说呢?

在上面我拉拉杂杂地写了美国兵进城和纳粹分子垮台的一些情况。这只是我个人,而且是一个外国人眼中看到、心中想到的。我对德国这样一个伟大的民族素所崇奉,同时又痛恨纳粹分子的倒行逆施。我一方面万万没有想到,在我在德国住了十年之后,能够亲眼看到纳粹的崩溃。这真是三生有幸,去无遗憾了。在另一方面,对德国普通老百姓所受的屈辱又感到伤心。当年德法交恶,德国一时占了上风。法国大文豪阿尔丰斯·都德写了有名的小说《最后一课》,成为世界文学中宣扬爱国主义的名篇。

到了今天，物换星移，德国处于下风。沧海桑田，世事变幻之迅速、之不定，令人吃惊。但是，德国竟没有哪一位文豪写出第二篇《最后一课》，是时间来不及呢？还是另有原因呢？又不禁令人感到遗憾了。

专就我个人以及其他中国留学生而论，我们是应该大大地庆祝一番的。我们从一些没有国籍的"流浪汉"一变而为胜利者盟国的一分子，地位真有天壤之别了。中国古人常以"阶下囚"和"座上客"来比喻这种情况。德国人从来没有把我当做阶下囚来对待，但是座上客现在我却真正变成了。

美国人进城以后不久，我就同张维找到了美国驻军的一个头头，大概是一个校官。我们亮出了我们的身份，立即受到了很好的招待。他同我们素昧平生，一无档案，二无线索。但是他异常和气，只简单地问了几句话，马上拿过来一张纸："刷刷刷"，大笔一挥，说明我们是DP（Displaced Person即由于战争、政治迫害等被迫离开本国的人）。这当然不是事实，我们一进门就告诉他，我们是留学生，这一点他是清楚的。但是在他的笔下，我们却一变而成为DP。他的用意何在，我们不清楚，我们也没有进行争辩。他叫我们拿着这一张条去找一个法国战俘的头。我们最初根本不知道这葫芦里卖的是什么药，我们遵命去了。原来是一个法国战俘聚居的地方。说老实话，我过去在哥廷根还从来没有注意到有法国战俘。我曾在大街上看到很多走来走去的苏联和波兰俘虏。这些人因为无衣可换，都仍然穿着各自的已经又脏又破的制服，所以一看便知。现在忽然出现了这样多的法国兵，实出我意料。要去探讨研究，我没有那个兴趣和时间，看来也无此必要。反正那个法国俘虏兵的头头连说加比画，用法语告诉我们，以后每天可以到那里去领牛肉。这一举动又出我意料，但是心里是高兴的。当年孔子在齐闻韶，三月不知肉味。我现在在德国只闻机声，大概有三年不知肉味了。如今竟然从天上掉下来了新鲜牛肉，可以大快朵颐，焉得不喜！

对当时的德国老百姓来说，鲜牛肉简直如宝贝一般。我的女房东也不例外。我一生没有独自吃喝不管别人的习惯。何况是对我如母亲一般的女房东。眼前夫丧子离，只有她孤身一人。我每天领来了牛肉，都由她来烹调。烹调完了，我们就共同享受。就这样过了一段颇为美好的日子。我同张维还拿着那张条子，到哥廷根市政府一个什么机构，领了一张照顾中国人饮食习惯特批大米的条子。从此以后，有吃又有喝，真正成为座上客了。

别了,哥廷根

战争结束了,"座上客"当上了,苦难到头了,回国有望了,好像阴暗的天空里突然露出来了几缕阳光。

我们在哥廷根的中国留学生,商议了一下,决定到瑞士去,然后从那里回国。当时这是唯一的一条通向祖国的道路。

哥廷根是一座小城,中国留学生人数从来没有多过。有一段时间,好像只有我一个人,置身日耳曼人中间,连自己的黄皮肤都忘记了。战争爆发以后,那些大城被轰炸得很厉害,陆续有几个中国学生来到这里,实际上是来避难的。各人学的科目不同,兴趣爱好不同,合得来的就来往,不然就各扫门前雪,间或一聚而已。在这些人中,我同张维、陆士嘉夫妇,以及刘先志、滕菀君夫妇,最合得来,来往最多。商议一同到瑞士去的也就是我们几个人。

留下的几位中国学生,我同他们都不是很熟。有姓黄的学物理的两兄弟,是江西老俵。还有姓程的也是学自然科学的两兄弟,好像是四川人。此外还有一个我在上面提到过的那一个姓张的神秘人物。此人从来也不是什么念书的人，我们都没有到他家里去过，不知道每天他的日子是怎样打发的。这几个人为什么还留下不走，我们从来也没有打听过。反正各有各的主意，各有各的想法，局外人是无须过问的。我们总之是要走了。我把我汉文讲师的位置让给了姓黄的哥哥。从此以后，同留在哥廷根的中国人再没有任何联系，"明日隔山岳，世事两茫茫"了。

是我要走的时候了。

是我离开德国的时候了。

是我离开哥廷根的时候了。

我在这座小城里已经住了整整十年了。

中国古代俗语说：千里凉棚，没有不散的筵席。人的一生就是这个样子。当年佛祖规定，浮屠不三宿桑下。害怕和尚在一棵桑树下连住三宿，就会产生留恋之情。这对和尚的修行不利。我在哥廷根住了不是三宿，而是三宿的一千二百倍。留恋之情，焉能免掉？好在我是一个俗人，从来也没有想当和尚，不想修仙学道，不想涅槃，西天无份，东土有根。留恋就让它留恋吧！但是留恋毕竟是有限期的。我是一个有国有家有父母有妻子的人，是我要走的时候了。

回忆十年前我初来时，如果有人告诉我：你必须在这里住上五年。我一定会跳起来的：五年还了得呀！五年是一千八百多天呀！然而现在，不但过了五年，而且是五年的两倍。我一点也没有感觉到有什么了不得。宛如一场缥缈的春梦，十年就飞去了。现在，如果有人告诉我：你必须在这里再住上十年。我不但不会跳起来，而且会愉快地接受下来的。

然而我必须走了。

是我要走的时候了。

当时要想从德国回国，实际上只有一条路，就是通过瑞士，那里有国民党政府的公使馆。张维和我于是就到处打听到瑞士去的办法。经多方探询，听说哥廷根有一家瑞士人。我们连忙专程拜访，是一位家庭妇女模样的中年妇人，人很和气。但是，她告诉我们，入境签证她管不了；要办，只能到汉诺威（Hannover）去。张维和我于是又搭乘公共汽车，长驱百余公里，赶到了这一地区的首府汉诺威。

汉诺威是附近最大最古的历史名城。我久仰大名，只是从没有来过。今天来到这里，我真正大吃一惊：这还算是一座城市吗？尽管从远处看，仍然是高楼林立，但是，走近一看，却只见废墟。剩下没有倒的一些断壁颓垣，看上去就像是古罗马留下来的斗兽场。马路还是有的，不过也布满了大大小小的弹坑。汽车有的已经恢复了行驶，不过数目也不是太多。引起我们注意的是马路两旁人行道上的情况。德国高楼建筑的格局，各大城市几乎都是一模一样：不管楼高多少层，最下面总有一个地下室，是名副其实地建筑在地下的。这里不能住人。住在楼上的人每家分得一二间，在里面储存德国人每天必吃的土豆，以及苹果、瓶装的草莓酱、煤球、劈柴之类的东西。从来没有想到还会有别的用途的。战争一爆发，最初德国老百姓轻信法西斯头子的吹嘘，认为英美飞机都是纸糊的，决不能飞越德国国境线这个雷池一步。大城市里根本没有修建真正的防空壕洞。后来，大出人们的意料，敌人纸糊的飞机变成钢铁的了，法西斯头子们的吹嘘变成了肥皂泡了。英美的炸弹就在自己头上爆炸，不得已就逃入地下室躲避空袭。这当然无济于事。英美的重磅炸弹有时候能穿透楼层，在地下室中向上爆炸。其结果可想而知。有时候分量稍轻的炸弹，在上面炸穿了一层两层或多一点层的楼房，就地爆炸。地下室幸免于难，然而结果却更可怕。上面的被炸的楼房倒塌下来，把地下室严密盖住。活在里面的人，呼天天不应，叫地地不灵。这是什么滋味，我没有亲身经历，不愿瞎说。然而谁想到这一点，会不不寒而栗呢？最初大概还会有自己的亲人费上九牛二虎的力量，费上不知多少天的努力，把地下室中受难者亲属的尸体挖掘出来，弄到墓地里去埋掉。可是时间一久，轰炸一频繁，原来在外面的亲属说不定自己也被埋在什么地方的地下室，等待别人去挖尸体了。他们哪有可能来挖别人的尸体呢？但是，到了上坟的日子，幸存下来的少数人又不甘不给亲人扫墓，而亲人的墓地就是地下室。于是马路两旁高楼断壁之下的地下室外垃圾堆旁，就摆满了原来应该摆在墓地上的花圈。我们来到汉诺威看到的就是这些花圈，这种景象在哥廷根是看不到的。最初我是大惑不解，了解了原因以后，我又感到十分吃惊，感到可怕，感到悲哀。据说地窖里的老鼠，由于饱餐人肉，营养过分丰富，长到一尺多长。德国这样一个优秀伟大的民族，竟落到这个下场。我心里酸甜苦辣，万感交集，真想到什么地方去痛哭一场。

汉诺威的情况就是这个样子。这当然是狂轰滥炸时"铺地毯"的结果。但是，即使是地毯，也难免有点空隙。在这样的空隙中还幸存下少数大楼，里面还有房间勉强可以办公。于是在城里无房可住的人，晚上回到城外乡镇中的临时住处，白天就进城来办公。瑞士驻汉诺威的代办处也设在这样一座楼房里。我们穿过无数的断壁残垣，找到办事处。因为我没有收到瑞士方面的正式邀请和批准，办事处说无法给我签发入境证。我算是空跑一趟。然而我却不但不后悔，而且还有点高兴：我于无意中得到一个机会，亲眼看一看所谓轰炸究竟真实情况如何。不然的话，我白白在德国住了十年，也自命经历过轰炸。哥廷根那一点轰炸，同汉诺威比起来，真如小巫见大巫。如没能看到真正的轰炸，将会抱恨终生了。

汉诺威是这样,其他比汉诺威更大的城市,比如柏林之类,被炸的情况略可推知。我后来听说,在柏林,一座大楼上面几层被炸倒以后,塌了下来,把地下室严严实实地埋了起来。地下室中有人在黑暗中赤手扒碎砖石,走运扒通了墙壁,爬到邻居的尚没有被炸的地下室中,钻了出来,重见天日。然而十个指头的上半截都已磨掉,血肉模糊了。没有这样走运的,则是扒而无成,只有呼叫。外面的人明明听到叫声,然而堆积如山的砖瓦碎石,一时无法清除。只能忍心听下去,最初叫声还高,后来则逐渐微弱,几天之后,一片寂静,结果可知。亲人们心里是什么滋味,他们是受到什么折磨,人们能想下去吗?有过这样一场经历,不入疯人院,则入医院。这样惨绝人寰的悲剧是号称"万物之灵"的人类自己亲手酿成的。难道不是这样的吗?

听到这些情况以后,我自然而然地就想到了原来的柏林,十年前和三年前我到过的柏林。十年前不必说了,就是在三年前,柏林是个什么样子呀!当时战争虽然已经爆发,柏林也已有过空袭,但是还没有被"铺地毯",市面上仍然是繁华的,人们熙攘往来,还颇有一点劲头。然而转瞬之间,就几乎变成了一片废墟,这变化真是太大了。

据德国朋友告诉我,不用说重建,就是清除现在的垃圾也要用上五十年的时间。德国人"凝思寂听,心伤已摧",不是很自然的吗？我自己在德国住了这么多年，看到眼前这种情况，我心里是什么滋味，也就概可想见了。

然而是我要走的时候了。

是我离开德国的时候了。

是我离开哥廷根的时候了。

我的真正的故乡向我这游子招手了。

一想到要走，我的离情别绪立刻就涌上心头。我常对人说，哥廷根仿佛是我的第二故乡。我在这里住了十年，时间之长，仅次于济南和北京。这里的每一座建筑，每一条街，甚至一草一木，十年来和我同甘共苦，共同度过了将近四千个日日夜夜。我本来就喜欢它们的，现在一旦要离别，更觉得它们可亲可爱了。哥廷根是个小城，全城每一个角落似乎都留下了我的足迹，我仿佛踩过每一粒石头子，不知道有多少商店我曾出出进进过。看到街上的每一个人都似曾相识。古城墙上高大的橡树、席勒草坪中芊绵的绿草、俾斯麦塔高耸入云的尖顶、大森林中惊逃的小鹿、初春从雪中探头出来的雪钟、晚秋群山顶上斑斓的红叶，等等，这许许多多纷然杂陈的东西，无不牵动我的情思。至于那一所古老的大学和我那一些尊敬的老师，更让我觉得难舍难分。最后但不是最小，还有我的女房东，现在也只得分手了。十年相处，多少风晨月夕，多少难以忘怀的往事，"当时只道是寻常"，现在却是可想而不可即,非常非常不寻常了。

然而我必须走了。

我那真正的故乡向我招手了。

我忽然想起了唐代诗人刘皂的《旅次朔方》那一首诗:客舍并州已十霜,归心日夜忆咸阳。无端又渡桑乾水,却望并州是故乡。

别了,我的第二故乡哥廷根!

别了,德国!

什么时候我再能见到你们呢?

附：重返哥廷根

我真是万万没有想到,经过了三十五年的漫长岁月,我又回到这个远离祖国几万里的小城来了。

我坐在从汉堡到哥廷根的火车上,我简直不敢相信这是事实。难道是一个梦吗?我频频问着自己。这当然是非常可笑的,这毕竟就是事实。我脑海里印象历乱,面影纷呈。过去三十多年来没有想到的人,想到了;过去三十多年来没有想到的事,想到了。我那一些尊敬的老师,他们的笑容又呈现在我眼前。我那像母亲一般的女房东,她那慈祥的面容也呈现在我眼前。那个宛宛婴婴的女孩子伊尔穆嘉德,也在我眼前活动起来。那窄窄的街道、街道两旁的铺子、城东小山的密林、密林深处的小咖啡馆、黄叶丛中的小鹿,甚至冬末春初时分从白雪中钻出来的白色小花雪钟,还有很多别的东西,都一齐争先恐后地呈现到我眼前来。一霎时,影像纷乱,我心里也像开了锅似的激烈地动荡起来了。

火车一停,我飞也似的跳了下去,踏上了哥廷根的土地。忽然有一首诗涌现出来:少小离家老大回,乡音无改鬓毛衰。儿童相看不相识，笑问客从何处来。

怎么会涌现这样一首诗呢？我一时有点茫然、憮然。但又立刻意识到，这一座只有十来万人的异域小城，在我的心灵深处，早已成为我的第二故乡了。我曾在这里度过整整十年，是风华正茂的十年。我的足迹印遍了全城的每一寸土地。我曾在这里快乐过，苦恼过，追求过，幻灭过，动摇过。这一座小城实际上决定了我一生要走的道路。这一切都不可避免地要在我的心灵上打上永不磨灭的烙印。我在下意识中把它看作第二故乡，不是非常自然的吗？

我今天重返第二故乡，心里面思绪万端，酸甜苦辣，一齐涌上心头。感情上有一种莫名其妙的重压，压得我喘不过气来，似欣慰、似惆怅、似追悔、似向往。小城几乎没有变。市政厅前广场上矗立的有名的抱鹅女郎的铜像，同三十五年前一模一样。一群鸽子仍然像从前一样在铜像周围徘徊，悠然自得。说不定什么时候一声呼哨，飞上了后面大礼拜堂的尖顶。我仿佛昨天才离开这里，今天又回来了。我们走下地下室，到地下餐厅去吃饭。里面陈设如旧，座位如旧，灯光如旧，连那年轻的服务员也仿佛是当年的那一位。我仿佛昨天晚上才在这里吃过饭。广场周围的大小铺子都没有变。那几家著名的餐馆，什么"黑熊"、"少爷餐厅"，等等，都还在原地。那两家书店也都还在原地。总之，我看到的一切都同原来一模一样,我真的离开这座小城已经三十五年了吗?

但是,正如中国古人所说的,江山如旧,人物全非。环境没有改变,然而人物却已经大大地改变了。我在火车上回忆到的那一些人,有的如果还活着的话年龄已经过了一晨岁,这些人的生死存亡就用不着去问了。那些计算起来还没有这样老的人,我也不敢贸然去问,怕从被问者的嘴里听到我不愿意听到的消息。我只绕着弯子问上那么一两句,得到的回答往往不得要领,模糊得很。这不能怪别人,因为我的问题就是模糊不清。我现在非常欣赏这种模糊,模糊中包含着希望。可惜就连这种模糊也不完全遮盖住事实。结果是:访旧半为鬼,惊呼热中肠。

我只能在内心里用无声的声音来惊呼了。

在惊呼之余,我仍然坚持怀着沉重的心情去访旧。首先我要去看一看我住了整整十年的房子。我知道,我那母亲般的女房东欧朴尔太太早已离开了人世,但是房子却还存在。那一条整洁的街道依旧整洁如新。从前我经常看到一些老太太用肥皂来洗刷人行道,现在这人行道仍然像是刚刚才洗刷过似的,躺下去打一个滚,决不会沾上一点尘土。街拐角处那一家食品商店仍然开着,明亮的大玻璃窗子里陈列着五光十色的食品。主人却不知道已经换了第几代了。我走到我住过的房子外面,抬头向上看,看到三楼我那一间房子的窗户,仍然同以前一样摆满了红红绿绿的花草,当然不是出自欧朴尔太太之手。我蓦地一阵恍惚,仿佛我昨晚才离开,今天又回家来了。我推开大门,大步流星地跑上三楼。我没有用钥匙去开门,因为我意识到,现在里面住的是另外一家人了。从前这座房子的女主人恐怕早已安息在什么墓地里了,墓上大概也栽满了玫瑰吧。我经常梦见这所房子,梦见房子的女主人,如今却人去楼空了。我在这里度过的十年中,有愉快,有痛苦,经历过轰炸,忍受过饥饿。男房东逝世后,我多次陪着女房东去扫墓。我这个异邦的青年成了她身边的唯一的亲人。无怪我离开时她号啕痛哭。我回国以后,最初若干年,还经常通信。后来时移事变,就断了联系。我曾痴心妄想,还想再见她一面。而今我确实又来了哥廷根,然而她却再也见不到,永远永远地见不到了。

我徘徊在当年天天走过的街头,这里什么地方都有过我的足迹。家家门前的小草坪上依然绿草如茵。今年冬雪来得早了一点,十月中,就下了第一场雪。白雪、碧草、红花,相映成趣。鲜艳的花朵赫然傲雪怒放,比春天和夏天似乎还要鲜艳。我在一篇短文《海棠花》里描绘的那海棠花依然威严地站在那里。我忽然回忆起当年的冬天,日暮天阴,雪光照眼,我扶着我的吐火罗文和吠陀语老师西克教授,慢慢地走过十里长街。心里面感到凄清，但又感到温暖。回到祖国以后，每当下雪的时候，我便想到这一位像祖父一般的老人。回首前尘，已经有四十多年了。

我也没有忘记当年几乎每一个礼拜天都到的席勒草坪。它就在小山下面，是进山必由之路。当年我常同中国学生或德国学生，在席勒草坪散步之后，就沿着弯曲的山径走上山去。曾在俾斯麦塔，俯瞰哥廷根全城；曾在小咖啡馆里流连忘返；曾在大森林中茅亭下躲避暴雨；曾在深秋时分惊走觅食的小鹿，听它们脚踏落叶一路窸窸窣窣地逃走。甜蜜的回忆是写也写不完的。今天我又来到这里，碧草如旧，亭榭犹新。但是当年年轻的我已颓然一翁，而旧日游侣早已荡若云烟，有的离开了这个世界；有的远走高飞，到地球的另一半去了。此情此景，人非木石，能不感慨万端吗？

我在上面讲到江山如旧，人物全非。幸而还没有真正的全非。几十年来我昼思夜想最希望还能见到的人，最希望他们还能活着的人，我的"博士父亲"——瓦尔德施米特教授和夫人居然还都健在。教授已经是八十三岁高龄，夫人比他寿更高，是八十六岁。一别三十五年，今天重又会面，真有相见翻疑梦之感。老教授夫妇显然非常激动，我心里也如波涛翻滚，一时说不出话来。我们围坐在不太亮的电灯光下，杜甫的名句一下子涌上我的心头：人生不相见，动如参与商。今夕复何夕？共此灯烛光。

四十五年前我初到哥廷根我们初次见面，以及以后长达十年相处的情景，历历展现在眼前。那十年是剧烈动荡的十年，中间插上了一个第二次世界大战，我们没有能过上几天好日子。最初几年，我每次到他们家吃晚饭时，他那个十几岁的独生儿子都在座。有一次教授同儿子开玩笑："家里有一个中国客人，你明天到学校去又可以张扬吹嘘一番了。"哪里知道，大战一爆发，儿子就被征从军，一年冬天，战死在北欧战场上。这对他们夫妇俩的打击，是无法形容的。不久，教授也被征从军。他心里怎样想，我不好问，他也不好说。看来是默默地忍受痛苦。他预订了剧院的票，到了冬天，剧院开演，他不在家，每周一次陪他夫人看戏的任务，就落到我肩上。深夜，演出结束后，我要走很长的道路，把师母送到他们山下林边的家中，然后再摸黑走回自己的住处。在很长的时间内，他们那一座漂亮的三层楼房里，只住着师母一个人。

他们的处境如此，我的处境更要糟糕。烽火连年，家书亿金。我的祖国在受难，我的全家老老小小在受难，我自己也在受难。中夜枕上，思绪翻腾，往往彻夜不眠。而且头上有飞机轰炸，肚子里没有食品充饥，做梦就梦到祖国的花生米。有一次我下乡去帮助农民摘苹果，报酬是几个苹果和五斤土豆。回家后一顿就把五斤土豆吃了精光，还并无饱意。

有六七年的时间，情况就是这个样子。我的学习、写论文、参加口试、获得学位，就是在这种情况下进行的。教授每次回家度假，都听我的汇报，看我的论文，提出他的意见。今天我会的这一点点东西，哪一点不饱含教授的心血呢？不管我今天的成就还是多么微小，如果不是他怀着毫不利己的心情对我这一个素昧平生的异邦的青年加以诱掖教导的话，我能够有什么成就呢？所有这一切我能够忘记得了吗？

现在我们又会面了。会面的地方不是在我所熟悉的那一所房子里，而是在一所豪华的养老院里。别人告诉我，他已经把房子赠给哥廷根大学印度学和佛教研究所，把汽车卖掉，搬到这一所养老院里来了。院里富丽堂皇，应有尽有，健身房、游泳池，无不齐备。据说，饭食也很好。但是，说句不好听的话，到这里来的人都是七老八十的人，多半行动不便。对他们来说，健身房和游泳池实际上等于聋子的耳朵。他们不是来健身的，而是来等死的。头一天晚上还在一起吃饭、聊天，第二天早晨说不定就有人见了上帝。一个人生活在这样的环境中，心情如何，概可想见。话又说了回来，教授夫妇孤苦伶仃，不到这里来，又到哪里去呢？

就是在这样一个地方，教授又见到了自己几十年没有见面的弟子。他的心情是多么激动，又是多么高兴，我无法加以描绘。我一下汽车就看到在高大明亮的玻璃门里面，教授端端正正地坐在圈椅上。他可能已经等了很久，正望眼欲穿哩。他瞪着慈祥昏花的双目瞧着我，仿佛想用目光把我吞了下去。握手时，他的手有点颤抖。他的夫人更是老态龙钟，耳朵聋，头摇摆不停，同三十多年前完全判若两人了。师母还专为我烹制了当年我在她家常吃的食品。两位老人齐声说："让我们好好地聊一聊老哥廷根的老生活吧！"他们现在大概只能用回忆来填充日常生活了。我问老教授还要不要中国关于佛教的书。他反问我："那些工本对我还有什么用呢？"我又问他正在写什么东西。他说："我想整理一下以前的旧稿。我想，不久就要打住了！"从一些细小的事情上来看，老两口的意见还是有一些矛盾的。看来这相依为命的一双老人的生活是阴沉的、郁闷的。在他们前面，正如鲁迅在《过客》中所写的那样："前面？前面，是坟。"

我心里陡然凄凉起来。老教授毕生勤奋，著作等身，名扬四海，受人尊敬，老年就这样度过吗？我今天来到这里，显然给他们带来了极大的快乐。一旦我离开这里，他们又将怎样呢？可是，我能永远在这里待下去吗？我真有点依依难舍，尽量想多待些时候。但是，千里凉棚，没有不散的筵席。我站起来，想告辞离开。老教授带着乞求的目光说："才十点多钟，时间还早嘛！"我只好重又坐下。最后到了深夜，我狠了狠心，向他们说了声："夜安！"站起来，告辞出门。老教授一直把我送下楼，送到汽车旁边，样子是难舍难分。此时我的心潮翻滚，我明确地意识到，这是我们最后一面了。但是，为了安慰他，或者欺骗他，也为了安慰我自己，或者欺骗我自己，我脱口说了一句话："过一两年，我再回来看你！"声音从自己嘴里传到自己耳朵，显得空荡、虚伪，然而却又真诚。这真诚感动了老教授，他脸上现出了笑容："你可答应了我了，过一两年再回来！"我还有什么话好说呢？我噙着眼泪，钻进汽车。汽车开走时，回头看到老教授还站在那里，一动也不动，活像是一座塑像。

过了两天，我就离开了哥廷根。我乘上了一列开到另一个城市去的火车。坐在车上，同来时一样，我眼前又是面影迷离，错综纷杂。我这两天见到的一切人和物，一一奔凑到我的面前来，只是比来时在火车上看到的影子清晰多了、具体多了。在这些迷离错乱的面影中，有一个特别清晰、特别具体、特别突出，它就是我在前天夜里看到的那一座塑像。愿这一座塑像永远停留在我的眼前，永远停留在我的心中。

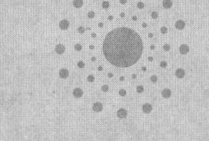

第四辑 我和北大(1946—1993)

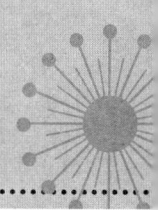

任东语系主任（1946—1948）

我于1946年春夏之交，经法国马塞和越南西贡，回到祖国。先在上海和南京住了一个夏天和半个秋天。当时解放战争正在激烈进行，津浦铁路中断，我有家难归。当时我已经由恩师陈寅恪先生介绍，北大校长胡适之先生、代理校长傅斯年先生和文学院院长汤锡予（用彤）先生接受，来北大任教。在上海和南京住的时候，我一点儿收入都没有。我在上海卖了一块从瑞士带回来的Omega全自动金表。这在当时国内是十分珍贵、万分难得的宝物。但因为受了点儿骗，只卖了十两黄金。我将此钱的一部分换成了法币，寄回济南家中。家中经济早已破产，靠摆小摊，卖炒花生、香烟、最便宜的糖果之类的东西，勉强糊口。对于此事，我内疚于心久矣。只是阻于战火，被困异域。家中盼我归来，如大旱之望云霓。现在终于历尽千辛万苦回来了，我焉能不首先想到家庭！家中的双亲——叔父和婶母、妻、儿正在嗷嗷待哺哩。

剩下的金子就供我在南京和上海吃饭之用。住宿，在上海是睡在克家家中的榻榻米上；在南京是睡在长之国立编译馆的办公桌上,白天在台城、玄武湖等处游荡。我出不起旅馆费,我还没有上任,根本拿不到工资。

在这样的情况下,我无书可读,无处可读。我是多么盼望能够有一张哪怕是极其简陋的书桌啊!除了写过几篇短文外,一个夏天,一事无成。一个人的生命是有限的。古人说:"一寸光阴一寸金,寸金难买寸光阴。"我自己常常说,浪费时间,等于自杀。然而,我处在那种环境下,又有什么办法呢?我真成了"坐宫"中的杨四郎。

我于1946年深秋从上海乘船北上,先到秦皇岛,再转火车,到了一别十一年的故都北京。从山海关到北京的铁路由美军武装守护,尚能通车。到车站去迎接我们的有阴法鲁教授等老朋友。汽车经过长安街,于时黄昏已过,路灯惨黄,落叶满地,一片凄凉。我想到了一句唐诗:"落叶满长安",这诗句中说的"长安",指的是"长安城",今天的西安。我的"长安"是北京东西长安街。游子归来,古城依旧,而岁月流逝,青春难再。心中思绪万端,悲喜交集。一转瞬间,却又感到仿佛自己昨天才离开这里。叹人生之无常,嗟命运之渺茫。过去十一年的海外经历,在脑海中层层涌现。我们终于到了北大的红楼。我暂时被安排在这里住下。

按北大当时的规定,国外归来的留学生,不管拿到什么学位，最高只能定为副教授。清华大学没有副教授这个职称，与之相当的是专任讲师。至少要等上几年，看你的教书成绩和学术水平，如够格，即升为正教授。我能进入北大，已感莫大光荣，焉敢再巴蛇吞象有什么非分之想！第二天，我以副教授的身份晋谒汤用彤先生。汤先生是佛学大师。他的那一部巨著《汉魏两晋南北朝佛教史》，集义理、辞章、考据于一体，蜚声宇内，至今仍是此道楷模，无能望其项背者。他的大名我仰之久矣。在我的想象中，他应该是一位面容清癯、身躯瘦长的老者；然而实际上却恰恰相反。他身着灰布长衫，圆口布鞋，面目祥和，严而不威，给我留下了十分深刻的印象。暗想在他领导下工作是一种幸福。过了至多一个星期，他告诉我，学校决定任我为正教授，兼文学院东方语言文学系的系主任。这实在是大大地出我意料。要说不高兴，那是过分矫情；要说自己感到真正够格，那也很难说。我感愧有加，觉得对我是一种鼓励。不管怎样，副教授时期之短，总可以算是一个纪录吧。

我虽少无大志，但一旦由于天赐良机而决心走上学术研究的道路，就像是过河卒子，只能勇往向前，义无反顾。可是我要搞的工作，不是写诗、写小说，只要有灵感就行，我是需要资料的，而在当时来说，只有欧洲有。而我现在又必须回国，顾彼失此,顾此失彼,"我之进退,实为狼狈"。正像哈姆莱特一样,摆在我眼前的是:走呢,还是不走?That is a question.在激烈的思想斗争之余,想到祖国在灾难中,在空前的灾难中,我又是亲老、家贫、子幼。如果不回去,我就是一个毫无良心的、失掉了人性的人;如果回去,则我的学术前途将付诸东流。最后我想出了一个折中的方案:先接受由G.Haloun先生介绍的英国剑桥大学的聘约,等到回国后把家庭问题处理妥善了以后,再返回欧洲,从事我的学术研究。这实在是在万般无奈的情况下想出来的一个办法。

一回到祖国,特别是在1947年暑假乘飞机返回已经离开十二年的济南以后,看到了家庭中的真实情况,比我想象的还要严重得多,我立即忍痛决定,不再返回欧洲。我不是一个失掉天良的人,我为人子、为人夫、为人父的责任,必须承担起来。我写信给Haloun教授,告诉了他我的决定,他回信表示理解和惋惜。有关欧洲的"思想斗争",就这样结束了。

然而新的"思想斗争"又随之而起。我既然下定决心,终生从事研究工作,我的处境已如京剧戏言中所说的:"马行在夹道内,难以回马。"研究必有对象,可是我最心爱的对象印度古代混合梵文已经渺如海上三山,可望而不可即了。新的对象在哪里呢?我的兴趣一向驳杂,对好多学问,我都有兴趣。这更增加了选择的困难。只因有了困难，才产生了"思想斗争"。这个掂一掂，那个称一称，久久不能决定。我必须考虑两个条件：一个是不能离开印度，一个是国内现成的资料不够充足。离开了印度，则我十年所学都成了无用之物。资料不够充足，研究仍会遇到困难。我的考虑或者我的"思想斗争"，都必须围绕着这两个条件转。当时我初到一个新的环境中，对时间的珍惜远远比不上现在。"斗争"没有结果，就暂时先放一放吧。

当时北大文学院和法学院的办公室都在沙滩红楼后面的北楼。校长办公室则在子民纪念堂前的东厢房内，西厢房是秘书长办公室。所谓"秘书长"，主要任务同今天的总务长差不多，处理全校的一切行政事务。秘书长以外，还有一位教务长，主管全校的教学工作。没有什么副校长。全校有六个学院：文、理、法、农、工、医。这样庞大的机构，管理人员并不多，不像现在大学范围内有些嘴损的人所说的：校长一走廊，处长一讲堂，科长一操场。我无意宣扬旧时代有多少优点，但是，上面这个事实确实值得我们深思。

北大图书馆就在北楼前面，专门给了我一间研究室。我能够从书库中把我所用的书的一部分提出来，放在我的研究室中。我了解到，这都是出于文学院院长汤锡予先生和图书馆馆长毛子水先生的厚爱。现在我在日本和韩国还能见到这情况，中国的大学，至少是在北大，则是不见了。这样做，对一个教授的研究工作，有极大的方便。汤先生还特别指派了一个研究生马理女士做我的助手，帮我整理书籍。马理是已故北大国文系主任马裕藻教授的女儿，赫赫有名的马珏的妹妹。

北大图书馆藏书甲大学的天下。但是有关我那专门研究范围的书，却如凤毛麟角。全国第一大图书馆北京图书馆，比较起来，稍有优越之处，但是，除了并不完整的巴利文藏经和寥寥几本梵文书外，其他重要的梵文典籍一概不见。燕京大学图书馆是注意收藏东方典籍的。可是这情况是1952年院系调整后才知道的，新中国成立前，我毫无所知。即使燕大收藏印度古代典籍稍多，但是同欧洲和日本的图书馆比较起来，真如小巫见大巫，根本不可能同日而语。

在这样的情况下，我真如虎落平川、龙困浅滩，纵有一身武艺，却无用武之地。我虽对古代印度语言的研究恋恋难舍，却是一筹莫展。我搞了一些翻译工作，翻译了马克思论印度的几篇论文，翻译了德国女作家安娜·西格斯的短篇小说。我还翻译了恩格斯用英文写成的《英国工人阶级状况》，只完成了一本粗糙的译稿，后来由中共中央马列著作翻译局拿了去整理出版，收在《马克思恩格斯全集》中。这些工作都不是我真正兴趣之所在，不过略示一下我是一个闲不住的人而已。

这远远不能满足我那种闲不住的心情。当时的东方语言文学系，教员不过五人，学生人数更少。如果召开全系大会的话，在我那只有十几平方米的系主任办公室里就绰绰有余。我开了一班梵文，学生只有三人。其余的蒙文、藏文和阿拉伯文，一个学生也没有。我"政务"清闲，天天同一位系秘书在办公室里对面枯坐，既感到极不舒服，又感到百无聊赖。当时文学院中任何形式的会都没有。学校也差不多，有一个教授会，不过给大家提供见面闲聊的机会，一点儿作用也不起的。

汤用彤先生正开一门新课《魏晋玄学》。我对汤先生的道德文章极为仰慕。他的著作虽已读过，但是，我在清华从未听过他的课，极以为憾。何况魏晋玄学的研究，先生也是海内第一人。课堂就在三楼上，我当然不会放过。于是征求了汤先生的同意，我每堂必到。上课并没有讲义，他用口讲，我用笔记，而且尽量记得详细完整。他讲了一年，我一堂课也没有缺过。汤先生与胡适之先生不同，不是口若悬河的人。但是他讲得细密、周到，丝丝入扣，时有精辟的见解，如石破天惊，令人豁然开朗。我的笔记至今还保存着，只是"只在此室中，书深不知处"了。此外，我因为感到自己中国音韵学的知识欠缺，周祖谟先生适开此课，课堂也在三楼上，我也得到了周先生的同意去旁听。周先生比我年轻几岁，当时可能还不是正教授。别人觉得奇怪，我则处之泰然。一个系主任教授随班听课，北大恐尚未有过，但是，这有什么关系呢？能者为师。在学问上论资排辈，为我所不取。

然而我心中最大的疙瘩还没有解开：旧业搞不成了，我何去何从？在哥廷根大学汉学研究所图书室阅书时，因为觉得有兴趣，曾随手从《大藏经》中，从那一大套笔记丛刊中，抄录了一些有关中印关系史和德国人称之为"比较文学史"（Vergleichende Literatur-geschichte）的资料。当时我还并没有想毕生从事中印关系史和比较文学史的研究工作，虽然在下意识中觉得这件工作也是十分有意义的，非常值得去做的。回国以后，尽管中国图书馆中关于印度和比较文学史的书籍极为匮乏，但是中国典籍则浩瀚无量。倘若研究中印文化关系史和比较文学史，至少中国这一边的资料是取之不尽、用之不竭的，而且这个课题至少还同印度沾边，不致十年负笈，前功尽弃。我反复思考，掂斤播两，觉得这真是一个极为灵妙的主意。虽然我心中始终没有忘记印度古代语言的研究，但目前也只能顺应时势，有多大碗吃多少饭了。我终于找到了学术上的出路。

"洗澡"（1949—1965）

1949年迎来了解放。当时我同北大绝大多数的教授一样，眼前一下子充满了光明，心情振奋，无与伦比。我觉得，如果把自己的一生分为两段或者两部分的话，现在是新的一段的开始。当时我只有三十八岁，还算不上中年，涉世未深，幻想特多，接受新鲜事物，并无困难。

我本来是一个性格内向的人，最怕同人交际；又是一个上不得台面的人。在大庭广众中、在盛大的宴会或招待会中，处在衣装整洁、珠光宝气的男女社交家或什么交际花包围之中，浑身紧张，局促不安，恨不得找一个缝钻入地中。看见有一些人应对自如，如鱼得水，真让我羡煞。但是命运或者机遇却偏偏把我推到了行政工作的舞台上；又把我推进了社会活动的中心，甚至国际活动的领域。

人民政府一派人来接管北大，我就成了忙人。一方面，处理系里的工作。有一段时间，由于国家外交需要东方语言的人才，东语系成为全校最大的系。教员人数增加了十倍，学生人数增加了二百多倍，由三四人扩涨到了八百人。我作为系主任，其工作之繁忙紧张,概可想见。另一方面,我又参加了教授会的筹备组织工作,并进一步参加了教职员联合会的筹备组织工作。看来党组织的意图是成立全校的工会。但是,到了筹建教职员联合会这个阶段,遇到了巨大的阻力:北大工人反对同教职员联合。当时"工人阶级必须领导一切"的口号喊得震天价响。教职员被认为是资产阶级的,哪里能同工人平起平坐呢?这样一来,岂不是颠倒了领导者与被领导者的地位?这哪里能行!在工人们眼中,这样就是黄钟毁弃、瓦釜雷鸣,是绝对不行的。幸而我国当时的最高领导人之一及时发了话:"大学教授不是工人,而是工人阶级。"有了"上头的"指示,工人不敢再顶。北大工会终于成立起来了。我在这一段过程中是活跃分子。我担任过北大工会组织部部长、秘书长、沙滩分会主席,出城以后又担任过工会主席。为此我在文化大革命中还多被批斗了许多次。这是对我非圣无德行为的惩罚,罪有应得,怪不得别人。此是后话,暂且不谈了。

当时北大常常请一些革命老前辈到沙滩民主广场来做报告,对我们进行教育。陈毅元帅就曾来过,受到全校师生极其热烈的欢迎。其次给我留下印象最深刻的是周扬同志的报告。记得不是在民主广场,而是在一个礼堂中,他极有风趣地说:"国民党的税多,共产党的会多。"他这一句话,从许多人口中都听到过,确实反映了实际情况。一直到今天,半个世纪快要过去了,情况一点儿没有改变。有许多次领导上号召精简会议,然而收效极微。暂时收敛,立即膨胀,成为一个极难治疗的顽症。

学校秩序还没有十分安定,中央领导立即决定,在全国范围内开展"三反""五反"思想改造运动。

在北大,在奉行极左路线的年代,思想改造,教授几乎是人人过关——自我检查,群众评议。这种自我检查,俗名叫"洗澡"。"洗澡"有"大盆""中盆""小盆"之别。校一级领导,以及少数同国民党关系比较亲密的教授们,自然必须是"大盆"。换言之,就是召开全校大会,向全校师生做自我检查。检查得深刻才能过关。深刻与否,全由群众决定。一次过不了关,再来第二次、第三次,一直检查到声泪俱下,打动了群众的心,这个"澡"才算洗完。有一位就在自己的检查稿上加上旁注:"哭!再哭!"成为一时的"美谈"。

我,作为一个知识分子,当然是"有罪"的。可惜罪孽还不够深重,地位也不够高,只能凑合着洗一个"中盆"。检查两次就通过了。我检查稿上没有注上"哭!"我也没有真哭,这样通过,算是顺利的了。

自己洗完了"澡"以后,真颇觉得神清气爽,心中极为振奋。我现在已经取得了资格,可以参加领导东语系的思想改造运动了,后来甚至于成了文、法两个学院的领导小组组长。秘书或副组长是法学院院长秘书余叔通同志。他曾是地下党员,是掌握实权的人物。这样一来,我当然更加忙碌了,表现出来就是开会越来越多了。白天开会,晚上开会,天天开会。

我真正陷入了会议的旋涡里了。

开了三四十年的会以后,我曾对人说过:我现在的专业是开会,专门化也是开会。可惜大学里没有开设"开会学"这一门课,如果开的话,我是最理想的主讲教授。我对开会真正下了工夫,费了时间。从上到下,从里到外,从大到小,从长到短,从校内到校外,从国内到国外,形式不同,内容各异,我都能应付裕如,如鱼在水,提其纲而挈其领,钩其要而探其玄,理论和实践,都达到了极高的水平。如果教委和国务院学位委员会批准建立"开会学"博士点,我相信,我将是第一个合格的"博导"。

回顾1949年这一年,我写了两篇可以算是学术性的文章。其中一篇《列子与佛典》,上面已经谈过。如果把1949年分为两半的话,还有一篇文章可以说是属于后一半,这篇文章是《三国两晋南北朝正史与印度传说》。

在中国历史上,为了迷惑和欺骗人民大众,最高统治者皇帝——我看首先是他们那一批专会阿谀奉承的奴才们——想方设法,编造神话,增加自己的神秘性,以利于统治。他们往往首先从统治者的躯体上做文章,说他们生得怎样怎样与普通人不同,说他们是上天派下来专门做统治者的。这样的例子极多，特别是对创业开国之主，更是如此。我在这里只举一个例子，以概其余。《史记·高祖本纪》说："高祖为人隆准而龙颜，美须髯，左股有七十二黑子。"这一个地痞流氓出身的皇帝居然也有"异相"了。

这是佛教传入前的情况，可以说是"土法"。佛教传入中国以后，又来了"洋法"，当时应该说是"胡法"或者"海法"。《三国演义》这一部家喻户晓的小说中说，刘备"两耳垂肩，双手过膝"，表明他有与普通人不同的贵相，这是一个开国英主不能不具备的。我们平常人只知道，猪才能"两耳垂肩"，猿猴才能"双手过膝"，世界上哪能有这样的人呢？此即所谓"贵人福相"也。后来我又在许多正史里发现了类似的情况——《三国志·魏书·明帝纪》《三国志·蜀书·先主纪》《晋书·武帝纪》《陈书·高祖纪》《陈书·宣帝纪》《三国志·魏书·太祖纪》《北齐书·神武纪》《周书·文帝纪》等中都能够找到。

这是什么原因呢？上面提到的这一段历史时期，正是印度佛教汹涌澎湃地向中国传入的时期，找影响来源，必然首先想到印度。当然，在中国古代类似的情况也是有的，但不这样集中。

印度别的宗教先不谈，只谈佛教一家。他们认为，释迦牟尼不是常人，而是一个"大人物"（mahāpurusa）。"大人物"当然与平常人不同，他身体上有三十二"相"八十种"好"，"相"

和"好"都指的是特异之处。"相",在梵文中叫laksana,"好"叫anuvyañjana。一一列举,过于烦琐。只举三十二相(Mahāpurusalaksana)中的几相,给大家一点儿具体的印象。三十二相,各经排列顺序不尽相同。按照《翻译名义大集》的顺序,第一相为"首具肉髻相",第十八相为"正立不屈手过去(膝)相",等等。再举一个"好"的例子。第六十八"好"为"耳厚修长"。由此可见,刘备身上那两个特异之处,原来都来自印度佛典。

三国两晋南北朝的正史上许多有为的帝王都具有异相,而异相又都与佛教有关,这一点用不着再论证了。

我们常讲"文化交流",这当然是"交流"——在这里表现为向一边流——但是是否是"文化",颇有点儿难说。我们应当把"文化交流"的含义扩大开来看,没有必要在琐事上纠缠。

当时流行最广也最有权威的说法是:马克思主义的本质是批判的,是斗争的。有人说:"与天斗,其乐无穷;与地斗,其乐无穷;与人斗,其乐无穷。"总而言之,斗,斗,斗,斗就是一切;批判是斗争的一种形式。有人连屁大一件小事也上纲到阶级斗争。虽然还没有像以后那样昭告天下:阶级斗争必须年年讲,月月讲,日日讲,时时讲,但是阶级斗争的势头已颇可观。并不是所有的领导人都同意这种观点。我曾在一次报告会上亲耳听到陆定一(当时的中央宣传部部长）说到当年江西苏区的一件事。一个人在街上小便，被人抓住说：在街上小便，危害公众卫生；危害公众卫生，就是危害人民的性命；危害人民的性命，就是危害革命；危害革命，就是现行反革命。陆定一是反对这样做的。可惜并不是每一个领导人都有这样的认识。于是斗争之声洋洋乎盈耳，滔滔者天下皆是矣。

有的领导人认为，阶级斗争最集中的表现是在意识形态领域内，而搞意识形态工作的都是知识分子。因此，正如我在上面已经谈过的那样，斗争和批判的目标始终集中在知识分子身上。根据我个人的观察，每掀起一个批判运动，总先找一个人，或一部书，或一个电影当做靶子，大家把批判的利箭都射向这个靶子。批判的过程是由小渐大，由近及远，一直到全国学术界都参加进来。批判的技巧是抓住片言只字，加以歪曲，杯弓蛇影，无中生有，越"左"越好，无限上纲，最后必须同封建思想、资产阶级思想、修正主义思想挂上钩。"修正主义"这个词，20世纪50年代前半期，似乎还不大习见。等到同苏联的关系闹翻，这个词才频频出现，因为中国认为苏联变成了修正主义。但是，究竟什么叫真正的修正主义，我看，当时弄清楚的人不多。大家习以为常，彼此糊涂，彼此心照不宣。

根据我的回忆——这种回忆我只能说大概是正确的，细节方面难免有点儿出入——最初被选中当靶子的是两部影片：《武训传》和《早春二月》。批判的程序就是我上面讲的那样。

电影《武训传》是赵丹主演的。这一部影片的罪名很大，很可怕。有人说，武训是封建帝王的忠实走狗，为帝王的统治当帮凶，他那一套行乞的做法，比如趴在地上让人骑在他背上，以求得几文钱来办学等，都是蒙蔽迷惑别人的。总之，武训的目的是想延续封建帝王的罪恶统治，罪大恶极。赵丹的演技越超绝，起的作用也就越恶劣。对于这些刀笔吏式的指摘和谴责，我无论如何也想不通。到了后来，这种指摘和谴责竟加到了历代家喻户晓、万人争颂的清官头上，比如包拯、海瑞等，他们都成了人民的罪人。因为他们的清廉缓和了人民与最高封建统治者皇帝之间你死我活的矛盾，因此也就延长了封建帝王的统治。讲"辩证法"讲到这种程度，岂不大可哀哉！

还有一件与《武训传》有联系的极其重要的事件，必须在这里讲一讲，这就是江青的"露峥嵘"。毛泽东对江青是非常了解的。据说他有意限制江青的活动，不让她抛头露面。所以，中华人民共和国成立以后，有好多年之久，一般老百姓还都不大知道江青。然而，有朝一日风雷动，江青乘批判《武训传》的机会，从多年的"韬光养晦"中脱颖而出，顿时成为令人瞩目的人物，光芒四射，伏下了以后的祸机。原来毛泽东派江青赴山东武训的老家堂邑去调查武训的家世。个中详情，我们局外人是无法摸透的。也许因为江青原是电影演员，而《武训传》又是电影，所以就派她去调查了。

所谓调查，其实是先有了结论的，只需使用演绎法；先有了公理，只需找到合乎这个公理的"事实"，加以罗织与歪曲，凡与此公理不合者一概在"扬弃"之列。这样的"调查"其实是非常容易的，然而江青一行却故作诡秘状，费了很长的时间才大功告成。结果在《人民日报》上发表了一篇长达若干万字的"调查报告"，把武训打成了地主狗崽子、地痞流氓，民愤极大，罪大恶极。批判《武训传》，一万个正确。从此，江青便也誉满天下、名扬四海了。

总之，对电影《武训传》的批判，是一出不折不扣的闹剧，而且埋下了极其危险的祸根。十几年后出现的文化大革命，与此不无关系。

批判《早春二月》是在西四西大街一所大院子里开始的。记得这是当时电影局（或另外别的名称）所在之地。把一批文化界的人士邀请了去，先让大家看电影，然后座谈，并没有什么人告诉你葫芦里卖的或者想卖什么药，只是让你随心所欲地发表意见。我的政治水平、思想水平和欣赏水平都奇低——也许并不低，因为过了几十年后，还是给《早春二月》平反了——我认为这部片子非常好，画面美丽，人情味极浓。如果我发言的话，我一定会大大地赞美一番的。可惜，或者幸而，我临时有事，提前离开会场，没有发言。过了不久，有人告诉我，在那一天发言赞美者都必须"主动"写文章，批判自己的发言，因为这一部电影被定为"坏片子",是宣传资产阶级人道主义的。我这一次幸逃劫难,然而我却高兴不起来。

批判之风一起,便决不会仅仅限于《武训传》,跟着来的是批判资产阶级学术思想。我不知道为什么首当其冲的竟是俞平伯的对《红楼梦》的研究,我自己虽亲自参加了这一场声势也颇为浩大的批判。但是,我对幕后的活动并不清楚。估计也有安排,什么人发动,然后分派任务,各守一方,各司其职。最后达到了批倒批臭的目的,让所谓的"资产阶级学术思想"成为过街的老鼠,人人喊打。

批判一经开始,便不会自动停下,它会像瓜蔓一样,四出蔓延。大概是因为胡适也研究过《红楼梦》,于是首先就蔓延到胡适身上。尽管他当时并不在大陆,而是在中国台湾或者美国。搞一个缺席批判,也无不可。许多学人一哄而起,对胡适的方方面面都批判到了。因为他本人不在现场,人们批判起来,更用不着有什么顾忌。用的方法同以前一样,捕风捉影,无中生有,刀笔罗织,无限上纲。大家共同努力,演了一出杀鸡给猴看的闹剧。这场批判后来又扩散开来,牵涉了许多有影响有造诣的著名学者,但并没有形成人人自危的局面,因为,达到被批判的水平并不容易,必须有相当高的学术地位,才有入选资格。尽管如此,一部分自认为有候选资格者,心中总是忐忑不安,空中好像悬着一把达摩克利斯之剑。

牛棚杂忆（1965—1977）

一、"社会主义教育运动"

60年代前半，在全国范围内又掀起了一场惊心动魄的叫做"社会主义教育运动"的运动。北大又大大地折腾了一番。规律仍然是：这场运动你整我，下次运动我整你。混战了一阵，然后平静下来，又都奉命到农村去搞社会主义教育运动。

我于1965年秋天，开完了"国际饭店会议"以后，奉命到了京郊南口村，担任这个村的社教队的副队长，分工管整党工作。这是一个小小的山村。在铁道修建以前，是口内外的交通要道。据当地的老百姓告诉我，当年这里十分繁华，大街上店铺林立，每天晚上卧在大街上的骆驼多达几百头，酒馆里面划拳行令之声通宵达旦。铁路一修，情况立变，现在已是今非昔比。全村到处可见断壁颓垣，一片荒凉寂寞，当年盛况只残留在老年人的记忆中了。

村里社教运动进行的情况，我不想在这里谈。我只谈与文化大革命有关的一些情况。这一场"史无前例的"所谓"革命"，来头是很大很大的。这是尽人皆知的事实，用不着我再去细说。它实际上是在1965年冬天开始的，正是我在南口村的时候。这时候，姚文元写了一篇文章：《评新编历史剧〈海瑞罢官〉》，点起了"革命"的烽火。这一篇文章鼓其如簧之舌，歪曲事实，满篇邪理。它据说也是颇有来头的。姚文元不过是拿着鸡毛当令箭出台献艺的小丑而已。我读到这篇文章就是在南口村。我脑袋里一向缺少政治细胞，虽然解放后几乎天天学习政治，怎奈我天生愚钝，时时刻刻讲阶级斗争，然而我却偏偏忽略阶级斗争。我从文章中一点也没有体会出阶级斗争的味道。我一点也没有感觉出这就是"山雨欲来风满楼"，这就是大风暴将要来临的信号。我只把它当做一篇平常的文章来看待。兼之我又有肚子里藏不住话的缺点（优点？）。看完了以后，我就信口开河，大发议论，毫无顾忌。我到处扬言：我根本看不出《海瑞罢官》会同彭德怀有什么瓜葛。我还说，"三家村"里的三位村长我都认识，有的还可以说是朋友。我同吴晗30年代初在清华是同学。1946年，我回到北平以后，还曾应他的邀请到清华向学生做过一次报告，在他家里住过一宿。如此等等，说个没完。我哪里知道，说者无心，听者有意。同我一起来南口村搞社教运动的有我的一位高足，出身贫农兼烈属，平常对我毕恭毕敬，我内定他为我的"接班人"。就是这一个我的"心腹",把我说的话都记在心中,等待秋后算账,脸上依然是笑眯眯的。后来,到了文化大革命中,我自己跳出来反对北大那一位臭名远扬的"老佛爷",被关进牛棚。我的这一位高足看到时机已到,正好落井下石,图得自己捞上一顶小小的乌纱帽,把此时记住的我说的话,竹筒倒豆子,再加上一点歪曲,倾盆倒到了我的头上,把我"打"成了"三家村的小伙计"!我顺便说一句,这一位有一百个理由能成为无产阶级接班人的贫农兼烈属的子弟,已经溜到欧洲一个小国当洋奴去了。时间是毫不留情的,它真使人在自己制造的镜子里照见自己的真相!

闲言少叙,书归正传。我仍然读姚文元的文章。姚文元在这篇文章中使用的深文周纳的逻辑,捕风捉影莫须有的推理,给以后在整个文化大革命中给人罗织罪名,树立了一个极坏的样板。这一套荒谬绝伦的东西是否就是姚文元个人的发明创造,我看未必。他可能也是从来头很大的人那里剽窃来的。无论如何,这一种歪风影响之恶劣,流毒之深远,实在是罄竹难"数"。它把青年一代的逻辑思维完全搞混乱了。流风所及,至今未息。

还有一件小事,我必须在这里讲一讲。我们在南口村的社教工作队,不是来自一个单位。除了北大以外,还有人来自中央广播电台,来自警察总队等单位。根据上面的规定,我们一律便衣,不对人讲自己的单位。内部情况只有我们自己明白。我们这一伙来自四面八方的杂牌军队,尽管过去并不认识,但是萍水相逢,大家都能够团结协作,感情异常融洽。公安总队来了一位姓陈的同志,他是老公安,年纪还不大,但已有十年的党龄。他有丰富的公安经验,人也非常随和。我们相处得非常好,几乎是无话不谈。但是,有一件小事却引起了我的注意:他收到无论什么信,看完之后,总是以火焚之。这同我的习惯正相反。我有一个好坏难明的习惯:我不但保留了所有的来信,而且连一张小小的收条等微末不足道的东西,都精心保留起来。我这个习惯的心理基础是什么呢?我说不清楚,从来也没有去研究过。看了陈的行径,我自然大惑不解。特别是过旧历年的时候,公安总队给他寄来了一张铅印的贺年卡片。这本是官样文章,没有什么重要意义。但是陈连这样一张贺年卡片也不放过,而且一定要用火烧掉,不是撕掉。我实在沉不住气了,便开始了这样的谈话:

"你为什么要烧掉呢?"

"不留痕迹。"

"撕掉丢在茅坑里不就行了吗?"

"不行!仍然可能留下痕迹。"

"你过分小心了。"

"不是,干我们这一行的深知其中的利害。一个人说不定什么时候就会碰到点子上。一碰上,你就吃不了兜着走。"

我大吃一惊,这真是闻所未闻。我自己心里估量:我也会碰到点子上的。我身上毛病不少,小辫子也有的是。有人来抓,并不困难。但是,我自信,我从不反党、反社会主义,我也没有加入任何反动组织,"反革命"这一顶帽子无论如何也是扣不到我头上来的。我心里乐滋滋的,没有再想下去。岂知陈的话真是经验之谈,是从无数事实中提炼出来的真理。过了没有多久,我自己一跳出来反对北大那一位"老佛爷",就被扣上了"反革命"的帽子。我曾胡诌了两句诗:"廿年一觉燕园梦,赢得反党反社名。"这是后话,这里就先不谈了。

二、"马列主义大字报"

南口村虽然是一个僻远的山村,风景秀丽,居民和善,但是也决非世外桃源。我们来这里是搞阶级斗争的。虽然极左的那一套年年讲、月月讲,念念不忘阶级斗争,我并不同意。但是,南口村,正如别的地方一样,决不是没有问题的,搞一点"阶级斗争"看来也是必要的。我们哪里想到,在我们在这里搞阶级斗争的同时,全国范围内已经涌起了一场阶级斗争的狂风暴雨。这一场风暴的中心是北京,而北京的中心是北京大学。

这一点我们最初是不知道的。我们僻处京郊,埋头社教,对世事距离好像比较远,对大自然好像是更为接近。1966年春天,同过去任何一个春天一样,姗姗来迟。山村春来迟,是正常的现象。但是,桃花、杏花、梨花都终于陆续绽开了菁葵,一片粉红雪白,相映成趣,春意盎然了。我们的活动,从表面上来看,一切照常,一切平静。然而从报纸上来的消息,从外面传进来的消息,知道一场大的运动正逼近我们。北京大学一向是政治运动的得风气之先的地方。此时我们虽然不在学校,情形不十分清楚,但是那里正像暴风骤雨前浓云密布那样,也正在酝酿着什么,我们心里是有底的。只不过是因为身居郊外,暂时还能得到一点宁静而已。

五月来临,外面的风声越来越紧。中央接二连三地发出一些文件,什么"5.16通知"之类。事情本来已经十分清楚,但是,我上面已经说到,我脑袋里最缺少政治细胞,缺少阶级斗争那一根弦。我仍然我行我素,在南口村和煦的阳光中,在繁花如锦的环境里,懵然成为井中之蛙,从来没有把这一场暴风雨同自己的命运联系起来。

此时城里的燕园恐怕完全是另一番景象。从城里回来的人中得知学校里已经开了锅。两派(或者说不清多少派)之间争辩不休,开始出现了打人的现象。据说中央派某某大员到北大去,连夜召开大会,想刹住这一股不讲法制、胡作非为的歪风。听说,在短时间内起了一些作用。但是，过了没有几天，到了5月25日，那位"老佛爷"纠集了哲学系的几个人，贴出了一张大字报："宋硕、陆平、彭珮云要干什么？"立即引起了两派人的辩论，有的人赞成，有的人反对。听说在大饭厅附近，争辩的人围成了圈子，高声嚷嚷，通宵达旦。不知道有多少圈子，也说不清有多少人参加。好像是一块巨石击破了北大这块水中天，这里乱了套了。

这一张大字报的详细内容，我们不清楚。但是，我们立刻就感觉到，这是校内社教运动的继续、发展。在我上面提到的所谓"国际饭店会议"上，反陆平的一派打了一个败仗，挨了点整。按照我们最近多少年来的运动规律，这一次是被整者又崛起，准备整别人了。

到了6月1日，忽然听到中央广播电台播出了那一张大字报，还附上了什么人的赞美之词，说这是一张什么"马列主义大字报"。我没有时间，也没有水平去推敲研究：为什么一张大字报竟会是"马列主义的"？一直到今天，我仍然没能进化到能理解其中的奥义。反正马列主义就是马列主义，这好像钉子钉在案板上，铁定无疑了。我们南口村的人当然也议论这一张大字报，可是并没有形成了壁垒森严的两派，只不过泛泛一谈而已。此时校园内的消息陆陆续续地传了过来，对我们的心情似乎没有产生多大干扰。我们实在是不了解真实情况，身处山中，好像听到从远处传来的轻雷，不见雨点，与己无干，仍然"社教"不已，心中还颇有一点怡然自得的情趣。

北大东语系在南口村参加社教的师生有七八人之多，其中有总支书记、有系主任，那就是我。按照上面的规定，我们都是被整的对象，因为我们都是"当权派"。所有的当权派，除了最高层的少数几个天之骄子以外，几乎都是走资本主义道路的（神秘莫测的中国语言把它缩简为"走资派"）。在南口村，东语系的走资派和一般教员和学生，相处得非常融洽。因此，我们这两位走资派"难得糊涂"，宛如睡在甜甜蜜蜜的梦中，一点也没有意识到，自己正走在悬崖边上，下临无地，只等有人从背后一推，立即能坠入深涧。而个别推我们的人此时正毕恭毕敬地围绕在我们身边，摇着秀美的小尾巴，活像一只哈巴狗。

没有想到——其实，如果我们政治嗅觉灵敏的话，是应该想到的——6月4日，我们忽然接到学校里不知什么人的命令：立即返校，参加革命。我们带的东西本来不多，一无书籍，二无细软，几床被褥，一个脸盆，顺手一卷，立即成行，挤上了学校派去的大汽车。住了七八个月的南口村，现在要拜拜了。"客树回看成故乡"，要说一点留恋都没有，那不是实情。心头也确实漾起了一缕离情别绪。但是，此时有点兵荒马乱的味道，顾不得细细咀嚼了。别人心里想什么，我不清楚。我们那一位总支书记，政治细胞比我多,阶级斗争的经验比我丰富。他沉默不语,也许有点什么预感。但是此时谁也不知道自己的前途是什么样子。我虽然心里也有点没底儿,有点嘀咕,但也没有时间考虑太多太多。以前从南口村请假回家时,心里总是兴高采烈的,但是这一次回家,却好像是走向一个 terra incognita(未知的土地)了。

一个多小时以后,我们到了燕园。我原来下意识地期望,会有东语系的教员和学生来迎接我们,热烈地握手,深情地寒暄,我们毕竟还是总支书记和系主任,还没有什么人罢我们的官嘛。然而,一进校门,我就大吃一惊:这哪里还是我们前不久才离开的燕园呀!这简直是一个大庙会。校内林荫大道上,横七竖八,停满了大小汽车。自行车更是多如过江之鲫。房前树下,角角落落,只要有点空隙,就要挤满了自行车。真是洋洋大观,宛如自行车的海洋。至于校内的人和外面来的人,更是不计其数。万头攒动,人声鼎沸。以大饭厅为中心,人们成队成团,拥拥挤挤,真好像是针插不进,水泼不入。我们的车一进校门,就寸步难行。我们只好下车步行,好像是几点水珠汇入大海的波涛中,连一点水花都泛不起来了。什么迎接,什么握手,什么寒暄,简直都是想入非非,都到爪哇国去了。

据说从6月1日起,天天如此。到北大来朝拜第一张"马列主义大字报"的人,像潮水般涌进燕园。在"马列主义"信徒们眼中，北大是极其神圣、极其令人向往的圣地，超过了麦加，超过了耶路撒冷，超过了西天灵鹫峰雷音寺。一次朝拜，可以涤除身体上和灵魂中的一切污浊、一切罪孽。来的人每天有七八万、十几万甚至几十万。先是附近学校里的人来，然后是远一点的学校里的人来，最后是外地许多大学里的人，不远千里，不远万里，风尘仆仆地赶了来。本地的市民当然是当仁不让，也挤了进来凑热闹，夹在里面起哄。这比逛天桥要开心多了。除了人以外，墙上、地上、树上，还布满了大小字报，内容是一边倒，都是拥护"第一张马列主义的大字报"的。人的海洋，大字报的海洋，五光十色，喧声直上九天。

我在目瞪口呆之余，也挤进了人群。虽然没有迎接，没有欢迎，但也没有怒斥，没有批斗，没有拳打，没有脚踢。我以一个自由人的身份，混入人海中，暂且逍遥一番。一同回来的那一位总支书记，处境却不美妙。一下车，他就被革命小将"接"走，或者"劫"走。接到不知什么地方去了。他是钦定的"走资派"，罪有应得。从此以后，在长达几年的时间内，我就没有再见到他。我在外文楼外的大墙上，看到了一大批给他贴的大字报，称他为"牧羊书记"，极尽诬蔑、造谣、无中生有、人身攻击之能事。说他是"陆平的黑班底"，保皇派，走资本主义道路的骁将、急先锋。陆平的日子当然更为难过。他是马列主义大字报上点了名的人,是祸首罪魁、是钦犯。他的详细情况,我不清楚。我只知道,他被"革命"群众揪了出来,日夜不停地批斗,每天能斗上四十八小时。批斗的场所一般就在他住的地方。他被簇拥着站在短墙头上,下面群众高呼口号,高声谩骂。主持批斗的人罗织罪名,信口开河。此时群情"激昂","义愤"填膺。对陆平的批斗一时成为北大最吸引人的景观。不管什么人,只要到北大来,必然来参观一番。而且每个人都有权把陆平从屋子里揪出来批斗,好像旧日戏园子里点名角的戏一样。

我自己怎样呢?我虽然已经意识到,自己是泥菩萨过江,自身难保,但是还没有人来"接"我,我还能住在家里,我还有行动自由。有人给我贴了大字报,这是应有之义,毫不足怪。幸而大字报也还不多。有一天,我到东语系学生住的四十楼去看大字报。有一张是给我贴的,内容是批判我的一篇相当流行的散文:《春满燕园》。在贴大字报的"小将"们心中,春天就象征资本主义;歌颂春天,就是歌颂资本主义。我当时实在是大惑不解:为什么古今中外的人士无不欢迎的象征生命昭苏的明媚的春天会单单是资本主义的象征呢?以后十几年中,我仍然不解;一直到今天,这对我仍然是一团迷雾。我的木脑袋不开窍,看来今生无望了。我上面说到,姚文元的那一篇批判《海瑞罢官》的臭文,深文周纳,说了许多歪理。后来批判"三家村"的《燕山夜话》

等著作，在原来的基础上又有了发展。看来这一套手法是有来头的，至少是经过什么人批准了的。后来流毒无穷，什么"利用小说反党"等一系列的"理论"依次出笼，滔滔者天下皆是矣。我的政治水平并不比别人高。我也是虔诚信神的人。但是，有一点我是清楚的：我文章里的春天同资本主义毫不相干。我是真心实意地歌颂祖国的春天的。因此，我看了那一张大字报，心里真是觉得憋气，不由自主地哼了一声。这一哼连半秒钟都没有用上，孰料这一哼竟像我在南口村谈姚文元的文章一样，被什么隐藏在我身后的人录了下来（当时还没有录音机，是用心眼录下来的）。到了后来，我一跳出来反对他们那一位"老佛爷"，就成了打向我的一颗重型炮弹。

反正我此时还是一个自由人，可以到处逍遥。这时的燕园比起6月4日来，其热闹程度又大大地增加了。那时候，许多边远的省份，受到了千山万水的阻隔，没有能赶到北京来，朝拜北大这一块"圣地"。现在都赶来了。燕园在平常日子看上去还是比较辽阔的。但是，在这"八方风雨会燕园"的日子里，却显得极其窄狭、极其渺小。山边树丛，角角落落，到处都挤满了人。我这渺小的人，更像是大海中一滴水，太仓中一粒米了。

据我的观察，这一阶段，斗争的矛头是指向所谓"走资派"的。什么叫"走资派"呢？上至中央人民政府，下至一个小小的科室，只要有一个头头，他必然就是"走资派"。于是走资派无所不在，滔滔者天下皆是矣。我政治觉悟奇低，在当时一直到以后相当长的时间内，我总是虔心敬神，拥护文化大革命的。但是，每一个单位必有一个"走资派"，我却无论如何也不能理解。每一个大小头头都成了"走资派"，我们工作中的成绩是怎样来的呢？反正我这个道理没有地方可讲，没有人可讲。既然上头认为是这样，"革命小将"也认为是这样，那就只有这样了。革命不是请客吃饭嘛，我还有什么话可说呢？可怜我们虔诚地学习了十几年唯物论和辩证法，到头来成了泡影。唯物主义者应该讲实事求是。当前的所作所为，是哪一门的实事求是呢？我迷惑不解。

"革命小将"也决不可轻视。他们有用之不竭的创造力。北大的"走资派"在脖子上被挂上了大木牌，上面写着这个"走资派"的名字。这个天才的发明就出自北大小将们之手。就像巴黎领导世界时装的新潮流一样，当时的北大确实是领导着全国文化大革命的新潮流。脖子上挂木牌这一个新生事物一经出现，立即传遍了全国。而且在某一些地方还有了新的发展。挂木牌的钢丝愈来愈细，木牌的面积则愈来愈大，分量愈来愈重。地心吸力把钢丝吸入"犯人"的肉中，以致鲜血直流。在这方面北大落后了，流血的场面我还没有看到过。但是"批斗"的场面我却看了不少。如果是在屋中，则"走资派"站在讲台上，低头挂牌。"革命"群众坐在椅子上。如果是在室外，则"走资派"站在椅子上、墙头上、石头上，反正是高一点的地方，以便示众，当然是要低头挂牌。我没有见到过批斗程序，但批斗程序看来还是有的。首先总是先念语录，然后大喊一声："把某某走资派押上来！"于是"走资派"就被两个或多个戴红袖章的青年学生把手臂扭到背后，按住脑袋，押上了审判台。此时群众口号震天，还连呼"什么万岁！"主要发言人走上前去发言进行批斗。发言历数被批斗者的罪状，几乎是百分之百的造谣诬蔑，最后一定要上纲上到惊人的高度：反党，反社会主义，反伟大领袖。反正他说什么都是真理，说什么都是法律。革命群众手中的帽子一大摞，愿意给"犯人"戴什么，就戴什么，还要问"犯人"承认不承认，稍一迟疑，立即拳打脚踢，必至"犯人"鼻青脸肿而后已。这种批斗起什么作用呢？我说不清。是想震慑"犯人"吗？我说不清。参加或参观批斗的人，有的认真严肃，满脸正义；有的也嘻嘻哈哈。来自五湖四海的到北大来取经朝圣的人们，有的也乘机发泄一下迫害狂，结果皆大欢喜，人民大众开心之日果然来到了。这种"先进"的经验被取走，转瞬之间，流溢全国。至于后来流行的"坐喷气式"，当时还没有见到。这是谁的发明创造呢？没有人研究过，好像至今也还没有人站出来申请专利。

在北大东语系，此时的批斗对象，一个是我上面谈到的总支书记。帽子是现成的：走资派。一个是和我同行的老教授。帽子也是现成的：反动学术权威，另外还加上了一顶：历史反革命。给他们二人贴的大字报都很多，批斗也激烈而且野蛮。对总支书记的批斗我只见过一次，是在一个专门为贴大字报而搭起的席棚前面。席棚上贴的都是关于他的大字报，历数"罪状"，什么"牧羊书记"之类的人身攻击。他站在棚前，低头弯腰。我不记得他脖子上挂着木牌，只在胸前糊上了一张白纸，上面写着他的名字，上面用朱笔画了一个叉。这是从司法部门学来的，也许是从旧小说中学来的。一个犯人被绑赴刑场砍头时，背上就插着一个木牌，写着犯人的名字，上面画着红叉。此时书记也享受了这种待遇。批斗当然是激烈的，口号也是响亮的。批斗仪式结束以后，给他背上贴上一张大字报，勒令"滚回家去！"大字报不许撕下来，否则就要罪上加罪。

对那位教授的首次批斗是在外文楼上大会议室中。楼道里，从一层起直到二层，都贴满了大字报。还有不少幅漫画，画着这位教授手执钢刀，朱齿獠牙，点点鲜血从刀口上流了下来，想借此说明他杀人之多。一霎时，楼内血光闪闪，杀气腾腾。这样的气氛对一个根本不准发言的老人进行所谓"批斗"，其激烈程度概可想见了。结果是参加批斗的青年学生群情激昂，真话与假话并举，吐沫与骂声齐飞，空气中溢满了火药味。一只字纸篓扣到了老教授头上。不知道是哪一位小将把整瓶蓝墨水泼到了他的身上，他的衣服变成了斑驳陆离的美国军服。老先生就是在这样的情况下被勒令"滚蛋"走回家中去的。

到了6月18日，不知道是哪一位"天才"突发奇想，要在这一天大规模地"斗鬼"。地址选在学生宿舍二十九楼东侧一个颇高的台阶上。这一天我没有敢去参观。因为我还是有一点自知之明的。我这样一座泥菩萨最好是少出头露面，把尾巴夹紧一点。我坐在家中，听到南边人声鼎沸，口号震天。后来听人说，截至那时被揪出来的"鬼"，要一一斗上一遍，扬人民之雄风，振革命之天声。每一个"鬼"被押上高台，喊上一阵口号，然后一脚把"鬼"踹下台去。"鬼"们被摔得晕头转向，从地上泥土中爬起来，一瘸一拐，逃回家去。连六七十岁的老教授和躺在床上的病人，只要被戴上"鬼"的帽子，也毫无例外地被拖去批斗。他们无法走路，就用抬筐抬去，躺在"斗鬼"台上，挨上一顿臭骂，临了也是一脚踹下高台，再用抬筐抬回家去。听说那一夜，整个燕园里到处打人，到处骂人，称别人为牛鬼蛇神的真正的牛鬼蛇神疯狂肆虐，灭绝人性。

从此以后，每年到了6月18日，必然要"斗鬼"。我可万万没有想到，两年后的这一天，我也成了"鬼"，被大斗而特斗。躬与其盛,千载难遇。此是外话,这里暂且不表了。

暂时的逍遥,当然颇为惬意。但是我心里并不踏实。我清楚地意识到,我的头上也是应该戴上帽子的。我在东语系当了二十年的系主任,难道就能这样蒙混过关吗?

三、"快活半年"

大家都知道,泰山上有一个快活三里。意思是在艰苦的攀登中,忽然有长达三里的山路,平平整整,走上去异常容易,也就异常快活,让爬山者疲惫的身体顿时轻松下来,因此名为"快活三里"。

文化大革命无疑是一场艰苦的攀登,其艰苦惊险的程度远远超过攀登泰山南天门。我也不可避免地成为这一场革命的攀登者。可是从1966年下半年至1967年上半年,有半年多的一段时间,我却觉得,脚下的路虽然还不能说是完全平坦,可走上去比较轻松了。尽管全国和全校正为一场惊天动地巨大无比的风暴所席卷,我头上却暂时还是晴天。在经过了第一阵艰险的风暴以后,我得到了一个喘息的机会,心里异常喜悦,我在走自己的快活三里了。

我从前只知道,有一些哲学家喜欢探讨人在宇宙中的地位问题,与此有牵连的是人在社会中的地位问题。我可从来没有关心过我自己在社会中的地位如何。解放以后,情况变了。政治运动一个接一个。在每一次政治运动中,每一个人都有一个在运动中的地位问题。粗略地说,地位可以分为两大类:整人者与被整者。细分起来,那就复杂得多了。而且这个地位也不是一成不变的。随着运动的进展,队伍不断地分化,重新组合。整人者可以变为被整者,而被整者也可以变为整人者。有的在这次运动中整人或者被整,到了下一次运动,地位正倒转过来。人们的地位千变万化,简直像诸葛武侯的八阵图,令人眼花缭乱,迷惑不解。

在文化大革命中,我当然非常关心自己的地位。我在上面谈到的帽子问题,实际上也就是地位问题。我的地位长期悬在空中,心里老是嘀嘀咕咕,坐卧不宁。后来我逐渐发现,自己还没有被划归敌我矛盾。有这一点,我就放心了。我仍然是"人民",这对我来说是天大的事情。我于是打着人民的招牌,逍遥起来了。要知道,在当时,在敌我矛盾与人民内部矛盾之间,在人民与所谓"反革命分子"之间,横着一条其宽无比其深无比的鸿沟。如果处在鸿沟这一边,在人民的这一边,许多事情都很好办,即使办错一件事,说错一句话,这都算是一时不小心所犯的错误,没有什么了不起。但是,如果被划到对岸去,成为敌人,那就会有无限的麻烦,即使夹起尾巴,处处谨小慎微,决不敢乱说乱动,可是一时不慎,办错一件事,说错一句话,比如把"资本主义"说成"社会主义"或者倒转过来，那就必然被上纲到反革命的高度，成为现行反革命，遭到批斗。

但是划分敌我，划分两类不同性质的矛盾，这个权力掌握在谁手里呢？我真有点说不清楚。我的脑筋简单，百思不得其解。虽然我暂时处在鸿沟的这一岸，但是却感觉到，自己像是在走钢丝，一不小心，就能跌落下去，跌落到鸿沟的对岸。那就等于跌落到地狱里，永世不得翻身了。

我原来是东语系的系主任。这时当然已经不再是了。是免职？是撤职？谁也搞不清楚，反正也用不着搞清楚。"革命无罪，造反有理"，这就是当时的行动方针。至于什么叫"革命"，什么又叫"造反"？也没有人去追问。连堂堂的国家主席也不用经过任何法律就能够拉出来批斗。我这个小小的系主任，不过等于一粒芝麻、绿豆，当然更不在话下了。但是，我虽然失掉了那一顶不值几文钱的小小的乌纱帽，头上却还没有被戴上其他的帽子，这就可以聊以自慰了。

这时候，学校里已经派来了"支左"的军宣队。每一个系都有几个解放军战士和军官。系里的"造反派"也组成了一个领导班子。造反派是怎样产生出来的呢？专就东语系而言，情况大概是这个样子：一些自命为出身好的教员和学生，坚决贯彻"阶级路线"，组成了"造反派"，在自己胳臂上缠上一块红布，这就算是革命者的标志。所谓出身好，指的是贫下中农、革命烈属、革命干部、工人。这些人根子正，一身红，领导革命，义不容辞。再一部分人就是在社教运动中反对过陆平的人。他们觉悟高，现在来领导革命，也是顺理成章。我记得，戴红臂章的人似乎只限于第一种人。臂章一戴，浑身红透，脸上更是红光满面，走起路来，高视阔步，威风凛凛，不可一世。为什么第二种人不能戴红臂章，我不清楚。这是他们革命家内部的事，与我无干，我也就不再伤脑筋了。我奇怪的是，好像还没有人像当年的阿Q那样，别上徽章，冒充革命。由此也可见，这些革命家的觉悟有多么高了。只有革命干部的子弟有点玄乎。虽然他们比别人更自命不凡，臂章一定要红绸子来做，别人只能戴红布的，但是他们的地位却不够稳定。今天他们父母兄姐仍在当权，他们就能鹤立鸡群，耀武扬威；明天这些人一倒台——当时倒台是非常容易的——他们的子弟立刻就成为"黑帮的狗崽子"，灰溜溜地靠边站了。

所谓反对陆平，是指1964年在社教运动中，北大一部分教职员工和学生在极左思想的影响下，认为当时的党委书记兼校长陆平同志有严重问题，执行了一条资本主义复辟的路线，是修正主义的路线。于是群起揭发，一时闹得满园风雨，乌烟瘴气。我的水平奇低，也中了极左思想的毒，全心全意地参加到运动中来。越揭发越觉得可怕，认为北大已经完全烂掉了。我是以十分虔诚的心情来干这些蠢事的，幻想这样来保卫所谓的革命路线。我是幼稚的，但是诚实的，确实没有存在着什么个人考虑、个人打算。专就个人来讲，我同陆平相处关系颇为融洽，他对我有恩而无怨。但是，我一时糊涂蒙了心，为了保卫社会主义的前途，我必须置个人恩怨于度外，起来反对他。这就是我当时的真实的思想。后来中央出面召开了国际饭店会议，为陆平平反，号召全校大团结，对反对过陆平的人，连一根毫毛也没有碰。我经过反思，承认了自己的错误，做了自我批评。到了1965年深秋，我就到了京郊南口村，参加农村的社教运动。

到了文化大革命，正如我在上面已经谈过的那样，我经过了首次冲击，比较顺利地度过了资产阶级反动学术权威这个阶段。后来军宣队进了校，东语系干部队伍重新组合。我曾经是反过陆平的人，按理说也应该归入"革命干部"队伍内，但是，据说我向陆平投降了，阶级立场不稳，必须排除在外。那几个在国际饭店坚持立场，坚决不承认自己有任何错误的人，此时成了真正的英雄。有的当了东语系革命委员会的头头，有的甚至晋升到校革命委员会中，当了领导。我对此并无意见。但是，我仍然关心自己的地位。一位同我比较要好的革命小将偷偷告诉我：他看到军宣队的内部文件，我是被排在"临界线"上的人。什么叫"临界线"呢？意思就是，我被排在敌我矛盾与人民内部矛盾中间那一条界线的人民这一边。再往前走一步,就堕入敌我矛盾了。我心里又惊又喜。惊的是,自己的处境真是危险呀。喜的是,我现在就像是站在泰山上阴阳界那一条白线这一边,向前走上一寸,就堕入万丈悬崖下的黑龙潭中去了。

此时,全国革命大串联已经开始。反正坐火车不花钱。于是全国各地的各类人物,都打着"革命"的旗子,到处旅游。所有的车站上都是人山人海。只要有劲,再要上一点野蛮,就能从车窗子里爬过人墙,爬进车厢,走到愿意到的地方去。上面有人号召说,这就是革命,这就是点燃火炬。结果全国一团混乱,到处天翻地覆。有人说,这叫做"乱了敌人"。一派胡言乱语,骇人听闻。是自己乱起来了。如果真有敌人的话,他们只会弹冠相庆。我觉悟低,对于这一套都深信不疑。

北京大学本来就是文化大革命的发源地。到了此时,更成了革命圣地。每天通过大串联到燕园来朝圣的,比文化大革命初起时,更多了不知多少倍。来的这一批人据说是什么人的客人。不但来看,而且还要来住、来吃。北大人怎敢怠慢!各系都竭诚招待,分工负责一座住满了"客人"的楼。我自己既然被恩准待在临界线的这一边,为了感恩图报,表示自己的忠诚,更加振奋精神,昼夜值班。"客人"没有棉被,我同系里的其他人,从家里抱去棉被。每天推着水车,为"客人"打开水。我看到"客人"

缺少脸盆，便自己掏腰包，一买就是二十个。看着崭新的脸盆，自己心里乐得开了花。

但是，正如俗话所说的，"天下不如意事常八九"。我快活得太早了，太过分了。革命小将，当然也有一些中将，好像并不领情。新被子，只要他们盖上几夜，总被弄得面目全非，棉花绽了出来，被面被撕破。回头再看脸盆，更让人气短。用了才不过几天，盆上已经是疮痍满目，惨不忍睹。最初我真是出自内心地毕恭毕敬地招待这些"客人"，然而"客人"竟是这样，我的头上仿佛狠狠地给人打了一巴掌，心里酸甜苦辣，简直说不出是什么味道了。

过了一段时间，大概到北京来的人实在太多了，有的地方甚至停产旅游，再不抓，就会出现极大的危机了。上头不知道是哪一个机构做出决定，劝说盲流到北京来的人回自己的原地区、原单位去，在那里"抓革命，促生产"。北大的军宣队也接受了这一项任务。东语系当然也分工负一部分责，到校外外地人住得最多的地方去说服。我们在军宣队的带领下，先到离学校最近的西颐宾馆去劝说。那些尝到甜头的外地人哪里会自动离开呢？于是劝说、辩论，有时候甚至有极其激烈的辩论。弄得我口干舌燥，还要忍气吞声。终于取得了一些成果，外地人渐渐离开这里，打道回府了。

从西颐宾馆转移到稍稍远一点的国家气象局。在这里仍然劝说、辩论，展开激烈的辩论，一切同在西颐宾馆差不多。但是，我在这里却大开了眼界。首先是这里的大字报真有水平。大字报我已经看了成千累万，看来看去，觉得都非常一般化，我的神经已经麻木，再也感不到什么新鲜味了。这里的大字报，大标语却真是准确、鲜明、生动。那些一般化的大字报当然也有。可也有异军突起、石破天惊的，比如"切碎某某某"、"油炸某某某"，等等。"油炸"这个词多么生动有力！令人看了永世难忘。难道这也是从阴曹地府里学来的吗？最难忘的一件事情就是，我亲眼目睹了一次批斗"走资派"的会。一辆小轿车慢慢地开了过来。车门开处，一个西装（或者是高级毛料制服）笔挺的"走资派"——大概是局长之类——从车上走了下来，小心翼翼地从车的后座上取出来一顶纸帽子，五颜六色，奇形怪状，戴到了自己头上。上面挂满了累累垂垂的小玩意儿，其中特别惹人注目的是一个小王八，随着主人的步伐，在空中摇摆着。他走进了会场，立即涌起了一阵口号声，山呼海啸，震天动地。接着是发言批判。所有的仪式都进行完毕了以后，"走资派"走出会场，走到车前，把头上的桂冠摘下来——我注意到小王八还在摆动——小心翼翼地放到后座上，大概是以备再用。他脸上始终是笑眯眯的。这真让我大惑不解。这笑意是从哪里来的呢？在"切碎"、"油炸"了一通之后，居然还能笑得出来！这点笑容真比蒙娜丽莎脸上著名的笑容还更令人难解。我的见识又提高到了一个新的高度。

气象局的任务完成了，我们又挥师远征，到离开北大相当远的一个机关，去干同样的工作。此时已是1966年冬天，天气冷起来了。我每天从学校骑车到现场去，长途跋涉，一个多小时才能到达。遇上雪天，天寒地滑，要走两小时。中午就在那里吃饭。那里根本没有我们待的房间。在院子里搭了一个天棚，吃饭就在这里。这个天棚连风都遮不住，遑论寒气！饭菜本来就不够热，一盛到冰冷的碗里，如果不用最快的速度狼吞虎咽地把饭菜扒拉到肚子里，饭碗周围就会结成冰碴。想当年苏武在北海牧羊，吃的恐怕就是这样带冰碴的饭。这样的生活苦不苦呢？说不苦，是违心之谈。但是，我的精神还是很振奋的、很愉快的。在第一次革命浪潮中，我没有被划为"走资派"，而今依然浪迹革命之内，滥竽人民之中，这真是天大的幸福，我应该感到满足了。

这样过了一些日子，外地来京串联的高潮渐渐过去，外地来京的"革命群众"渐渐都离开了北京。我们劝说的任务可以说是胜利完成，于是班师回校。

回到学校以后，仍然有让我忆念难忘，也颇值得高兴的事情。首先是海淀区人民代表的选举。在中国，人民代表大会是三级制，最下一级是区、县的人民代表大会，是由选民直接选举代表而组成的；再由区、县人民代表大会选出省、市人民代表大会的代表；最后由省、市人民代表大会选出代表，组成最高一级的全国人民代表大会。区、县代表名义上虽低，但是真正由选民选出的，最能体现真正的民主，竞争也最激烈。在文化大革命以前，我担任过几届全国政协委员、一届北京市人大代表。海淀区人大代表选举也参加过几次。当时我可真是万万没有想到，能投上一票也并不容易！这一次选举是在文化大革命初期风暴过后举行的。很多以前有选举权的"人民"，现在成了"走资派"，相应被挤出"人民"的范围，丢掉了选票。我幸而还留在人民内部，从而保住了选举权。当我在红榜上看到自己的名字时，那三个字简直是熠熠生光，仿佛凸了出来一样。当年在帝王时代"金榜题名"时的快乐，恐怕也不会超过我现在的快乐。我现在才体会到，原来认为唾手可得的东西，也是来之不易啊！投票的那一天，我换上了新衣服，站在"人民"中，手里的红红的选票像千斤一般重。我真是欢喜欲狂了。我知道，自己还没有变成像印度的不可接触者那样。还没有人害怕我踩了他的影子。幸福的滋味溢满我的心中，供我仔细品尝，有好多天之久。

还有一件事情也带给了我极大的快乐，给我留下的回忆永世难忘。在一个麦收季节，东语系的"革命"师生奉派在军宣队率领下到南苑附近的一个村庄里去协助麦收。记得那一年雨比较多。在那里住了十多天，几乎天天下雨。雨下不长，几乎是转眼就过，可也制造了不少麻烦。我们白天从麦田里把捆好的麦子背回村里，摊在麦场上，等候晒干，再把麦粒打出来。一阵雨一来，我们就着了慌，用油布把麦子盖上。雨一过，太阳一出，再把油布掀掉。有时候一天忙活好几阵子。特别是夜里下雨，我们立即起身，跑到场里盖油布，忙得浑身大汗，再被雨水一浇，全身成了落汤鸡，然而农民却没有一个出来的。那时他们正在通向天堂的人民公社里吃大锅饭，谁也不肯卖力。像我这样准备随时接受贫下中农再教育的"老九"，实在有点想不通。这样一些人拿什么来教育我们呢？再想到那些风行一时的把农民的觉悟程度拔到惊人高度的长篇小说，便觉得作者看风使舵，别有用心。从那时起，再也不读这样的小说了。

我混迹"人民"之中，积极性特别高。白天到麦田里去背捆好了的麦子，我是"韩信将兵，多多益善"，我背的捆数决不低于年轻的小伙子。因此回校以后，受到系里的当众表扬，心里美滋滋的。但是，在南苑的生活却不能说是舒服的。白天劳动一天，身体十分疲惫。晚上睡在一间大仓库里。地上密密麻麻地布满了地铺，一个人所占的面积仅能容身。农村蚊子特多，别人都带了蚊帐，外加驱蚊油。我是孑然一身，什么都没有带。夜里别人都放下帐子,蚊子不得其门而入。独独我这里却是完全开放的,于是所有的蚊子都拥挤到我这里来,蚊声如雷,下袭如雨。我就成了旧故事中的孝子,代父母挨咬。早晨起来,伤痕遍体,我毫无怨言。而且生活并不单调,也时有兴味盎然的小插曲。比如有一天,正当我们在麦田里背麦捆时,忽然发现了一只小野兔。于是大家都放下自己手中的活,纷纷追赶兔子。不管兔子跳得多快,我们人多势众,终于把小兔的一条腿砸断,小兔束手被擒。另外,有的人喜欢吃蛇。一天捉住了一条,立即跑回村内,找了一个有火的地方,把蛇一烧,就地解决,吞下肚中。这样一些再小不过的小事,难道不也能给平板的生活涂上一点彩色,带来一点快乐吗?

我就是这样度过了快活半年。

四、自己跳出来

好景从来不长。

我快活到了1967年夏秋之交。

此时北大的革命小将,加上一些中将和老将,早已分了派。这是完全符合事物发展规律的。《三国演义》上说得好:"夫天下大事,分久必合,合久必分。"现在是到了分的时候了。

在分裂之前的一个短时期之内,北大曾有过一个大一统的局面。此时群众革命组织只有一个,这就是新北大公社。公社的头子就是那位臭名昭著的所谓"第一张马列主义大字报"的作者之一的"老佛爷"。此人据说是"三八式",也算是一个老干部了、老革命了。但是,调到北大来以后,却表现得并不怎么样。已经是一个老太婆了,却打扮得妖里妖气。她先在经济系担任副系主任,后来又调到哲学系,担任总支书记。她夤缘时会,在"第一张马列主义大字报"上签了一个名,得到了中央某一些人的大力支持,兼之又通风报信,这一个女人就飞黄腾达起来,一时成为全国的中心人物,炙手可热。但是,我同这个人有过来往,深知她是一点水平都没有的,蠢而诈,冥顽而又自大。每次讲话,多少总会出点漏子、闹点笑话。在每次开会前,她的忠实信徒都为她捏一把汗。可就是这样一个人,一时竟成了燕园的霸主,集党政大权于一身,为所欲为,骄横恣纵。

有压迫就有反抗,古今中外,概莫能外。对于这样一个女人,有的学生逐渐感到不能忍受。于是在新北大公社之外,风起云涌,出现了大大小小的革命组织。大都自称为某某战斗队,命名几乎全取自毛泽东的诗词,什么"缚苍龙"战斗队,什么"九天揽月"战斗队,又是什么"跃上葱茏"战斗队,诗词中可以用来起名的词句,几乎都用光了,弄到新组成的战斗队没法起名的地步。至于战斗队的人数,则极为参差不齐,大的几十人、几百人；小的十几人，四五人；据说还有一个人组成的战斗队。成立手续异常简单，只要贴出一张大字报，写上几句"东风吹，战鼓擂，看看究竟谁战胜谁"，再喊上几句"万岁"，就算是成立了。不用登记，不用批准，决没有人来挑剔法律程序。当时究竟成立了多少战斗队，谁也不清楚。即使有考据癖的胡适之先生于九原，恐怕他也只能认输了。

这时学校里大字报的数目有增无减。原来有的墙壁和搭的席棚早已不敷应用。于是又有一大批席棚被搭了起来，专供贴大字报之用。大字报的内容除了宣布某某战斗队成立之外，还有批判资产阶级学术权威的大字报。有的大字报只有四五张，五六张；有的则扩大到九十张，甚至百张，大有越来越长之势。附近的居民有的靠捡揭下来的大字报卖钱为生。据说有的学生则靠写大字报练习书法。据我个人的观察，大字报的书法水平确是越来越高、日新月异。这一个文化大革命的副产品，恐怕很多人会想不到吧。

用大字报来亮相的战斗队，五花八门、五光十色。最初各占山头，后来又逐渐合并。从由少变多，变为由多变少。终于汇成了两大流派：一个是正宗的、老牌的、掌权的新北大公社；一个是汇集众流、反抗新北大公社的井冈山。可以说是一个在朝；一个在野，有如英国的保守党和工党。两派当然要互相斗争，这斗争也多半利用大字报表现出来。英国的保守党和工党怎样斗争，我不大清楚。据说他们是颇为讲究"费厄泼赖"的。在中国,则不大管那一套洋玩意儿,只管目的,不择手段。造谣诬蔑,人身攻击,平平常常,司空见惯。因此就产生了一种新的"物质",叫做"派性"。这种新东西,一经产生,便表现出来了无比强大的力量。谁要是中了它的毒,则朋友割席,夫妻反目。一个和好美满的家庭,会因此搞得分崩离析。我实在不能理解,为什么对抗外敌时都没有这么大的劲头,而在两派之间会产生这样巨大的对抗力量?有人贴出大字报:"老子铁了心,誓死保聂孙!"这是何等地惊人的决心!如果在建设四化中有这个劲头,我们中国早就成了亚洲第一条大龙,后来的四小龙瞠乎后矣。

现在时过境迁,怎样来评价这两大派呢?在当时,在派性猖狂的时候,客观评价从根本上是不可能的。现在我觉得可以了。两派基本上都由年轻的教员和学生组成。由于种种原因,老头参加的是不多的。两派当然都有各自的政纲。但是,具体的内容我看谁也说不清楚。论路线,两派执行的都是一条极左的路线,打、砸、抢、抄,大家都干,不分彼此,难定高下。有时候,一个被诬蔑成有问题的教员或干部,两派都抓去批斗。批斗的方式也一模一样。两派都有点患迫害狂的样子,以打人为乐事。被打者头破血流,打人者则嘻嘻哈哈。打人的武器颇具匠心。自行车链条,外面包上胶皮,打得再重,也不会把皮肉打破,不给人留下口实。那一位"老佛爷"经常打出江青的旗号,拉大旗,作虎皮,借以吓唬别人。对立面井冈山也不示弱,他们照样打出江青的招牌。究竟谁是江青的最忠实的信徒,更是谁也说不清楚了。但是,两派之间有一个极大的区别:新北大公社掌握北大的大权,作威作福,不可一世;而井冈山则始终处在被压迫的地位。这很容易引起一般人的同情。

根据我个人的观察,两派的政纲既然是半斤八两,斗争的焦点只能是争夺领导权。"有了权,就有了一切",这是两派共同的信条。为了争权,为了独霸天下,就必须搞垮对方。两派都努力拉拢教员和干部,特别是那些在群众中有影响的教员和干部,以壮大自己的声势。这时两派都各自占领了一些地盘。当权派的新北大公社占有整个北大,"率土之滨,莫非王臣"。井冈山只在学生宿舍区占领了几座楼。每一座楼房都逐渐成为一个堡垒,守卫森严。两派逐渐自己制造一些土武器。掌权的新北大公社财大气粗,把昂贵的钢管锯断,把一头磨尖,变成长矛。这种原始的武器虽"土",但对付手无寸铁的井冈山,还是绰有余裕。井冈山当然不肯示弱,也拼凑了一些武器。据说两边都有研究炸药的人。在这剑拔弩张的情况下,两派交过几次手,械斗过几次。一名外边来的中学生就无缘无故地惨死在新北大公社长矛之下。

这真正是你死我活的搏斗,但中间也不缺少令人解颐的插曲。主斗者都是青年学生，他们还没有完全脱离孩子气。他们的一些举动迹近儿戏。比如有一次，两派正在大饭厅里召开大会进行辩论，唇枪舌剑，充满了火药气味。两派群众高呼助威，气氛十分紧张、严肃。正当辩论到紧急关头，忽然从大饭厅支撑住屋顶的大木梁上，"嘭"的一声，掉下来了一串破鞋。"破鞋"是什么意思，我国人民，至少是北方人民，都明白的。那一位"老佛爷"就有这样一个绰号。事实真伪，我们不去追究。然而正在这样一个十分严重的关键时刻，两派群众都瞪红了眼睛，恨不能喷出火焰焚毁对方。然而从天上降下来这样一个插曲，群众先是惊愕，立刻转为哈哈大笑。这一场激烈无比的辩论还能继续下去吗？同样成串的破鞋，还出现在井冈山占领的学生宿舍的窗子外面。其用意完全相同。这些小小的插曲难道不能令人解颐吗？

我还在大饭厅参加了另一场两派的大辩论。两派的主要领导人坐在台上，群众坐在台下。领导人的官衔也全都改变了，不叫什么长，什么主任，而叫（也许只有井冈山这样叫）"勤务员"。真正让人感到一股革命的气氛，就好像法国大革命的那样，领导人的头衔也都平民化了。坐在台上的井冈山领导人中居然有一位老人。他是著名的流体力学专家、相对论专家，是一个富有正义感的人，在群众中有相当高的威信，是党中央明令要保护的少数几个人中之一。他是怎样参加群众性的革命组织井冈山的，我不十分清楚。只是从别人嘴中断断续续地听说，他不满那位"老佛爷"的所作所为，逐渐流露出偏袒井冈山的情绪。于是新北大公社就组织群众，向他围攻，有的找上门去；有的打电话谩骂、恫吓。弄得这一位老先生心烦意乱。原来他并没有参加井冈山的意思。但是，到了此时，实逼处此，他于是横下了一条心，干脆下海。立即被井冈山群众选为总勤务员之一。现在他也到大饭厅来，坐在台上，参加这一场大辩论，成为坐在主席台上年龄最大的人。这时大饭厅里挤得水泄不通，两派群众都有。辩论的题目很多，无非是自以为是，而对方为非。这让我立即想到美国总统选举的两派候选人在电视上面对面辩论的情况。辩论精彩时，台下的群众鼓掌欢呼。一时大饭厅中剑拔弩张而又逸趣横生，热闹非凡。

当时整个学校的情况就是这样闹嚷嚷，乱哄哄（全国的情况也是这样）。那一句"乱了敌人"的名言，在这里无论如何也对不上号。谁能知道谁是敌人呢？当时全北京、全国的群众组织在分分合合了一阵以后，基本上形成了两大派，在北京这叫做天派与地派。每一派都认为对方是敌人，唯我独革，军队被派出来支"左"，也搞不清楚谁是"左"。结果有的地方连军队也分了派。这实际上是乱了自己。如果真有敌人的话，他们会站在旁边，站在暗中，拍手称快。

在这样的情况下,我自己怎样呢?

我滥竽人民之中,深知这实在是来之不易。所以我最初下定决心,不参加任何一派,做一个逍遥派是我唯一可选择的道路,这也是一条阳关大道。在全校乱糟糟的情况下,走这样一条路,可以不用操心,不用激动,简直是乱世的桃花源。反正学校里已经"停课闹革命",我不用教书,不用写文章,有兴趣就看一看大字报,听一听辩论会,逍遥自在,无忧无虑,简直像一个活神仙。想到快意处,不禁一个人发出会心的微笑。

但是,人世间绝没有世外桃源,燕园自不能例外。燕园天天发生的事情时时刻刻地刺激着我,我是一个有知觉有感情的人,故作麻木状对我来说是办不到的。我必须做出反应。我在北大当了二十年的系主任,担任过全校的工会主席,担任过一些比较重要的社会职务,其中有全国政协委员、北京市人大代表,等等。俗话说"树大招风"。我这棵树虽然还不算大,但也达到了招风的高度。我这个人还有一些特点,说好听的就是:心还没有全死,还有一点正义感。说不好听的就是:我是天生的犟种,很不识相。在这样主客观的配合下,即使北大有一个避风港,我能钻得进去吗?我命定了必须站在暴风雨中。

不钻避风港,我究竟应该怎样做呢?我逐渐发现,那一位新北大公社的女头领有点不对头。她的所作所为违背了上面的革命路线。什么叫革命路线？我也并不全懂。学习了十多年的政治理论，天天听那一套东西。积之既久。我这冥顽的脑袋瓜似乎有点开了窍，知道干一切工作都必须走群众路线。我觉得，对待群众的态度如何，是判断一个领导人的重要的尺度，是判断他执行不执行上面的革命路线的重要标准。而偏偏在这个问题上，我认为——只是我认为——那个女人背离了正确道路。新北大公社是在北大执掌大权的机构，那个女人是北大的女皇。此时已经成立了"革命委员会"，这是完全遵照上面的指示的结果。"革命委员会好"，这个"最高指示"一经发出，全国风靡。北大自不能落后，于是那个女人摇身一变成了北大"合法"政权的头子，北京大学革命委员会主任。这真是锦上添花，岂不猗欤休哉！然而这更增加了这一位不学有术、智商实际上是低能的"老佛爷"的气焰。她更加目空一切，在一些"小李子"抬的轿子上舒舒服服发号施令，对于胆敢反对她的人则采取残酷镇压的手段。停职停薪，给小鞋穿，是家常便饭；严重则任意宣布"打倒"，使对方立即成为敌人，可以格杀勿论。她也确实杀了几个无辜的人，那一个校外来的惨死在新北大公社长矛下的中学生，我在上面已经谈到。看了这一些情况，看了她对待群众的态度，我心里愤愤难平。我认为她违反了上面的革命路线。我有点坐不稳钓鱼船了。

但是，我是深知这一位女首领的。她愚而多诈，心狠手辣。

我不愿意冒同她为敌的风险。我只好暂时韬晦，依违两派之间，作出一个中立的态度。

在这期间，有几个重大的事件值得一提。第一件是到印尼驻华大使馆去游行示威。大概是因为印尼方面烧了我们驻雅加达的大使馆，为了报复，就去示威。这是一个深得人心的爱国行动。北大的两大派哪一个也不想丢掉这个机会来显示自己的力量，争取更多的群众。两派都可以说是"倾巢"出动。在学校南门里的林荫大道上，排上了几十辆租来的大汽车，供游行示威者乘坐之用。两派的群众当然分乘自己的车。可我哪一派都不是，想乘车就成了问题。两派认识我的几个干将看到有机可乘，都到我跟前来献殷勤，拉我上他们的车，井冈山的一位东语系的女干将，拉我特别积极。从内心里来说，我是愿意上他们的车的。但是，我还有顾虑，不愿意或者不敢贸然从事。新北大公社派来拉我的人也很积极。最后，经过了一阵不大不小的思想斗争，我还是上了公社的车。一路上，人声鼎沸，红旗招展。到了印尼大使馆，喊了一阵口号，又浩浩荡荡地回到燕园来，皆大欢喜。

另一件事情是到解放军一位高级将领家中去"闹革命"，或者是去"揪"他。他的家是在玉泉山的一个什么地方。我并没有听清楚，为什么单单到他家去"闹"。反正当时任何一个战斗队，可能在某某后台的支持下，都有权宣布打倒什么人，"揪"

什么人。我连他住的确切地方都不知道。这一次因为路近，没有乘坐大车，绝大部分人是步行前往。我因为属于"有车阶级"，于是便骑车去了。由于两派群众混杂在一起，我没有像到印尼使馆去示威时那样受窘。没有人来拉我参加哪一派的游行。我成了骑车单干户。在分不清是哪一派的车队中随大流骑向前去。过了青龙桥，我看还有人骑车向西山奔去，我也就盲从起来，跟着那些车骑向前去。一直到了万安公墓，是玉泉山背后了。知道不对头，忙回转车头，又来到了青龙桥，却听群众中有人大声嚷嚷，说是已经"闹过革命"了。我只好随人流回到燕园。到底我也不知道，那一位将军究竟住在什么地方，我连大门都没有看到。我想，当时很多人闹革命就是这样闹法。

还有一件事情比较重要，必须提一提。北大两派为了拉拢干部，壮大声势，都组织了干部学习班。有一些在前一阶段被打成"走资派"的干部，批斗了一阵之后，不知是由于什么原因，虽然靠边站了，却也不再批斗，这些人有的也成了两派争取的对象。我也是被争取的对象之一。有不少东语系的教员动员我参加学习班。井冈山的人动员我参加他们的班，新北大公社的人动员我参加自己的学习班。虽然我经过长期的观察和考虑，决心慎重行事。我要是到井冈山学习班去"亮相"，其中隐含着极大的危险性。新北大公社毕竟是大权在握，人多势众，兵强马壮，而且又有那样一个心胸狭隘，派性十足的领袖。我得罪了他们，后患不堪设想。迟疑了很久，为了个人的安全，我还是参加了新北大公社的学习班。两派学习班的宗旨，从表面上来看，看不出什么差别，都拥护伟大领袖，都竭尽全力向领袖夫人表忠心。对后一位的吹捧，达到了惊人的程度。两派各自贴了不知道多少大字报，把她捧得像圣母一样。我水平低，对于这一点完全赞同。虽然我也曾通过小道消息听了不少对她十分不利的话，但我依然不改初衷。

随着时间的推移，由于我这个人不善于掩蔽自己的想法，有话必须说出来，心里才痛快，我对于两派的看法，大家一清二楚，这就给我招来了麻烦。两派的信徒，特别是学生，采用了车轮战术来拉我。新北大公社的学生找到我家，找到我的办公室（我怎能还有什么办公室呢？但是，在我记忆中，确实是在办公室中会见了她们。我现在一时还想不清楚，以后或许能回忆起来）来，明白无误地告诉我说："你不能参加〇派（井冈山）！"这还是比较客气的。不客气的就直截了当地对我提出警告："当心你的脑袋！"有的也向我家打电话，劝说我，警告我。有甜言蜜语，也有大声怒斥，花样繁多，频率很高。我发现，我现在的处境几乎同我上面提到的那一位老教授完全一样。我有点不耐烦了。我曾说过，我是天生的犟种，有点牛脾气。你越来逼我，我就越不买账。经过了激烈的思想斗争，我决心干脆下海。其中的危险性我是知道的。我在日记中写道："为了保卫毛主席的革命路线，虽粉身碎骨，在所不辞！"可见我当时心情之一斑。

我就这样上了山（井冈山）。

反公社派的学生高兴了，立即选我为井冈山九纵（东语系）的勤务员。这在当时还是非常少见的。

海下了，山上了。这个举动有双重性。好处是，它给我的内心带来了宁静，带来了平衡，不必再为参加或不参加这样的问题而大伤脑筋了。坏处是，它给我带来了恶性发作的派性。派性我本来就有的。但过去必须加以隐蔽。现在既然一锤定音，再也用不着躲躲闪闪了。我于是同一些同派的青年学生贴大字报，发表演说，攻击新北大公社，讲的也不可能全是真话，谩骂成分也是不可避免的。

我心中也不是没有侥幸心理。我自恃即使自己过去对共产党不了解，但我从来没有参加过国民党或任何其他反动组织，我的历史是清白的。新北大公社不一定敢"揪"我。

但这只是我的想法的一面。此时，新北大公社那位女头领肯定已视我如眼中钉。她心狠手辣，我所深知。况且她此时正如日中天，成为中共中央候补委员，北京市革命委员会的副主任，趾高气扬，炙手可热。我季某竟敢在太岁头上动土，她能善罢甘休饶过我吗？而且此时形而上学猖獗，在对立面成员的言谈中、文章中，抓住片言只语，加以曲解，诬陷罗织，无限上纲，就可以把对方打成反革命或现行反革命。比如"资本主义"与"社会主义"在大脑中管语言的那一部分里可能是放在一个卡片柜里面的，稍一不慎，就容易拿错。一旦拿错，让对方抓住小辫儿，"现行反革命"的帽子必能戴上。那一位弱智的女头领就常常出现这个问题，她的徒子徒孙经常为此而为她捏一把汗。这样的形而上学再加上派性，就能杀人而且绰有余裕。这一点我是清清楚楚的。

因此，我自己的侥幸心理并不可靠。我怀着这种侥幸心理，在走钢丝，随时都能够跌下来，跌入深渊。这一点我也是清清楚楚的。在1967年的夏天到秋天，我都在走钢丝。我心里像揣着十五只小鹿，七上八下，惴惴不安。此时，流言极多。一会儿说要揪我了；一会儿又说要抄我的家了。我听也不是，不听也不是。在我的日记里，我几乎每一周都要写上一句："暴风雨在我头上盘旋。"这暴风雨说不定什么时候就会压了下来，把我压垮、压碎。这时候反公社的北大教员恐怕都有我这种感觉，而我最老。炎炎的长夏，惨淡的金秋，我就是在这种惴惴不安中度过的。

五、抄家

随着天气的转凉,风声越来越紧。我头上的风暴已经凝聚了起来:那一位女头领要对我下手了。

此时,我是否还有侥幸心理呢?

还是有的。我自恃头上没有辫子,屁股上没有尾巴,不怕你抓。

然而我错了。

1967年11月30日深夜。我服了安眠药正在沉睡,忽然听到门外有汽车声,接着是一阵异常激烈的打门声。连忙披衣起来,门开处闯进来大汉六七条,都是东语系的学生,都是女头领的铁杆信徒,人人手持大木棒,威风凛凛,面如寒霜。我知道发生了什么事,我早有思想准备,因此我并不吃惊。俗话说:"英雄不吃眼前亏。"我决非英雄,眼前亏却是不愿意吃的。我毫无抵抗之意,他们的大棒可惜无用武之地了。这叫做"革命行动",我天天听到叫嚷"革命无罪,造反有理!"我知道这话是有来头的。我只感到,这实在是一桩非常离奇古怪的事情。什么"革命",什么"造反",谁一听都明白,但是却没有人真正懂得是什么意思。什么样的坏事,什么样的罪恶行为,都能在"革命""造反"等堂而皇之的伟大的名词掩护下,在光天化日之下公然去干。我自己也是一个非常离奇古怪的人物，我要拼命维护什么人的"革命路线"，现在革命革到自己头上来了。然而我却丝毫也不清醒，仍然要维护这一条革命路线。

我没有来得及穿衣服，就被赶到厨房里去。我那年近古稀的婶母和我的老伴，也被赶到那里，一家三人做了楚囚。此时正是深夜风寒，厨房里吹着刺骨的过堂风，"全家都在风声里"，人人浑身打战。两位老妇人心里想些什么，我不得而知。我们被禁止说话，大棒的影子就在我们眼前晃。我此时脑筋还是清楚的。我并没有想到什么人道主义，因为人道主义早已批倒批臭，谁提人道主义，谁就是"修正主义分子"。一直到今天，我还是不明白，难道人就不许有一点人性，讲一点人道吗？中国八千年的哲学史上有性善、性恶之争，迄今仍是众说纷纭莫衷一是。我原来是相信性善说的，我相信，恻隐之心人皆有之的。从被抄家的一刻起，我改变了信仰，改性恶说。"人性本恶，其善者人为也。"从抄家的行动来看，你能说这些人的性还是善的吗？你能说他们所具有的不是兽性吗？今天社会风气，稍有良知者都不能不为之担忧。始作俑者究竟是谁呢？这种不良的社会风气究竟是从什么时候开始的呢？

这话扯得太远了。有些想法决不是被抄家时有的，而是后来陆续出现的。我当时既不敢顽强抵抗，也不卑躬屈膝请求高抬贵手。同禽兽打交道是不能讲人话谈人情的。我只是蜷缩在厨房里冰冷的洋灰地上,冷眼旁观,倾耳细听。我很奇怪,杀鸡焉用牛刀?对付三个手无寸铁的老人,何必这样兴师动众!只派一个小伙子来,就绰绰有余了。然而只是站厨房门口的就是两个彪形大汉,其中一个是姓谷的朝鲜语科的学生。过去师生,今朝敌我。我知道,我们的性命就掌握在他们手中。当时打死人是可以不受法律制裁的。他们的木棒中,他们的长矛中,就出法律。

我的眼睛看不到外面的情况,但耳朵是能听到的。这些小将究竟年纪还小,旧社会土匪绑票时,是把被绑的人眼睛上贴上膏药,耳朵里灌上灶油的。我这为师的没有把这一套东西教给自己的学生,是我的失职。由于失职,今天我得到了点好处:我还能听到外面的情况。外面的情况并不美妙。只听到我一大一小两间屋子里乒乓作响,声震屋瓦。我此时仿佛得到了佛经上所说的天眼通,透过几层墙壁,就能看到"小将们"正在挪动床桌,翻箱倒柜。他们所向无前,顺我者昌,逆我者亡。他们愿意砸烂什么,就砸烂什么;他们愿意踢碎什么,就踢碎什么。遇到锁着的东西,他们把开启的手段一律简化,不用钥匙,而用斧凿。管你书箱衣箱,管你木柜铁柜,咔嚓一声,铁断木飞。我多年来省吃俭用,积累了一些小古董、小摆设,都灌注着我的心血,来之不易,又多有纪念意义。在他们眼中,却视若草芥,手下无情,顷刻被毁。看来对抄家这一行,他们已经非常熟练,这是文化大革命中集中强化实践的结果。他们手足麻利,"横扫千军如卷席"。然而我的心在流血。

　　楼上横扫完毕,一位姓王的学泰语的学生找我来要楼下的钥匙。原来他到我家来过,知道我书都藏在楼下。我搬过来以后,住在楼上。学校有关单位,怕书籍过多过重,可能把楼压坏,劝我把书移到楼下车库里去。车库原来准备放自行车的。如果全楼只有几辆车的话,车库是够用的。但是自行车急剧增加,车库反而失去作用,空在那里。于是征求全楼同意,我把楼上的书搬了进去。小将们深谋远虑,涓滴不漏。他伸手向我要钥匙,我知道他是内行,敬谨从命。车库里我心爱的书籍遭殃的情况,我既看不见,也听不到。然而此时我既得了天眼通,又得了天耳通。库里一切破坏情况,朗朗如在眼前。我的心在流血。

　　这一批小将,东方语文学得不一定怎样有成绩,对中国历史上那一套诬陷罗织却是了解的。古代有所谓"瓜蔓抄"的做法,就是顺藤摸瓜,把与被抄家者的三亲六友有关的线索都摸清楚,然后再夷九族。他们逼我交出记载着朋友们地址的小本本,以便进行"瓜蔓抄"。我此时又多了一层担心:我那些无辜的亲戚朋友不幸同我有了关系,把足迹留在我的小本本上。他们哪里知道,自己也都要跟着我倒霉了。我的心在流血。

我蜷曲在厨房里,心里面思潮翻滚,宛如大海波涛。我心里是什么滋味呢?"只是当时已惘然",现在更说不清楚了,好像是打翻了酱缸,酸甜苦辣,一时俱陈。说我悲哀吗?是的,但不全是。说我愤怒吗?是的,但不全是。说我恐惧吗?是的,也不全是。说我坦然吗?是的,更不全是。总之,我是又清楚,又糊涂;又清醒,又迷离。此时我们全家三位老人的性命,掌握在别人手中。我们像是几只蚂蚁,别人手指一动,我们立即变为齑粉。我们呼天天不应,呼地地不答。我不知道,我们是置身于人的世界,还是鬼的世界,抑或是牲畜的世界。茫茫大地,竟无三个老人的容身之地了。"椎胸直欲依坤母。"我真想像印度古典名剧《沙恭达罗》中的沙恭达罗那样,在走投无路的情况下,作为天上仙女的生母突然下凡,把女儿接回天宫去了。我知道,这只是神话中的故事,人世间是不会有的。那么,我的出路在什么地方呢?

暗夜在窗外流逝。大自然根本不管人间有喜剧,还是有悲剧,或是既喜且悲的剧。对于这些,它是无动于衷的,我行我素,照常运行。"英雄"们在革过命以后,"兴阑啼鸟尽",他们的兴已经"阑"了。我听到门外忽然静了下来,两个手持大棒的彪形大汉,一转瞬间消逝不见。楼外响起了一阵汽车开动的声音:英雄们得胜回朝了。汽车声音刺破夜空,越来越远。此时正值朔日，天昏地暗。一片宁静弥漫天地之间，仿佛刚才什么事情也没有发生，只留下三个孤苦无告的老人，从棒影下解脱出来，呆对英雄们革过命的战场。

屋子里成了一堆垃圾。桌子、椅子，只要能打翻的东西，都打翻了。那一些小摆设、小古董，只要能打碎的，都打碎了。地面堆满了书架子上掉下来的书和从抽屉里丢出来的文件。我辛辛苦苦几十年积累起来的科研资料，一半被掳走，一半散落在地上。睡觉的床被彻底翻过，被子里非常结实的暖水袋，被什么人踏破，水流满了一床。看着这样被洗劫的情况，我们三个人谁都不说话——我们还有什么话可说呢？人生到此，天道宁论！我们哪里还能有一丝一毫的睡意呢？我们都变成了木雕泥塑，我们变成了失去语言、失去情感的人，我们都变成了植物人！

但是，我的潜意识还能活动，还在活动。我想到当时极为流行的一种说法：好人打好人是误会；坏人打好人是锻炼；好人打坏人是应该；坏人打坏人是内讧。如果把芸芸众生按照小孩子的逻辑分为好人与坏人两大类的话，我自己属于哪一类呢？不管我自己有多少缺点，也不管我干过多少错事，我坚决认为自己应该归入好人一类。我除了考虑自己以外，也还考虑别人，我不是"宁教我负天下人，不能教天下人负我"的曹孟德。这就是天公地道的好人的标准。来到我家抄家打砸抢的小将们是什么人呢？他们之中肯定有好人，一时受到蒙蔽干了坏事，这是可以原谅的。但是，大部分人恐怕都是乘人之危，借此发泄兽性的迫害狂，以达到不可告人的目的。如果说这样的人不是坏人，世界上还有坏人吗？他们在上面那种说法的掩护下，放心大胆地作起恶来。事情不是很明显吗？那几句话，我曾五体投地地崇拜过。及今视之，那不过是不讲是非、不分皂白、不讲原则、不讲正义的最低级的形而上学的诡辩。可惜受它毒害的年轻人上十万，上百万，到了后来，他们已经是四五十岁的成年人了。在他们中，有的飞黄腾达；有的找到一个阔丈人，成了东床快婿；有的发了大财，官居高品，他们中有的人对自己过去的所作所为没有感到一点悔恨，岂非咄咄怪事！难道这些人都那么健忘？难道这一些人连人类起码的良知都泯灭净尽了吗？

好不容易才熬到了天明。"长夜漫漫何时旦？"这一夜是我毕生最长的一夜，也是最难忘的一夜，用任何语言也无法形容的一夜。天一明，我就骑上了自行车到井冈山总部去。我痴心妄想，要从"自己的组织"这里来捞一根稻草。走在路上，北大所有的高音喇叭都放开了，一遍又一遍地高呼"打倒季羡林！"历数我的"罪行"。我这个人大概还有一点影响，所以新北大公社才这样兴师动众，大张旗鼓。一个渺小的季羡林骑在自行车上，天空弥漫着"打倒季羡林"的声音。我此时几疑置身于神话世界、妖魅之国。这种滋味连今天回忆起来，都觉得又是可笑，又是可怕。从今天起，我已经变成了一只飞鸟，人人可以得而诛之了。

到了井冈山总部，说明了情况。他们早已知道了。一方面派摄影师到我家进行现场拍摄；另一方面——多可怕呀！——他们已经决定调查我的历史，必要时把我抛出来，甩掉这个包袱，免得受到连累，不利于同新北大公社的斗争。这是后来才知道的，当时我还是一片痴心。走出大门，我那辆倚在树上的自行车已经被人——当然是新北大公社的——用锁锁死。没有别的办法，我只好步行回家。从此便同那辆伴随我将近二十年的车永远"拜拜"了。

回到家中，那一位井冈山的摄影师，在一堆垃圾中左看右看，寻找什么。我知道，在这里有决定意义的不是美，而是政治。他主要寻找公社抄家时在对待伟大领袖方面有没有留下可抓的小辫子，比如说领袖像，他们撕了或者污染了没有？有领袖像的报纸，他们用脚踩了没有？如此等等。如果有一条被他抓住，拍摄下来，这就是对领袖的大不敬，可以上纲上到骇人的高度，是对敌斗争的一颗重型炮弹。但是，要知道新北大公社的抄家专家也是有水平的，是训练有素的，那样的"错误"或者"罪行"他们是决不会犯的。摄影师找了半天，发现公社的抄家术真正是无懈可击，嗒然离去。

我的处境，井冈山领导表面上表示同情。我当时有一个后来想起来令我感到后怕的想法：我想留在井冈山总部里。我害怕，公社随时都可能派人来，把我抓走，关在什么秘密的地方。这是当时屡次出现过的事，并不新鲜。井冈山总部是比较安全的，那里几乎是一个武装堡垒。可是我有点迟疑。我虽然还不知道他们准备同公社一样派人到处去调查我的历史。但是，在几天前我在井冈山总部里听到派人调查我在上面提到的那一位身为井冈山总勤务员之一的老教授的历史。他们认为，老知识分子，特别是留过洋的老知识分子的历史复杂，不如自己先下手调查，然后采取措施，以免被动。既然他们能调查那位老教授的历史，为什么就不能调查我的历史呢？我当时确曾感到寒心。现在我已经被公社"打倒"了。为了摆脱我这个包袱，他们会采取什么措施呢？我的历史，我最清楚。但是，那种两派共有的可怕的形而上学和派性，确实是能杀人的。用那种形而上学的方式调查出来的东西能准确吗？能公正吗？与其将来陷入极端尴尬的境地，被"自己人"抛了出去，还不如索性横下一条心，任敌人宰割吧。我毅然离开那里，回到自己家中。现在的家就成了我的囚笼。我在上面谈到，那年夏秋两季我时时感到有风暴在我头上凝聚，随时可以劈了下来。现在我仿佛成了躺在砍头架下的死囚，时时刻刻等待利刃从架上砍向我的脖颈。原来我认为天地是又宽又大的。现在才觉得，天地是极小极小的，小得容不下我这一身单薄的躯体。从前读一篇笔记文章。记载金圣叹临刑时说的话："杀头，至痛也。我于无意得之，不亦快哉！"我这个"反革命"帽子，也是于无意中得之，我却无论如何也说不出："不亦快哉！"我只能说："奈何！奈何！"

不管怎样，一夜之间，我身上发生了质变：由人民变成了"反革命分子"。没有任何手续，公社一声"打倒！"我就被打倒了。东语系的公社命令我：必须待在家里！只许规规矩矩，不许乱说乱动！要随时听候传讯！但是，在最初几天，我等呀，等呀，然而没有人来。原因何在呢？十年浩劫过了以后，有人告诉我：当时公社视我如眼中钉，必欲拔之而后快。但是，他们也感到"罪证"尚嫌不足。于是便采用了先打倒，后取证的战略，希望从抄家抄出的材料中取得"可靠的"证据，证明打倒是正确的。结果他们"胜利"了。他们用诬陷罗织的手段，深文周纳，移花接木，加深了我的罪名。到了抄家后的第三天或第四天，来了，来了，两个臂缠红袖章的公社红卫兵，雄赳赳，气昂昂，闯进我家，把我押解到外文楼去受审。以前我走进外文楼是以主人的身份，今天则是阶下囚了。可怜我在外文楼当了二十多年的系主任，晨晨昏昏，风风雨雨，呕心沥血，努力工作，今天竟落到这般地步。世事真如白云苍狗了！

第一次审讯，还让我坐下。我有点不识抬举，态度非常"恶劣"。我憋了一肚子气，又自恃没有辫子和尾巴，同审讯者硬顶。我心里还在想：俗话说，"捉虎容易放虎难"，我看你们将来怎样放我？我说话有时候声音很大，极为激烈。结果审讯不出什么。如是一次，两次，三次。最初审讯我的人——其中有几个就是我的学生——有时候还微露窘相。可是他们的态度变得强硬了。可能是由于他们掌握的关于我的材料多起来了，他们心中有"底"了。我禁不住要在这里提出一个问题：当年审讯我的朋友们！你们当时对这些"底"是怎样想的呀？你们是不是真相信，这一切全是真的呢？

这话扯远了，还是回来谈他们的"底"。第一个"底"是一只竹篮子，里面装着烧掉一半的一些信件。他们说这是我想焚信灭迹的铁证。说我烧的全是一些极端重要的、含有重大机密的信件。事实是，我原来住四间房子，文化大革命起来后，我看形势不对，赶忙退出两大间，让楼下住的我的一位老友上来住，楼下的房子被迫交给一个无巧不沾的自命"出身"很好的西语系公社的一位女职员。房子减了一多半，积存的信件太多，因此想烧掉一些，减轻空间的负担。我在光天化日之下公然焚烧，心中并没有鬼。然而被一个革命小将劝阻，把没有烧完的装在一只竹篮中。今天竟成了我的"罪证"。我对审讯我的人说明真相，结果对方说我态度极端恶劣。第二个"罪证"是一把菜刀，是抄家时从住在另一间小房间里我婶母枕头下搜出来的。原来在文化大革命兴起以后，社会治安极坏，传说坏人闯入人家抢劫，进门先奔厨房搜寻菜刀，威胁主人。我婶母年老胆小，每夜都把菜刀藏在自己枕下，以免被坏人搜到。现在审讯者却说是在我的房里我的枕头下搜出来的，是准备杀红卫兵的，我把真相说明，结果对方又说我态度更加极端恶劣。第三个"罪证"是一张石印的蒋介石和宋美龄的照片。这是我在德国哥廷根时一个可能是三青团员或蓝衣社分子的姓张的"留学生"送给我的。我对蒋介石的态度，除了一段时间不明真相以外，从1932年南京请愿一直到今天，从来没有好过。我认为他是一个流氓。我也从来没有幻想过他真会反攻大陆。历史的规律是：一个坏统治者，一旦被人民赶走，决不可能再复辟成功的。可是我有一个坏毛病，别人给我的信件，甚至片纸只字，我都保留起来，同我在上面提到的那一位公安总队的陈同志正相反，他是把所有收到的信件都烧掉的。结果我果然由这一张照片而碰到点子上了。审讯者硬说，我保留这一张照片是想在国民党反攻大陆成功后邀功请赏的。他们还没有好意思给我戴上"国民党潜伏特务"的帽子，但已间不容发了。我向他们解释。结果是对方认为我的态度更加极端恶劣。

六、在"自绝于人民"的边缘上

现在我真正紧张了。我原以为自己既无辫子也无尾巴,可人家"革命家"一抓就是一大把,而且看上去都是十分可怕的,有的简直是鲜血淋淋的"铁证"。尽管我对自己没有失去信心,但是对这些"革命家"我却是完全没有办法了。在派性加形而上学的控制之下,我能有什么办法说服他们呢?

这是决不可能的。

我于是连夜失眠。白天神经紧张到最高限度,恭候提审,晚上躺在枕头上,辗转反侧,睁大眼睛,等候天明。我茶不思,饭不想,眼前一片漆黑,而且也不知道,什么时候黑暗才会过去。能不能过去?我也完全失掉了信心。我白天好像都在做梦。夜里,在乱梦迷离中,我一会儿看到那一把菜刀,觉得有什么人正用那一把刀砍我,而不是我砍别人。我不禁出一身冷汗,蓦然醒来。我一会儿又看到那一只装满了烧掉一半的信件的篮子。那篮子忽然着起火来,火光熊熊,正在燃向我的身边。我又出了一身冷汗,蓦地醒来。我一会儿又看见了蒋介石和宋美龄的照片,蒋介石张开血盆大口,露出了满嘴的朱齿獠牙,正想咬我。宋美龄则变成了一个美女蛇。我又出了一身更大的冷汗,霍地从梦中跳了出来。

这难道是一个人过的日子吗？

最可怕的还不是这一些东西。

最可怕的是环顾眼前，瞻望未来。

环顾眼前，我已经坠入陷阱，地上布满了蒺藜和铁刺，让我寸步难挪。我反对那一位"老佛爷"，这一下子可真捅了马蜂窝。站在我对立面的不都是坏人，我相信绝大部分是好人。可是一旦中了派毒，则不可以理喻。他们必欲置我于死地而后快。我自谓二十多年以来，担任东语系的系主任，所有的教员，不管老中青，都是直接或间接由我聘请的。我虽有不少缺点，但从不敢作威作福，总以诚待人。如今一旦分派，就视若仇人，怒目相向，我无论如何也难以理解。原来我认为是自己的一派，态度与敌对的一派毫无二致。我被公社"打倒"了，井冈山的人也争先恐后，落井下石。他们也派自己的红卫兵到我家来，押解我到属于井冈山的什么地方去审讯。他们是一丘之貉，难兄难弟。到了此时，我恍如大梦初觉，彻底悟透了人生。然而晚矣。

最让我难以理解也难以忍受的是我的两个"及门弟子"。其中之一是贫下中农出身又是"烈属"的人，简直红得不能再红了。学习得并不怎样。我为了贯彻所谓"阶级路线"，硬是把他留下当了我的助教。还有一个同他像是"枣木球一对"的资质低劣，一直到毕业也没有进入梵文之门。他也是出身非常好的。

为了"不让一个阶级弟兄掉队",我在课堂上给他吃偏饭,多向他提问。"可怜天下老师心",到了此时,我成了"阶级报复"者。就是这两个在山(井冈山)上的人,把我揪去审讯,口出恶言,还在其次。他们竟动手动脚,拧我的耳朵。我真是哭笑不得,自己酿的苦酒只能自己喝,奈之何哉!这一位姓马的"烈属"屡次扬言:"不做资产阶级知识分子的金童玉女!"然而狐狸尾巴是不能够永远掩盖的。到了今天,这一位最理想的革命接班人,已经背叛了祖国,跑到欧洲的一个小国,当"白华"去了。"天网恢恢,疏而不漏",自己吐出的吐沫最后还是落在自己脸上!我脑袋里还有不少封建思想,虽然我不相信"一日师徒,终身父子"这样的说法。但是对自己有恩无怨的老师,至少还应该有那么一点敬意吧!

总之,我在思想感情中,也在实际上,完全陷入一条深沟之内,左右无路,后退不能,向前进又是刀山火海。我何去何从呢?

一年多以来,我看够了斗争"走资派"的场面:语录盈耳,口号震天;拳打脚踢,耳光相间;谩骂凌辱,背曲腰弯;批斗完了,一声"滚蛋!"踢下斗台,汗流满面。到了此时,被批斗者往往是躺在地上,站不起来。我作为旁观者,胆战心惊。古人说:"士可杀,不可辱。"现在岂但辱而已哉!早已超过了这个界限。我们中华古国,礼仪之邦,竟有一些人沦落到这种程度,岂不大可哀哉！原来我还可以逍遥旁观，而今自己已成瓮中之鳖，阱中之兽，任人宰割，那些惊心动魄的场面就要降临到自己头上了！何况还有别人都没有的装满半焚信件的篮子、一把菜刀和蒋介石的照片。我就是长出一万张嘴，也是说不清了，我已是"罪大恶极，罪在不赦"。但是要我承认"天王圣明，臣罪当诛"，那是绝对办不到的。我知道，我的前途要比我看到的被批斗的"走资派"更无希望。血淋淋的斗争场面，摆在我眼前。我眼前一片漆黑……

我何去何从呢？

我必须做出抉择。

抉择的道路只有两条：一是忍受一切；一是离开这一切，离开这个世界。第一条我是绝对办不到的；看来只有走第二条道路一途了。

这是一个万分难做的决定。人们常说：蝼蚁尚且贪生，何况人乎？倘有万分之一的生机，一个人是决不会做出这样的决定的。况且还有一个紧箍咒：谁要走这一条路，不管出于什么原因，都是"自绝于人民"。一个人被逼得走投无路，手中还剩下唯一的一点权利，就是取掉自己的性命。如果这是"自绝于人民"的话，我就自绝于人民一下吧。一个人到了死都不怕的地步，还怕什么呢？"身后是非谁管得？"我眼睛一闭，让世人去说三道四吧。

决定一旦做出,我的心情倒平静下来了,而且异常地平静,异常地清醒。

我平静地、清醒地、科学地考虑实现这个决定的手段和步骤。我想了很多,我想得很细致、很具体、很周到、很全面。

我首先想到的是文化大革命开始以来北大自杀的教授和干部。第一个就是历史系教授汪某人。文化大革命开始没有几天,革命小将大概找上门去,问了他若干问题,不知道是否动手动脚了。我猜想,这还不大可能。因为"造反"经验是逐步总结、完善起来的。折磨人的手段也是逐步"去粗取精"地"完善"起来的。我总的印象是,开始时"革命者"的思想还没有完全开放,一般是比较温和的。然而我们这一位汪教授脸皮太薄,太遵守"士可杀,不可辱"的教条,连温和的手段也不能忍受,服安眠药,离开人间了。他一死就被定为"反革命分子"。"打倒反革命分子汪某"的大标语,赫然贴在大饭厅的东墙上,引起了极大震惊和震动。汪教授我是非常熟悉的。他在解放前夕冒着生命危险加入了地下党,为人、治学都是好的。然而一下子就成了"反革命"。我实在不理解。但是我同情他。

第二个我想到的人是中文系总支书记程某某。对他我也是非常熟悉的。他是解放前夕地下学生运动的领导人之一,后来担任过北大学生会的主席。年纪虽不大,也算是一个老革命了。然而他也自杀了。他的罪名按逻辑推断应该是"走资派",他够不上"反动学术权威"这个杠杠。他挨过批斗,六一八斗"鬼"时当过"鬼",在校园里颈悬木牌劳动也有他的份。大概所有这些"待遇"他实在无法忍受,一时想不开,听说是带着一瓶白酒和一瓶敌敌畏,离家到了西山一个树林子里。恐怕是先喝了白酒,麻痹了一下自己的神志,然后再把敌敌畏灌下去,结束了自己的一生。我一想到他喝了毒药以后,胃内像火烧一般,一定是满地乱滚的情况,浑身就汗毛直竖,不寒而栗。

我还想到了一些别的人,他们有的从很高的楼上跳下来,粉身碎骨而死;有的到铁道上去卧轨,身首异处而死。这都是听说的,没有亲眼见到。类似的事情还听到不少,人数太多,我无法一一想到了。每个人在自杀前,都会有极其剧烈的思想斗争,这是血淋淋的思想斗争,我无法想下去了。

我的思绪在时间上又转了回去。我想到了很多年前的50年代,当时有两位教授投未名湖自尽。湖水是并不深的。他们是怎样淹死的呢?现在想来,莫非是他们志在必死,在水深只达到腰部的水中,把自己的头硬埋入水里生生地憋死的吗?差不多同时,一位哲学系姓方的教授用刮胡刀切断了自己的动脉,血流如注,无论怎样抢救也无济于事,人们只能眼睁睁地看着他慢慢地痛苦地死去。

我的思绪在时间上更向后回转,一转转到了古代,我想到了屈原,他是投水死的。比屈原稍晚一点的是项羽,他是在四面楚歌声中自刎死的。对自刎这玩意儿我实在非常担心。一个人能有多大劲能把自己的首级砍下来呢?这比用手枪自杀原始得多了。我想,如果当年项羽有一把手枪的话,他决不会选择刀剑。

我的思绪不但上下数千年,而且纵横几万里,我想到了以希特勒为首的德国法西斯头子们。据说,他们自知罪恶多端,每个人都准备了一点氰化钾,必要时只要用牙齿一咬,便可以上天堂或入地狱了。德国化学工业名震寰宇,他们便把化学技术应用到自杀上,非其他国家所能望其项背。日本人则以剖腹自杀闻名于世,这是日本人的专利,没听说其他国家向日本学习的。不过这种方式一个人还实行不了,因为剖了腹一个人也是不会立即死去的,必须有一个助手在旁,自杀者一经剖腹,助手立刻砍下他的脑袋,日文叫做"介错"。我还听说,日本青年男女在热恋最高潮时往往双双跳入火山口中。这也不能普遍实行,没有火山的地方,就绝对行不通的。

就这样,我浮想联翩,想入非非。有时候,我想得非常具体,非常生动,我把死人想象得就像在自己眼前一样。我仿佛看到了鲜红的血流满尸体,可怕而又具有吸引力。我知道,这决不会给我带来愉快,然而却是欲罢不能,难道上苍就真不给我留一条活路了吗?

我从来没有研究过自杀学,可现在非考虑不行了。我原以为离开自己很远很远、与自己毫不相干的事情,现在就出现在自己眼前了。我决无意于创建一门新的"边缘科学",自杀学或比较自杀学。现在是箭在弦上,非创建不行了。凡是一门新兴学科,必有自己的理论基础。我在别的方面理论水平也很低,对于这一门新兴的比较自杀学,我更没有高深的理论。但是想法当然是有一点的。我不敢敝帚自珍,现在就公开出来。

我用不着把历史上和当前的自杀案例一一都搜集齐全,然后再从中抽绎出理论来。仅就我上面提到的一些案例,就能抽绎出不少的理论来了。使用历史唯物主义阶级分析的方法,我能够把历史上出现的自杀方式按社会发展的程序分成不同的类型。悬梁、跳井,大概是最古老的方式,也是生命力最强的方式,从原始社会,经过封建社会和资本主义社会,都能使用。今天也还没有绝迹。可谓数千年一贯制了。氰化钾是科学发达国家法西斯头子的专用品。剖腹和跳入火山口恐怕只限于日本,别国人是学不来的。这方式在封建社会和资本主义社会都同样可以使用。至于切开动脉仅限于懂点生理学的知识分子,一般老百姓是不懂得的。服安眠药则是典型的资本主义方式,是世界上颇为流行的方式，无论姓"资"还是姓"社"，都能懂得的。不过，我想，这也恐怕仅限于由于脑力劳动过度而患神经衰弱的知识分子，终日锄地的农民是不懂得服安眠药的。我为什么说它是资本主义方式呢？中药也有镇静剂，但药力微弱，催眠则可，自杀不行。现在世界上流行的安眠药多半出自资本主义国家。所以我说它是资本主义方式。服安眠药自杀最保险，最无痛苦。这可以说是资本主义优越性表现之一吧。

我的理论基础大抵如此。

理论必须联系实际。我究竟要采用什么方式呢？不用细说，大家一定都能猜到：资本主义方式。好在我已经被打倒，成了"反革命分子"，这一点嫌疑我也无须避讳了。

在自杀行动中，决心下定以后，最重要的问题就是决定用什么方式。现在我的方式既已选定，大功告成就在眼前。我可以考虑行动的时间和地点了。时间问题很容易解决：立即实行，越快越好。至于地点问题则颇费周折。解决这个问题，首先恕我借用一个当时极为流行的词——要考虑大方向。大方向无非是有两个：一近一远。近是就在家里，远则要走出家门。最方便当然是在家里。但我顾虑重重。我们家里只有一大间一小间房子。如果在家里实施我的计划，夜里服下安眠药，早晨一起床，两个老太太看到我直挺挺地躺在床上，她们即使不被吓死，也必然被吓昏。这是多么可怕的情景呀！我一生为别人考虑过多，此时更是不得不尔。把我的尸体抬出去以后，死过人而且是死过自己亲人的房间，她们敢住下去吗？不敢，又待如何？值此世态炎凉，人情如纸的时代，谁肯谁又敢向这两位孤苦无告的老太婆伸出援助之手呢？我现在已成为双料的"反革命分子"：新北大公社已经给我戴上了这样一顶帽子，如今又"自绝于人民"，是在反革命之上又加反革命了。总之，在家里不行。

那就在外面吧。在外面也有一个方向问题，而且方向的头绪更多。我首先是受了我上面提到的中文系那一位总支书记的启发，想到了西山。西山山深林密，风光秀丽。倘我能来到此处，猎猎松涛，淙淙泉声，头枕松针，仰视碧空，自己亲手消灭掉一生最可宝贵的生命，多么惬意，又是多么有诗意呀！简直是我一生中最后的一首最美妙的诗。但是，那地方太远，路上倘被红卫兵截获，那就要吃不了兜着走了。我否定掉这个想法，又想到颐和园。过去有不少名人到这里来寻短见，王国维是最著名的例子。可我不想学王老先生投水自尽。在山后找一个洞穴，吞下安眠药，把花花世界丢在身后，自己一走了之。但是我又怕惊吓了游兴正浓的游园的仕女君子。这个主意也不妥。我想来想去，想到了后面只有一条马路之隔的圆明园。这里有极大的苇坑。时值初冬，芦花正茂。我倘能走到芦苇深处，只需往地上一躺，把安眠药一服，自己的目的立即达到。何等干净，又何等利索！想到这里，我对自己非常满意，我高兴得简直想手之舞之，足之蹈之。我认为，这简直是我的天才的火花最后而又最光辉的一次闪烁。过此则广陵散矣。

我的心情异常地平静，平静得让自己都感到害怕。我没有研究过古今自杀人的死前心理学。屈原在泽畔行吟时的心情，从他的作品中得知一二，但也不够具体。按道理，一个人决定死是非常困难的，感情应该有极其剧烈的波动，甚至痛哭流涕，坐卧不宁，达到半疯的地步，然后横下一条心，慷慨死去。江淹说："自古皆有死，莫不饮恨而吞声。"我一没有饮恨，二没有吞声。我的心情很平静，平静得让我自己都感到异样，感到不可解。

但是，平静中也有不平静。我想到明天此时，我直挺挺地躺在圆明园荒凉寂寞的大苇坑中。那里几乎是人迹不至的地方。不知道会隔多少时候才会有人发现了我的尸体。此时我的尸体也许已经腐烂了，也许已经被什么鸟兽咬掉一只胳臂或一条腿；肚子也许已经被咬开，肠子、五脏都已被吃掉；浑身血肉模糊，惨不忍睹。眼下还是一个完整的我，到了那时候会变成什么样子呢？我浑身颤抖，我想不下去了。我仿佛能听到那时候新北大公社的广播台声嘶力竭地一遍又一遍播放："反革命分子季羡林自绝于人民，畏罪自杀，罪该万死！"井冈山的广播台也决不会自甘落伍,同新北大公社展开"打倒季羡林"的竞赛。

但是,不管这些幻想多么可怕,它仍然阻挡不住我那自杀的决心。决心一下,决不回头。我心情平静,我考虑我这五十多年的一生最后几个钟头必须做的事情。我有点对不起陪我担惊受怕的我那年迈的婶母,对不起风风雨雨,坎坎坷坷,伴我度过了四十年的老伴,对不起我那些儿女孙辈,对不起那恐怕数目不多的对我仍怀有深情厚谊的亲戚和朋友。我对不起的人恐怕还有很多很多,我只能说一句:"到那边再会了。"我把仅有的几张存款单,平平淡淡地递给婶母和老伴,强抑制住自己,没有让眼泪滴在存款单上。我无言地说:"可怜的老人!今后你们就靠这一点钱生活下去吧!不是我狠心,也不是我自私,茫茫宇宙,就只给我留下这样一条独木桥了,我有什么办法呢?"她们一定明白我的意思的,她们的感情也没有激动,眼泪也没有流下。我没有考虑立什么遗嘱,那毫无用处。伴我一生的那些珍贵的书籍,我现在管不了啦,这就是我生离死别的一幕。一切都平静得平淡得令我害怕。

我半生患神经衰弱失眠症。中西安眠药服用的成箩成筐,我深通安眠药之学。平日省吃俭用,节约下来不少,丸与水都有,中与西兼备。这时我搜集在一起,以丸打头,以水冲下,真可谓珠联璧合,相辅相成。我找了一个布袋子,把安眠药统统装在里面,准备走出门去,在楼后爬过墙头,再过一条小河和一条马路,前面就是圆明园。

一切都准备就绪,只等我迈步出门。

然而门上响起了十分激烈的敲门声。我知道,红卫兵又光临了。果然,一开门便闯进来了三个学生,雄赳赳,气昂昂,臂章闪着耀眼的红光。他们是来押解我到什么地方去进行批斗的。

在这样的情况下,我深知自己毫无发言的权力。我只是一头被赶赴屠宰场的牲畜,任人宰割,任人驱使。我立即偷偷地放下那只装着安眠药的袋子,俯首帖耳,跟着出去。家里的两位老太太眼睁睁地看着自己的亲人被押走。她们也同我一样一言不发。当前是人为刀俎,我为鱼肉,生杀大权操在别人手中的时刻。走在路上,我被夹在中间,一边一个红卫兵,后面还有一个,像是后卫。他们边走边大声训斥,说我的态度恶劣至极,竟敢反唇相讥。今天要给我一点颜色看,煞煞我的威风。我只有洗耳恭听,一声不吭。我意识到,一场特大的风暴正在我头上盘旋。我以前看过的那一些残酷斗争的场面,不意今天竟临到自己头上了。原来只是一个旁观者,今天成了主角了。说心里不害怕,那不是真话。但是害怕又有什么用处呢?我脑袋里懵懵懂懂,又似清楚,又似糊涂,乱成一团。我想到被绑赴刑场的场面。我还没有被绑赴刑场去杀头或者枪毙的经验。我现在心里的滋味是不是同那件事有点相似呢？我说不清楚。事实上，我认为还不如杀头或者枪毙，那只是一秒钟的事，刀光一闪，枪声一响，我就渡过难关了。现在我却不知道，批斗要延长多久，也不知道，有些什么折磨人的花样……

一路之上，我不敢抬头，不敢看别人。我不知道别人怎样看我。我想到鲁迅的小说《示众》。我现在就是那个被示众者。我周围必然有一大群像小说中所说的观众。他们大概也是指指点点，议论纷纷。可惜我不可能也无心去聆听他们的议论了。

不知道是怎样一来，我就被押解到一个地方。我低头看到地面，我知道这是大饭厅，这是全校最大的室内聚会场所。我从后门走进去，走到一间小屋子里，那里已经有几个"囚犯"，都成了达摩老祖，面壁而立。我不敢看任何人，我不知道他们是谁。我也被命令面壁而立。我的耳朵还没有堵上，我还能听到说话的声音，有的声音我是熟悉的。我只觉得人影纷乱，我只听得人声嘈杂。到场的人一定都是新北大公社的，井冈山的人是不会来的。我屏息静气地站在那里。蓦地听到一声清脆的耳光声，而自己脸上并没有什么感觉，知道是响在别的"囚犯"的脸上的。我心里得到了一点安慰。但是立刻又听到了一声更为清脆的耳光声，声音近在眼前，我脸上有点火辣辣的。我意识到，这一声是发生在自己脸上了。我心里有点紧张了。可是我的背上又是重重的一拳,腿上重重的一脚。我吃了老虎胆、豹子心,胆敢起来反对他们那一位女主人。他们把仇恨集中到我身上,这是很自然的。我自作自受,又何怪哉?除此以外,我想还有别的根由:有的人确实是从折磨别人中得到快感享受的。中国古代的哲人强调人禽之辨。他们的意见当然是,人高于禽兽。可是在这方面,我还是同意鲁迅的意见的。他说,动物在吃人或其他动物时,张嘴就吃,决不会像人这样,先讲上一通大道理,反复解释你为什么必须被吃,而吃人者又有多少伟大的道理,必须吃人。人禽之辨,也就是禽兽与人的区别,就在这里。换句话说,禽兽比人要好,它们爽直,肚子饿了就吃人或别的动物。新北大公社的"人",同禽兽比一比,究竟怎样呢?

这些想法是后来才有的。当时我只是一头就要被吃的牲畜,我既紧张,又恐惧;既清醒,又糊涂。我面壁而立,浑身的神经都集到耳朵上。身体上的一切部位,随时都在准备着,承受拳打,承受脚踢。我知道,这些都只能算是序曲,大轴戏还在后面哩。

果然,大轴戏终于来了。我蓦地听到空中一声断喝,像一声霹雳:"把季羡林押上来!"于是走上来了两个红卫兵。一个抓住我的右臂,拧在我的背上;一个抓住左臂,也拧在背上。同时,一个人腾出来一只手,重重地压在我的脖颈上,不让我抬头。我就这样被押上了批斗台,又踉踉跄跄地被推搡到台的左前方。"弯腰!"好,我就弯腰。"低头!"好,我就低头。但是脊梁上又重重挨了拳:"往下弯!"好,我就往下弯。可腿上又凶猛地被踢了一脚:"再往下弯!"好,我就再往下弯。我站不住了,双手扶在膝盖上。立刻又挨了一拳,还被踢了一脚:"不许用手扶膝盖!"此时双手悬在空中,全身的重力都压到了双腿上,腿真有点承受不了啦。"革命小将"按照喷气式飞机的构造情况,要我变成那个样子。他们工作作风谨严至极。光是调整我的姿式,就用去了几分钟,可我的双腿已经又酸又痛。我真想索性跪在地上。但是,我知道那样一定会招来一阵拳打脚踢。我现在唯一的出路只有咬紧牙关忍受一切了。

忽然听到身后主席台上有人讲话了。台上究竟有多少人,我不清楚。有多少批斗者,又有多少被批斗者,我更不清楚。至于台下的情况,我当然不敢睁眼去看,只听得人声鼎沸,口号之声震天动地。那个讲话的人究竟讲了些什么,我根本没有心思去听。我影影绰绰地知道了,今天我不是主角,我只是押来"陪斗"的。被斗的主角是一个姓戈的老同志。论革命资历,他早于三八式;论行政经历,他担任过河北大学校长和北大副校长、党委副书记。这样一位老革命,只因反对了那一位"老佛爷",也被新北大公社"打倒",今天抓来批斗。我弄清楚了自己在这一次空前的大批斗中的地位,心里稍感安慰。在我的右面,大概是主席台的正中,是那位老同志待的地方。他是站着?是坐着?是跪着?还是坐喷气式?我都不清楚。我只听得清脆的耳光声、剧烈的脚踢声、沉重的拳头声,声声不绝。我知道他正在受难。也许有人正用点着的香烟烧他的皮肤。可我自己正是泥菩萨过江,自身难保。况且我的双腿已经再没有力量支撑我的身体了,酸痛得简直无法形容。我眼前冒金星,满脸流汗。我咬紧了牙根,自己警告自己:"要忍住!要忍住!你可无论如何也不能倒下去呀!否则那后果就不堪设想了!"忽然,完全出我意料,一口浓痰"啪"的一声吐在我的左脸上。我当然不知道是从哪里来的。我也只能"唾面自干"。想用手去擦,是绝对不可能的。我牙根咬了再咬,心里默默地数着数,希望时光赶快过去。此时闹哄哄的大饭厅里好像突然静了下来,好像整个大饭厅,整个北大,整个北京,整个中国,整个宇宙,只剩下了我一个人。

突然间,大饭厅里沸腾起来,一片震天的口号声,此起彼伏,如大海波涛:批斗大会原来结束了。我还没有来得及松一口气,又被人卡住脖子,反剪双手,押出了会场,押上了一辆敞棚车。我意识到我的戏还没演完,现在是要出去"示众"了。英雄们让我站在正中间,仍然是一边一个人,扭住我的胳臂。我什么也看不见,什么也不敢看。只觉得马路两旁挤满了人。有人用石头向我投掷,打到我的头上,打到我的脸上,打到我的身上。我觉得有一千只手挥动在我的头顶上,有一千只脚踢在我的腿上,有一千张嘴向我吐着吐沫。我招架不住,也不能招架。汽车只是向前开动。开到什么地方去?我完全不知道。我在这里住了将近二十年,每一寸土地我都是稔熟的。可我现在完全糊涂了。我现在像一只颠簸在惊涛骇浪中的小船,像一只四周被猎犬包围住的兔子或狐狸,像随风飘动的柳絮,像无家可归的飞鸟。路旁的喊叫声惊天动地,口号声震撼山岳,形成了雄壮无比的大合唱。我脑袋里糊里糊涂,昏昏沉沉。我知道,现在是生命掌握在别人手中,横下了一条心,听天由命吧。

  过了不知多久,也不知道车开到了什么地方。车猛然停了。一个人——不是学生,就是工人——一脚把我踹下了汽车。我跌了一个筋斗,躺在地上,拼命爬了起来。一个老工人走上前来,对着我的脸,猛击一掌,我的鼻子和嘴里立即流出了鲜血。这个老工人,我是认识的。后来,当8341进校时,他居然代表北大的工人阶级举着牌子欢迎解放军。我心里真不是滋味。他够得上当一个工人吗?这是后话,暂且不提。我当时嘴里和鼻子里鲜血都往下滴,我仓皇不知所措。忽然听到头顶上工人阶级一声断喝:"滚蛋!"我知道是放我回家了。我真好像是旧小说中在"刀下留人!"的高呼声中被释放了的死囚。此时我的灵魂仿佛才回到自己身上。我发现,头上的帽子早已经丢了,脚上的鞋也只剩下一只。我就这样一瘸一拐,走回家来。我的狼狈情况让家里的两位老太太大吃一惊,然而立即转惊为喜:我总算是活着回来了。

　　这是我活了五十多年第一次受到的批斗。它确实能令人惊心动魄,毕生难忘。它把人的残酷的本性暴露无遗。然而它却在千钧一发之际救了我一条命。"这样残酷的批斗原来也是可以忍受得住的呀!"我心里想。"有此一斗,以后还有什么可怕的呢?还是活下去吧!"我心里又想。可我心里真是充满了后怕。如果押解我的红卫兵晚来半小时的话,我早就爬过了楼后的短墙,到了圆明园,服安眠药自尽了。如果我的态度稍微好一点的话,东语系新北大公社的头领们决不会想到要煞一煞我的威风,不让我来陪斗,我也早已横尸圆明园大苇塘中了。还能有比这更可怕的事情吗?我还得到了一个结论,一条人生经验:对待坏人有时候还是态度坏一点好。我因为态度坏,才捡了一条命。这次批斗又仿佛是做了一次实验,确定一个人在残酷的折磨下能够忍受程度的最低线。我所遭受的显然还是在这一条线上的。这些都是胡思乱想。反正性命是捡到了。可是捡到了性命,我是应该庆幸呢?还是应该后悔?我至今也还没有弄清楚。

　　既然决心活下去了,那就要准备迎接更残酷更激烈的批斗。这个思想准备我是有的。

我在这里想先研究一个问题：批斗问题。我不知道，这种形式是什么人发明的。大概也是集中了群众的智慧，去粗取精，去伪存真才发明出来的吧。如果对这种发明创造也有专利权的话，这个发明者是一个天才，他应当获得头等大奖。但是我认为他却是一个愚蠢的天才。这种批斗在形式上轰轰烈烈，声势浩大；实则什么问题也不能解决。在旧社会，县太爷或者什么法官，下令打屁股、上夹板，甚至用竹扦刺入"犯人"的指甲中，目的是想屈打成招。现在的批斗想达到什么目的呢？如果只想让被批斗者承认自己是"走资派"，是资产阶级反动学术权威，罪名你不是已经用大喇叭、大字报昭告天下了吗？承认不承认又有什么用处呢？这个或这些发明者或许受了西方为艺术而艺术的影响，他或他们是为批斗而批斗。再想得坏一点，他或他们是为了满足人类折磨别人以取乐的劣根性而批斗。总之，我认为，批斗毫无用处。但是，在这里，我必须向发明者奉献出我最大的敬意，他们精通科学技术，懂得喷气式飞机的构造原理，才发明了喷气式批斗法。这种方法禽兽们是想不出来的。人为万物之灵，信矣夫！

闲言少叙，书归正传。命捡到了，很好。但是捡来是为了批斗的。隔了几天，东语系批斗开始了。原来只让我做配角，今天升级成了主角了。批斗程式，一切如仪。激烈的敲门声响过之后，进来了两个（比上次少了一个）红卫兵，雄赳赳，气昂昂，臂章闪着耀眼的红光，押解着我到了外文楼。进门先在楼道里面壁而立。我仍然是什么都不敢看。耳旁只听得人声嘈杂。我身旁站着两个面壁的人。我明白，这是陪斗者。我在东语系工作了二十多年，现在培养出来的教员和学生，工作起来，有条不紊，滴水不漏，心里暗暗地佩服。还没有等我思想转回到现场来，只听得屋里一声大喊："把季羡林押上来！"从门口到讲台也不过十几步。然而这十几步可真难走呀！四只手扭住了我的胳臂，反转到背上，还有几只手卡住脖子。我身上起码有七八只手，距离千手千眼佛虽还有一段差距，然而已经够可观的了。可是在这些手的缝里还不知伸进了多少手，要打我的什么地方。我就这样被推推搡搡押上了讲台。此处是我二十年来经常站的地方，那时候我是系主任，一系之长，是座上宾；今天我是"反革命分子"，是阶下囚。人生变幻不测，无以复加矣。此时，整个大教室里喊声震天。一位女士领唱。她喊一声："打倒××分子季羡林！"于是群声和之。这××是可以变换的，比如从"资产阶级反动学术权威"变为"走资派"，再变为"国民党残渣余孽"——我先声明一句：我从来没有参加过国民党——再变为什么，我记不清了。每变换一次，"革命群众"就跟着大喊一次。大概文化大革命所有的帽子都给我戴遍了。我成了北京大学集戴帽子之大成的显赫人物！

我斜眼看了看主席台的桌子上摆着三件东西：一是明晃晃一把菜刀；一是装着烧焦的旧信件的竹篮子；一是画了红的蒋介石和宋美龄的照片。我心里一愣，几乎吓昏了过去。我想："糟了！我今天性命休矣！"对不明真相的群众来说，三件东西的每一件都能形象地激发起群众的极大的仇恨，都能置我于死地。今天我这个挂头牌的主角看来是凶多吉少了。古人说过："既来之，则安之。"地上没有缝，我是钻不进去的。我就"安之"吧。

"打倒"的口号喊过以后，恭读主席语录，什么"革命不是请客吃饭"，什么"你不打他就不倒"之类。我也不知道，读语录会起什么作用。是对"革命群众"的鼓励呢？还是对"囚犯"的震慑？反正语录是读了，而且一条一条地读个没完。终于语录结束了。什么人作主旨发言——好像就是到我家去抄过家的学泰语的王某某——历数我的"罪状"，慷慨激昂，义形于色。我此时正坐着喷气式，两腿酸痛得要命。我全身精力都集中到腿上，只能腾出四分之一的耳朵聆听发言。发言百分之九十九是诬蔑、捏造、罗织、说谎。我的头脑还是清楚的，但是没有感到什么愤愤不平——惯了。他说到激昂处，"打倒"之声震动屋瓦。宇宙间真仿佛充满了正气。这时逐渐有人围了过来，对我拳打脚踢，一直把我打倒在地。我在大饭厅陪斗时，只听到拳打脚踢的声音，这声音是发生在别人身上的。这次却发生在自己身上。我是否已经鼻青脸肿，没有镜子，我自己看不到。不久有人把我从地上拖了起来，是更激烈的拳打脚踢。此时我想坐喷气式也不可能了。围攻者中我看清楚的有学印地语的郑某，学朝鲜语的谷某某，还有学越南语的王某某。前一个能说会道，有"电门"之称，是"老佛爷"麾下的铁杆。后二者则都是彪形大汉，"两臂有千钧之力"。我忽然又有了被抄家时的想法：我这样一个糟老头子，手无缚鸡之力。你们只需出一个女的铁杆社员，就足能把我打倒在地，并且踏上一千只脚了。何必动用你们武斗时的大将来对付我呢？你别说，这些巨无霸还真恪尽厥职，绝不吝惜自己的力量。他们用牛刀来杀我这一只鸡。结果如何，读者自己可以想象了。

我不知道批斗总共进行了多长的时间。真正批得淋漓尽致。我这个主角大概也"表演"（被动地表演）得不错。恐怕群众每个人都得到了自己那一份享受，满意了。我忽听得大喊一声："把季羡林押下去！"我又被反剪双手，在拳头之林中，在高呼的口号声中，被押出了外文楼。然而革命热情特高的群众，革命义愤还没有完全发泄出来，追在我的身后，仍然是拳打脚踢，我想抱头鼠窜，落荒而逃，然而却办不到，前后左右，都是追兵。好像一个姓罗的阿拉伯语教员说了几句话，追兵同仇敌忾的劲头稍有所缓和。这时候我已经快逃到了民主楼。回头一看，后头没了追兵。心仿佛才回到自己的腔子里，喘了一口气。这时才觉得浑身上下又酸又痛，鼻下、嘴角、额上，有点黏糊糊的，大概是血和汗。我就这样走回了家。

我又经过了一场血的洗礼。

跟着来的是一个批斗的高潮期。

从1967年冬天到1968年春天，隔上几天，总有一次批斗。对此我已经颇能习以为常，"曾经沧海难为水"，我是在批斗方面见过大世面的人，我又珍惜我这一条像骆驼钻针眼似的捡来的性命，我再不想到圆明园了。

这一个高潮期大体上可以分成两个阶段：从开始直到次年的春初为批斗和审讯阶段；从春初到1968年5月3日为批斗、审讯加劳动阶段。

在第一个阶段中，批斗的单位很多，批斗的借口也不少。我曾长期在北大工会工作。我生平获得的第一个"积极分子"称号，就是"工会积极分子"。北京刚一解放，我就参加了教授会的组织和领导工作。后来进一步发展，组成了教职员联合会，最后才组成了工会。风闻北大工人认为自己已是领导阶级，羞与知识分子为伍组成工会。后经不知什么人解释、疏通，才勉强答应。工会组成后，我先后担任了北大工会组织部部长，沙滩分会主席。在沙滩时，曾经学习过美国竞选的办法，到工、农、医学院和国会街北大出版社各分会，去做竞选演说，精神极为振奋。当时初经解放，看一切东西都是玫瑰色的。为了开会布置会场，我曾彻夜不眠，同几个年轻人共同劳动，并且以此为乐。当时我有一个问题，怎么也弄不清楚：我们这些知识分子同中华人民共和国的领导阶级工人阶级是什么关系呢？这个问题常常萦绕在我脑海中。后来听一个权威人士解释说：知识分子不是工人，而是工人阶级。我的政治理论水平非常低。我不明白，为什么不是工人而能属于工人阶级？为了调和教授与工人之间的矛盾，我接受了这个说法，但是心里始终是糊里糊涂的。不管怎样，我仍然兴高采烈地参加工会的工作。1952年，北大迁到城外以后，我仍然是工会积极分子。我被选为北京大学工会主席。北大教授中，只有三四人得到了这个殊荣。

然而到了文化大革命中，这却成了我的特殊罪状。北大"工人阶级"的逻辑大概是：一个从旧社会过来的臭知识分子，得以滥竽工人阶级，已经证明了工人阶级的宽宏大量，现在竟成了工人阶级组织的头儿，实在是大逆不道，罪在不赦矣。对北大"工人阶级"的这种逻辑，我是能够理解的，有时甚至是同意的。我在上面已经谈到，我心悦诚服地承认自己是资产阶级知识分子，因为我有个人考虑。至于北大"工人阶级"是否都是大公无私，毫不利己，专门利人，我当时还没有考虑。但是对当时一个流行的说法：资产阶级知识分子统治我们学校的现象，再也不能继续下去了。我却大惑不解。我们资产阶级知识分子，虽然当了教授，当了系主任，甚至当了副校长和工会主席，可并没有真正统治学校呀！真正统治学校的是上级派来的久经考验的老革命。据我个人的观察，这些老革命个个都兢兢业业地执行上级的方针政策，勤勤恳恳地工作。他们不愧是国家的好干部。文化大革命中，他们都成了"走资派"，我觉得很不公平。现在又把我们这些知识分子拉进了"统治"学校的圈子。这简直是"城门失火，殃及池鱼"。

这个问题现在暂且不谈，先谈我这个工会主席。我被"打倒"批斗以后，北大的工人不甘落后。在对我大批斗的高潮中，他们也挤了进来。他们是工人，想法和做法都同教员和学生有所不同。

他们之间的区别是颇为明显的：工人比学生力气更大，行动更"革命"（野蛮）。他们平常多欣赏评剧，喜欢相声等民间艺术。在文化大革命中，他们大概发现了大批斗比评剧和相声要好看、好听得多，批斗的积极性也就更高涨。批斗我的机会他们怎能放过呢？于是在一阵激烈的砸门声之后，闯进来了两个工人，要押解我到什么地方去批斗。他们是骑自行车来的。我早已无车可骑。这样我就走在中间，一边一个人推车"护驾"，大有国宾乘车左右有摩托车卫护之威风。可惜我此时心里正在打鼓，没有闲情逸致去装阿Q了。

听说，北大工人今天本来打算把当过北大工会主席的三位教授揪出来，一起批斗。如果真弄成的话，这是多么难得的一出戏呀！这要比杨小楼和梅兰芳合演什么戏还要好看得多。可惜三位中的一位已经调往中国社会科学院，另一位不知为什么也没有揪着，只剩下我孤身一人，实在是大煞风景。但是，"咱们工人有力量"，来一个就先斗一个吧。就这样，他们仍然一丝不苟，并没有因为只剩下一个人，就像平常劳动那样，偷工减料，敷衍了事。他们决不率由旧章，而是大大地发挥了创造性：把在室内斗争，改为"游斗"，也就是在室外大马路上，边游边斗。这样可以供更多的人观赏，满足自己的好奇心或者别的什么心。我糊里糊涂，不敢抬头，不敢说话，任人摆布，任人捉弄。我不知道沿途"观礼"者有多少人。从闹哄哄的声音来推测，大概人数不少。口号声响彻云霄，中间掺杂着哈哈大笑声。可见这一出戏是演得成功的。工人阶级有工人阶级的脾气：理论讲得少，拳头打得重，口号喊得响，石块投得多。耳光和脚踢，我已经习以为常，不以为忤。这一次不让我坐喷气式，这就是对我最大的安慰，我真是感恩戴德了。

工会的风暴还没有完全过去，北大亚非所的"革命群众"又来揪斗我了。人们干事总喜欢一窝蜂的方式，要么都不干，要么都抢着干。我现在又碰到了这一窝蜂。在文化大革命以前，北大根据教委（当时还叫教育部或者高教部）的意见，成立了亚非研究所。校长兼党委书记陆平亲自找我，要我担任所长。其实是挂名，我什么事情都不管。因此我同所里的工作人员没有任何利害冲突，我觉得关系还不错。可是一旦我被"打倒"，所里的人也要显示一下自己的"革命性"或者别的什么性，决不能放过批斗我的机会。这算不算"落井下石"呢？大家可以商量研究。总之我被揪到了燕南园的所里，进行批斗。批斗是在室内进行的，屋子不大，参加的人数也不多。我现在在被批斗方面好比在老君八卦炉中锻炼过的孙大圣，大世面见得多了，小小不然的我还真看不上眼。这次批斗就是如此。规模不大，口号声不够响，也没有拳打脚踢，只坐了半个喷气式。对我来说，这简直只能算是一个"小品"，很不过瘾，我颇有失望之感。至于批斗发言，则依然是百分之九十胡说八道，百分之九罗织诬陷，大约只有百分之一说到点子上。总起来看水平不高。批斗完了以后，我轻轻松松地走回家来。如果要我给这次批斗打一个分数的话，我只能给打二三十分，离及格还有一大截子。

在一次东语系的批斗会上——顺便说一句，这样的批斗会还是比较多的,但是,根据生理和心理的原则,事情太多了,印象就逐渐淡化,我不能都一一记住了——我瞥见主斗的人物中,除了新北大公社的熟悉的面孔以外,又有了对立面井冈山的面孔。这两派虽然斗争极其激烈,甚至动用了长矛和其他自制的武器,大有你死我活不共戴天之势。然而,从本质上来看,二者并没有区别,都搞那一套极左的东西,都以形而上学为思想基础,都争着向那一位"红色女皇"表忠心。现在是对"敌"斗争了——这个"敌"就是我——大家同仇敌忾,联合起来对我进行批斗,这是完全可以理解的。有一次斗争的主题是从我被抄走的日记上找出的一句话:"江青给新北大公社扎了一针吗啡,他们的气焰又高涨起来了。"这就犯了大忌,简直是大不敬。批斗者的理论水平极低——他们从来也没有高过——说话简直是语无伦次。我坐在喷气式上,心里无端产生出卑夷之感。可见我被批斗的水平已经猛增,甚至能有闲情逸致来评断发言的水平了。从两派合流我想到了自己的派性。日记中关于江青的那一句话,证明我的派性有多么顽固。然而时过境迁,我认为对之忠贞不二的那一派早已同对立面携起手来对付我了。我边坐喷气式,边有点愤愤不平了。

这样的批斗接二连三,我心中思潮起伏,片刻也不能平静。我想得很多,很多;很远,很远。我想到我的幼年。如果我留在乡下的话，我的文化水平至多也只是一个半文盲。我们家里大约只有一两亩地。我天天下地劳动。解放以后还能捞到一个贫农的地位，可以教育知识分子了。生活当然是清苦的，"人生识字忧患始"，我可以无忧无患，多么舒服惬意呀！如今自己成了大学教授，可谓风光已极。然而一旦转为"反动权威"，则天天挨批挨斗，胆战心惊，头顶上还不知道戴上了多少顶帽子，前途未卜。我真是多么后悔呀！造化小儿实在可恶之至！

　　这样的后悔药没有什么用处，这一点我自己知道。我下定决心，不再去想，还是专心致志地考虑眼前的处境为佳，这样可能有点实际的效益。我觉得，我在当时的首要任务是锻炼身体。这种锻炼不是一般的体育锻炼，而是特殊的锻炼。说明白一点就是专门锻炼双腿。我分析了当时的种种矛盾，认为最主要的矛盾是善于坐喷气式，能够坐上两三小时而仍然能坚持不倒。我在上面已经谈到过，倘若在批斗时坐喷气式受不住倒在地上，其后患简直是不堪设想。批斗者一定会认为我是故意捣乱，罪上加罪，拳打脚踢之外，还不知道用什么方法来惩罚我哩。我必须坚持下来，但是坚持下来又是万分不容易的。坐喷气式坐到半小时以后，就感到腰酸腿痛，浑身出汗；到了后来，身子直晃悠，脑袋在发晕，眼前发黑，耳朵轰鸣。此时我只能咬紧牙关。我有时也背语录："下定决心，不怕牺牲，排除万难，去争取胜利！"

我的潜台词是："下定决心，不怕苦痛，排除万难，去争取不要倒下！"你别说，有时还真有效。我坚持再坚持。到了此时，台上批斗者发言不管多么激昂慷慨，不管声音多么高，"打倒，打倒"的呼声不管多么惊天动地，在我听起来，只如隔山的轻雷，微弱悠远而已。

这样的经验有过多次。自己觉得，并不保险。为了彻底解决、根本解决这个主要矛盾，我必须有点长久之计。我于是就想到锻炼双腿。我下定决心，每天站在阳台上进行锻炼。我低头弯腰，手不扶膝盖，完全是自觉自愿地坐喷气式。我心里数着数，来计算时间，必至眼花流汗而后止。这样的体育锻炼是古今中外所未有。如果我不讲出来，决不会有人相信，他们一定认为这是海外奇谈。今日回想起来，我真是欲哭无泪呀！

站在阳台上，还有另外一个作用。我能从远处看到来我家押解我去批斗或审讯的红卫兵。我脾气急，干什么事我都从来不晚到。对待批斗，我仍然如此。我希望批斗也能正点开始。至于何时结束，那就不是我的事了。

站在阳台上，还有意想不到的发现。有一天，我在"锻炼"之余，猛然抬头看到楼下小园内竹枝上坐着的麻雀。此时已是冬天，除了松柏翠竹外，万木枯黄，叶子掉得精光。几杆翠竹更显得苍翠欲滴。坐在竹枝上的几只小麻雀一动也不动。我的眼前一亮,立刻仿佛看到一幅宋画"寒雀图"之类。我大为吃惊,好像天老爷在显圣,送给我了一幅画,在苦难中得到点喜悦。但是,我稍一定神,顿时想到,这是什么时候我还有这样的闲情逸致。我的资产阶级修正主义思想真可谓顽固至极,说我"死不改悔",我还有什么办法不承认呢?

类似这样的奇思怪想,我还有一些。每一次红卫兵押着我沿着湖边走向外文楼或其他批斗场所时,我一想到自己面临的局面,就不寒而栗。我是多么想逃避呀!但是茫茫天地,我可是往哪里逃呢?现在走在湖边上,想到过去自己常在这里看到湖中枯木上王八晒盖。一听到人声,通常是行动迟缓的王八,此时却异常麻利,身子一滚,坠入湖中,除了几圈水纹以外,什么痕迹都没有了。我自己为什么不能变成一只王八呢?我看到脚下乱爬的蚂蚁,自己又想到,我自己为什么不能变成一只蚂蚁呢?只要往草丛里一钻,任何人都找不到了。我看到天空中飞的小鸟,自己又想到,我自己为什么不能变成一只小鸟呢?天高任鸟飞,翅膀一展,立刻飞走,任何人都捉不到了。总之,是嫌自己身躯太大。堂堂五尺之躯,过去也曾骄傲过,到了现在,它却成了累赘,欲丢之而后快了。

这一些幻想毫无用处,自己知道。有用处的办法有没有呢?有的,那就是逃跑。我确实认真考虑过这一件事。关键是逃到什么地方去。逃到自己的家乡，这是最蠢的办法。听说有一些人这样做了。新北大公社认为这是犯了王法，大逆不道，派人到他的家乡，把他揪了回来，批斗得加倍地野蛮残酷。这一条路决不能走。那么逃到哪里去呢？我曾考虑过很多地方，别人也给我出过很多点子，或到朋友那里，或到亲戚那里。我确曾认真搜集过全国粮票，以免出门挨饿。最后，考虑来，考虑去，认为那些都只是幻想，有很大的危险，还是留在北大吧。这是一条最切实可走的路，然而也是最不舒服、最难忍受的路，天天时时提心吊胆，等候红卫兵来抓，押到什么地方去批斗。其中滋味，实不足为外人道也。

然而，忽然有一天，东语系公社的领导派人来下达命令：每天出去劳动。这才叫做"劳动改造"，简称"劳改"，没有劳动怎么能改造呢？这改变了我天天在家等的窘境，心中暂时略有喜意。

从今以后，我就同我在上面谈到的首先被批斗的老教授一起，天天出去劳动。仅在一年多以前十年浩劫初起时，在外文楼批斗这一位老教授，我当时还滥竽人民之内，曾几何时，我们竟成了"同志"。人世沧桑，风云变幻，往往有出人意料者，可不警惕哉！

我们这一对难兄难弟，东语系的创办人，今天同为阶下囚。

每天八点到指定的地方去集合,在一个工人监督下去干杂活。十二点回家,下午两点再去,晚上六点回家。劳动的地方很多,工种也有变换,有时候一天换一个地方。我们二人就像是一对能思考会说话的牛马,在工人的鞭子下,让干什么干什么,半句话也不敢说,不敢问。据我从旁观察,从那时起,北大工人就变成了白领阶级,又好像是押解犯人的牢头禁子,自己什么活都不干,成了只动嘴不动手的"君子"。我颇有点腹诽之意。然而,工人是领导一切的阶级,我自己只不过一个阶下囚,我吃了老虎心豹子胆也不敢说三道四了。据我看,专就北京大学而论,这一场所谓文化大革命,实际上是工人整知识分子的运动。在旧社会,教授与工人地位悬殊,经济收入差距也极大。有一些教授自命不凡,颇有些"教授架子",对工人不够尊重。工人心中难免蕴藏着那么一点怨气。在那时候他们也只能忍气吞声。解放以后,情况变了。到了十年浩劫,对某一些工人来说,机会终于来了。那一股潜伏的怨气,在某一些人鼓励煽动下,一股脑儿爆发出来了。在大饭厅批斗面壁而立时,许多响亮的耳光声,就来自某一些工人的巴掌与某一些教授的脸相接触中。我这些话,有一些工人师傅可能不肯接受。但我们是唯物主义者,要实事求是,事情是什么样子,就应该说它是什么样子。不接受也否认不了事实的存在。

我现在就是在一个工人监督下进行劳改。多脏多累的活，只要他的嘴一动，我就必须去干。这位工人站在旁边颐指气使。他横草不动，竖草不沾，就这样来"领导一切"。

这样劳动，我心里有安全感了没有？一点也没有。我并不怕劳动。但是这样的劳动，除了让我失掉锻炼双腿的机会而感到遗憾外，仍然要随时准备着，被揪去批斗，东语系或北大的某一个部门的头领们，一旦心血来潮，就会派人到我劳动的地方，不管这个地方多么远，多么偏僻，总能把我手到擒来。有时候，在批斗完了以后，仍然要回原地劳动。坐过一阵喷气式以后，劳动反而给我带来了乐趣，看来我真已成了不可雕的朽木了。

无论是走去劳动，还是劳动后回家，我决不敢，也不愿意走阳关大道。在大道上最不安全。戴红袖章手持长矛的红卫兵，三五成群，或者几十成群，雄赳赳气昂昂地走在路上，大有"天上天下，唯我独尊"之概。像我这样的人，一看打扮，一看面色，就知道是"黑帮"分子。我们满脸晦气，目光呆滞，身上鹑衣百结，满是尘土，同叫花子差不多。况且此时我们早已成了空中飞鸟，任何人皆可得而打之。打我们一拳或一个耳光，不但不犯法，而且是"革命行动"，这能表现"革命"的义愤，会受到尊敬的。连十几岁的小孩都知道我们是"坏人"，是可以任意污辱的。丢一块石头，吐几口吐沫，可以列入"优胜纪略"中的。

有的小孩甚至拿着石灰向我们眼里撒。如果任其撒入，眼睛是能够瞎的。在这样的情况下，我们也不敢还口，更不敢还手。只有"夹着尾巴逃跑"一途。有一次，一个七八岁的小男孩手里拿着一块砖头，命令我："过来！我拍拍你！"我也只能快走几步，逃跑。我还不敢跑得太快，否则吓坏了我们"祖国的花朵"，我们的罪孽就更大了。我有时候想，如果我真成了瞎子，身上再被"踏上一千只脚"，那可真是如坠入十九层地狱，"永世不得翻身"了。

不敢走阳关大道怎么办呢？那就专拣偏僻的小路走。在十年浩劫期间，北大这样的小路要比现在多得多。这样的小路大都在老旧房屋的背后，阴沟旁边。这里垃圾成堆，粪便遍地，杂草丛生，臭气熏天。平常是绝对没有人来的，现在却成了我的天堂。这里气味虽然有点难闻，但是非常安静。野猫野狗是经常能够碰到的。猫狗的"政治觉悟"很低，完全不懂"阶级斗争"，它们不知道我是"黑帮"，只知道我是人，对人它们还是怕的。到了这个环境里，平常不敢抬的头敢抬起来了。平常不敢出的气现在敢出了，也还敢抬头看蔚蓝色的天空，心中异常地快乐。对这里的臭气，我不但不想掩鼻而过，还想尽量多留一会儿。这里真是我这类人的天堂。

但是，人生总是祸不单行的，天堂也决非能久留之地。有一天，我被押解着去拆席棚，倒在地上的木板上还有残留的钉子。我一不小心，脚踏到上面，一寸长的钉子直刺脚心，鞋底太薄，阻挡不住钉子。我只觉脚底下一阵剧痛，一拔脚，立即血流如注。此时，我们那个牢头禁子，不但对此毫不关心，而且勃然大怒，说："你们这些人简直是没用的废物！"所谓"无用的废物"，指的就是教授。这我和他心里都是明白的。我正准备着挨上几个耳光，他却出我意料大发慈悲，说了声："滚蛋吧！"我就乘机滚了蛋。我脚痛得无法走路，但又不能不走。我只能用一只脚正式走路，另一只是被拖着走的。就这样一瘸一拐地走回家来。我不敢进校医院，那里管事的都是公社派，见了我都会怒目而视，我哪里还敢自投罗网呢？看到我这一副狼狈相，家里的两位老太太大吃一惊，也是一筹莫展，只能采用祖传的老办法，用开水把伤口烫上一烫，抹点红药水，用纱布包了起来。下午还要去劳动。否则上边怪罪下来，不但我吃不消，连那位工人也会受到牵连。我现在不期望有什么人对我讲革命的人道主义，对国民党俘虏是可以讲的，对我则不行，我已经被开除了"人籍"，人道主义与我无干了。

此时，北大的两派早已开始了武斗。两派都创建了自己的兵工厂，都有自己的武斗队。兵器我在上面已经提到一点。掌权的公社派当然会阔气非凡。他们把好好的价值昂贵的钢管锯断，磨尖，形成了长矛，拿在手里，威风凛凛。井冈山物质条件差一点，但也拼凑了一些武器。每一派各据几座楼，相互斗争。每一座楼都像一座堡垒，警卫森严。我没有资格亲眼看到两派的武斗场面。我想，武斗之事性命交关，似乎应该十分严肃。但是，我被监工头领带到学生宿舍区去清理一场激烈的武斗留下的战场。附近楼上的玻璃全被打碎，地上堆满了砖头石块，是两派交战时所使用的武器。我们的任务就是来清除这些垃圾。但是，我猛一抬头，瞥见一座楼的窗子外面挂满了成串的破鞋。我大吃一惊，继而在心里莞尔一笑。关于破鞋的故事，我上面已经谈过。老北大都知道破鞋象征着什么，它象征的就是那一位"老佛爷"。我真觉得这些年轻的大孩子顽皮到可爱的程度。把这兵戎大事变成一幕小小的喜剧。我脸上没有笑意已经很久很久，笑这个本能我好像已经忘掉了。不意今天竟有了想笑的意思。这在囚徒生活中是一个轻松的插曲。

但是，真正的武斗，只要有可能，我还是尽量躲开的。这种会心的微笑于无意中得之，不足为训。我现在是"猪八戒照镜子，里外不是人"。两派中哪一派都把我看做敌人。我若遇到武斗而躲不开的话，谁不想拿我来撒气呢？我既然凭空捡了一条命，我现在想尽力保护它。我虽然研究过比较自杀学，但是，我现在既不想自杀，也不想他杀。我还想活下去哩。

劳改初级阶段的情况，大体如此。

日子就这样一天天地过去，时光流逝得平平静静。

但是我却一点平静都没有。我一天二十四小时都在提心吊胆中。不管是什么时候，也不管是什么地方，在家里，在劳动的地方，红卫兵一到，我立刻就被押解着到什么地方去接受批斗，同劳改前一模一样。因此，即使在一个非常僻远几乎是人迹不到的地方，只要远处红卫兵的红袖章红光一闪，我就知道，自己的灾星又到了。我现在已经变成了不会说话的牲畜，一言不发，一句不问，乖乖地被押解着走。走到什么地方去，只有天晓得。这种批斗同劳改前没有任何差别，都是"行礼如仪"，没有任何的花样翻新。喷气式我已经坐得非常熟练，再也不劳红卫兵用拳打脚踹来纠正我的姿势了。我在阳台上争分夺秒的锻炼也已取得出乎意料的成功，我坐喷气式姿势优美，无懈可击；双腿微感不适，再也没有酸痛得难忍难受之感了。对那些比八股都不如的老一套胡说八道谎话连篇的所谓批判发言，我过去听得就不多，现在更是根本不去听，"只等秋风过耳边"了。总之，批斗一次，减少劳动一次，等于休息一次。我在批斗的炼狱中已经接近毕业，应该拿到批斗实践学的学士证书了。

可是，有时候红卫兵押着我不是去批斗，而是去审讯，地方都在外文楼，但不总是在一间屋子里。其中奥秘我不得而知。一进屋子,东语系公社的领导——恕我不知道他们是什么官职——一排坐在那里,面色严肃,不露一丝笑容,像法庭上的法官。我走进去,以为也要坐喷气式,但是,天恩高厚,只让我站在那里,而且允许抬头看人。我实在感到异常别扭。我现在已经成为《法门寺》的贾桂了。原来我在这种场合,态度很不好。自从由于态度不好而捡回一条命以后,我的态度好多了。我觉得,态度不好,一点用处也没有。他们审讯的主题往往是在抄走了我的几百万字的日记中,捕风捉影,挖出几句话,断章取义,有时还难免有点歪曲。我在洗耳恭听之余,有时候觉得他们罗织得过于荒谬,心中未免有点发火。这当然会影响我的态度,但是我尽量把心中的火压下去。在被抄走的几百万字的手稿和日记中,想用当时十分流行的形而上学的诬陷的方法挖出片言只字,进行歪曲是非常容易的。他们还一定要强迫我回答。不说不行,说又憋着一肚子气,而这气又必须硬压下去。这种滋味真难受呀!有时候我想,还不如坐在喷气式上,发言者的胡说八道可以不听,即使挨上几个耳光,也比现在这样憋气强。俗话说:"这山望着那山高。"我难道说也是望着被批斗的那一座山高吗?

审讯我的人,不是东语系原来的学生,就是我亲手请进来的教员。我此时根本没有什么"忘恩负义"的想法。这想法太陈腐了。我能原谅他们中的大部分。他们同我一样,也是受了派性的毒害，以致失去评断是非的理智。但是，其中个别的人，比如一位朝鲜语教员，是公社的铁杆，对审讯我表现出反常的积极性，难道是想用别人的血染红自己的顶子，期望他的"女皇"对他格外垂青，飞黄腾达吗？还有一位印尼语教员，平常对我毕恭毕敬，此时也一反常态，积极得令人吃惊。原来他的屁股并不干净，解放前同进步学生为敌，参加过反苏游行。想以此来掩盖自己的过去。但狐狸尾巴是掩藏不住的，后来终于被人揭发，用资本主义的自杀方式去见上帝去了。

最令我感到不安，甚至感到非常遗憾的是一位阿拉伯语教员。这是一位很老实很正派的人，我们平常无恩无怨，关系还算是过得去的。现在他大概在东语系公社中并不是什么主要人物，被分配来仔细阅读我被抄的那一些日记和手稿。我比谁知道得都清楚，这是一件万分困难、万分无聊的工作。在摞起来可以高到一米多的日记和手稿中，寻求我的"反革命"的罪证，一方面很容易，可以任意摘出几句话来，就有了足够批斗我一次的资料。但在另一方面，如果一个字一个字地细读，那就需要有极大的耐心，既伤眼力，又伤脑筋。让我再读一遍，我都难以做到。然而这一位先生——我没有资格称他为"同志"——却竟然焚膏继晷，把全部资料都读完了，提供了不少批斗的资料。如果我是大人物，值得研究；如果他真有兴趣来研究"季羡林学"，那还值得。但我只是一个很平凡的人。读了那样多的资料，费了那么大的力量，对他来说不是白白浪费自己的生命吗？反过来说，如果他用同样大的力量和同样多的时间，读点阿拉伯语言、文学或文化的资料，他至少能写成一篇像样的论文，说不定还能拿到硕士学位，被提升一级哩。因此，我从内心深处同情他，觉得对他不起。可这是我能力以外的事，我有什么办法呢？

东语系对我的审讯，并不总是心平气和的，有时候也难免有点剑拔弩张。但是没有人打我耳光，我实在是非常感恩戴德了。

即使是这样，这种劳改、批斗和审讯三结合的生活，确也让我感到厌烦。我又有了幻想。我幻想能有一个救世主，大慈大悲，忽然大发善心，结束这一场浩劫，至少对像我这样无辜的人加恩，把我解放。我从来没有相信过任何教门，上帝、天老爷、佛爷、菩萨，我都不去祈祷。我想到的是我们国家领导人。在劳改、批斗之余，夜里在暗淡的灯光下，在十分不友好的气氛中——同一个单元住的一位太太早已把我看做"敌人，反革命分子"，不但不正眼看我一眼，而且还鼓动我们家两位老太太，同我划清界限。我们的老祖直截了当地告诉她说："我们还靠他吃饭哩！"——我伏案给我们的国家领导人写信，妄想世间真会出现奇迹。但是世间怎会出现奇迹呢？世间流传的是："'文化大革命'七八年一次，一次七八年。"我写这些信，等于瞎子点灯,白费一支蜡。我却一厢情愿,痴心妄想,妄想有一天一睁眼,文化大革命结束,我这个"鬼"再转变成人。那该有多么好呀!在弥漫宇宙仿佛凝固起来的黑暗中,我隐隐约约从"最高楼"(陈寅恪先生有诗曰:"看花愁近最高楼")上看到流出来的一线光明。然而最终证明,这只是一片海市蜃楼,转瞬即逝。我每天仍然是劳改、批斗、审讯。

就是在家里,不劳改,不批斗,不审讯,日子也过得不得安生。同住一单元的要同我划清界限的那一位太太,我在上面已经谈过几句了。但是麻烦还不止这一些。她逼我把存在他们屋中的据说北京只有一张的红木七巧桌和大沙发搬出来。我真是进退两难。我现在只剩下堆满了东西的一大间和一小间房子。这些大家伙往哪里放呢?楼下存书的车库,抄家之后,一片狼藉,成了垃圾堆,我看都不忍看。沙发和七巧桌无论如何也是搬不进去的。火上加油,楼下住的一位女教员还贴出小字报,要我把书搬出车库。我此时一个朋友也没有,谁都视我如瘟神,我向谁求援呢?我敢走出去吗?我好像是乌江边上四面楚歌的项羽。幸亏我已经研究过比较自杀学,我决不自刎。我还要活下去。但是活下去又怎样呢?我真已经走到了山穷水尽了。

但是来的却不是"柳暗花明又一村",而是更大的灾难。

我劳改了整整1968年的一个春天。此时大地重又回春。大自然根本不理会什么文化大革命,依旧繁花似锦,姹紫嫣红,燕园成了一片花海。人人都喜欢春天,而我又爱花如命。但是,到了此时,我却变成了一个色盲,红红绿绿,在我眼睛里统统都成了灰色。

但是,在另一方面,烂漫的春光却唤醒了"革命家"的"革命"热情。新北大公社的头子们谨遵"一年之计在于春"的古训,决定使自己的工作水平再提高一步,着重发明创造,避免故步自封,想出了一套崭新的花样。对象当然还是这百十口子囚徒。他们之中是否有真正想"革命"的,我说不准。但是,绝大多数,如果不是全体的话,却绝对是以虐待别人来取乐的。人类的劣根性,过去被掩盖住,现在完全"解放"了。他们可以为所欲为了。我在这里顺便声明几句:在北大几千名工人中,在北大上万名学生中,参加这个活动的只是极少数。他们平常就是一些调皮捣蛋,耍奸卖滑、好吃懒做、无巧不沾的类似地痞流氓的人物。现在天赐良缘,得到了空前的千金难买的好机会,可以施展自己的本领了。

1968年5月4日,五四运动的纪念日,中国规定的青年节,我们这一批囚徒一个个从家中被押解到了煤厂。提起煤厂,真正是大大地有名。顾名思义,这里是储存煤炭的地方,由一群工人管理。在文化大革命分派时期,里面的工人碰巧都是拥护"老佛爷"的。运煤工人当然个个都是身强体壮的彪形大汉，对付煤块他们有劲；对付我们这一批文弱书生，他们的劲有极大的剩余。他们打一个耳光或踢上一脚，少说也抵得上《水浒传》里的黑旋风和花和尚。具体的感受不可言宣，只有我们这些人的骨肉才说得清楚。特别是浩劫第一阶段重点在批"走资派"的那一阶段，在煤厂劳改过的"走资派"一提到煤厂，无不不寒而栗、谈虎色变，简直像谈到国民党的渣滓洞一样。

现在我们这一批囚徒又被押到这里来了。我仔细看了一下，不是所有的囚徒，而是"择优录取"，或是"优化组合"，选了一批特别"罪大恶极"的。其中有"第一张马列主义大字报"点了名的陆平和彭珮云，等等。我们每一个人的脖子上都被戴上了一块十几斤重的大木板，上面写着自己的名字。我们被命令坐在地上，谁也不敢出声。我估计批斗的时间不会短的。为了保险起见，先请求允许到便所去一趟。路颇远，我仍然挂着木牌，嘀里当啷，踉踉跄跄，艰难跋涉，到了目的地，赶快用超人的速度完成任务，回去坐在地上待命。我心里直打鼓，谁知道，这是一阵什么样的风暴呢？

时间终于到了，虽然不是午时三刻，然而滋味也差不多。只听到远处一声大喝："把他们押走！"于是上来了一大堆壮士，每两个对付一个囚犯，方式没有改变，双臂被拧到背后，脖子上还有两只粗壮的手。走了很长的路,才到了我依稀认出的当时的学三食堂。从左边的门进去,排成一行,坐上了喷气式。这里没有讲台,主持人和发言者也都站在平地上一张桌子的后面。我只瞥见我的右手是彭珮云。其余的人的排列顺序就看不清了。行礼一切如仪。先是声震屋瓦的"打倒"声,大概每一个囚犯都打倒一遍。然后恭读语录,反正仍然是那一套"革命不是请客吃饭",等等。接着是批判发言。说老实话,我一个字都没有听见,我一个字也不想听到,那一套胡说八道,我已经听够了,听腻了。我只听到发言者为了对什么人表示忠诚,发言时声嘶力竭,简直成了号叫。这对我毫无影响,对这些东西我的神经已经麻木了。我最关心的是希望批斗赶快结束。我无法看表,大概当时手表是没有戴的。我在心里默默地数着数:一二三四五六七八,一直数下去,数到了二三千了,耳边狼嚎之声仍然不断。可我这双经过锻炼的腿实在有点吃不消了,眼里也冒出了金星,脑袋里昏昏沉沉,数也数不下去了。斜眼一看,彭珮云面前的地上已经被头上流下来的汗水滴湿。我自己面前怎样,我反而没有注意。此时只觉得脖子上的木牌越来越重,挂牌子的铁丝越来越往肉里面扎。我处于半昏迷的状态之中。

又过了不知多久,耳边只听得一声断喝:"把他们都押出去!"我知道,仪式结束了。但是同上一次大饭厅的批斗一样,仪式并没有完全结束。"老鼠拉木锨，大头还在后面。"我被押出了学三食堂，至少有三个学生或工人在"服侍"我。双臂被弯到背上，脖子上不知道有几只手在卡住，头当然抬不起，连身子也站不直。就这样被拖到马路上。两旁有多少人在"欣赏"，我说不出来，至少比在大饭厅批斗时还要多。只听得人声嘈杂，如夏夜的蚊声。这又是一次游斗，但是比上次的速度可要快多了。我身上有那么多累赘，又刚坐过喷气式。要让我自己走路，我是走不了这么快的。于是我身旁的年轻人就拖着我走，不是架着，好像拖一只死狗。我的鞋在水泥马路和石头上同地面摩擦。鞋的前头已经磨破，磨透，保护脚趾的袜子当然更不值得一磨，于是脚趾只好自己出马。这样一来，其结果如何，概可想见。当时是否流了血，自己根本无法知道，连痛的感觉都一点也没有。小石块又经常打在头上。我好像已经失去知觉，不知道自己是在人间，还是在梦中。自己被拖到什么地方，走的哪一条路，根本不知道。看样子好像已经拖到了大饭厅。不知道怎样一来，又被拖了回来。几个人把我往地上一丢。我稍一清醒，才知道自己躺在煤厂门外。

这一次行动真是非同小可。比上几次的批斗和游斗都不一样。我已经完全筋疲力尽，躺在地上再也爬不起来。头脑发昏，眼睛发花，耳朵里嗡嗡作响，心里怦怦直跳。在朦胧中感觉到脚趾流出了血，刺心地痛。我完全垮了。此时周围一下子静了下来，批斗的人走了，欣赏者也兴尽到什么地方去吃饭了。抬眼看到身旁还有两个人：一个是张学书，一个是王恩涌。宇宙间好像只剩下我们三个被批斗者。他俩比我年轻，身体也结实。是他们俩把我扶了起来，把我扶回了家。这种在苦难中相濡以沫的行动，我三生难忘。

我原以为，或者毋宁说是希望，在大批斗以后，能恩赐两天的休息时间。我实在支持不住了。

然而"造反派"的脾气却不是这样。

他们要趁热打铁。

就在大批斗的第二天，我们一百多号"黑帮分子"接到命令，到煤厂去集合，而且要带上行李。我知道又出了新花样，还不晓得要把我们带到什么地方去哩。我心里真不是滋味，觉得非常凄凉。当我扛着行李走在那一条倚山傍湖的曲径上时，迎面遇到前一阵被当做"走资派"批斗过的姓胡的经济系教授。他虽然还没有"解放"，仍然是一脸晦气，但他毕竟用不着到煤厂去集合了。在我当时的眼中，他已是神仙中人，真让我羡煞。

我战战兢兢地走进了煤厂。对我们"反革命分子"来说，这里是非常令人发怵的地方，无异于阎王殿。昨天的记忆犹新，更增加了我的恐怖感。我走了进去，先被领到一个墙外的木牌子下面,低头弯腰,站在那里。这是第一个下马威。我随时准备着脸上、头上、肩上、背上、脚上,被打上几个耳光,挨上几拳,被踢上几脚。然而,这些都没有发生。我觉得这十分反常,心里很不踏实,很不舒服。觉得这不一定是吉兆,其中暗藏着杀机。然而我又不能虔心请求,恩赐几个耳光,那样我才会觉得正常,觉得舒服。我只有把这痛苦的不安埋在自己心中。

过了一会儿,我们这一群"黑帮"被命令排成两列纵队。一个新北大公社学生模样的人,大模大样,右手执钢管制成的长矛一根。开口训话,讲了一大篇歪理。我们现在没有坐喷气式,能够清清楚楚地听懂他说的话。其中警句颇为不少,比如:"你们这一群王八蛋,你们的罪恶,铁证如山,谁也别梦想翻案!"他几次抖动手里的长矛,提高声音说:"老子的长矛是不吃素的!"这一点我最清楚,而且完全相信。因为他们的长矛确实曾吃过几次人肉了,其中包括校外一个中学生的肉。我现在只希望,他们这吃肉的长矛不要吃到我身上来。当时杀死一个"黑帮"等于杀死一只苍蝇,不但不会受到法律制裁——哪里还有什么法律!——反而会成为"革命行动"。在训话的同时,有人就从我们黑帮队伍中拖出几个人去,一个耳光或用脚一踹,打倒在地,然后几个人上去猛揍一顿,鼻青脸肿,一声不敢吭,再回到队伍中。这是杀鸡给猴看的把戏,我是懂得的。我只是不知道他们拖人的原则，生怕自己也被拖出去，心里吓得直打哆嗦。我幸而只是猴子，没有成鸡。

杀鸡的把戏要完，"黑帮"们在长矛队的押解下，排队登上了几辆敞篷车，开往十三陵附近的北大分校，俗称二百号。路上大约走了一小时。到了以后，又下车整队，只能有一辆车开往我们此行的目的地，也就是我们劳改的地方太平庄。从二百号到太平庄，还有四五里路是要步行的。可是在列队时，我们几个年老的"黑帮"被叫出队列。这次不是要杀鸡给猴看了，而是对我们加以优待。我们可以乘车到太平庄，其余的人都要步行。这次天恩高厚，实在出我意料。你能说人家一点儿人道主义也没有吗？我实在是受宠若惊了。

到了太平庄以后，我们被安排在一些平房里住下。我不知道这些平房原来是干吗用的，现在早已荒废不用。门窗几乎没有一扇是完整的。屋里到处布满尘土，木板床上也积了很厚的土。好在我们此时已经不再像人。什么卫生不卫生，已经同我们无关了。每屋住四个"黑帮"，与我同屋的有东语系那一位老教授，还有我非常熟悉的国政系的一位姓赵的教授。他好像是从"走资派"起一直到资产阶级反动学术权威，"全程陪同"，一步没缺。我们都是熟人，但没有一个人敢吭上一声，敢笑上一笑。我们都变成了失掉笑容没有表情的木雕泥塑。我们都从"人"变成了"非人"。这也算是一种"异化"吧。

我此时关心的决不是这样的哲学问题,就只是想喝一点水。我从早晨到现在滴水没有入口。天气又热,又经过长途跋涉,渴得难以忍受。我木然坐在床板上,心里想的只是水水水。

如果我眼前有一点水的话,不管是河水、湖水,还是海里的水、坑里的水,甚至臭沟里的水,我一定会埋头狂饮。我感觉到,人生最大的幸福就是能有水喝。我梦想,"时来运转风雷动",我一旦被"解放",首先要痛痛快快地喝一通水。如果能有一瓶冰镇啤酒,那就会赛过玉液琼浆了。

"水,水,水。"我心里想。

但是一滴水也看不到。

我忽然想到在大学念书时读过的英国浪漫诗人柯勒律治(Coleridge)的《古舟子咏》(*Ancient mariner*),其中有一行是:

Water, water, everywhere(水,水,到处都有)。

这里指的是海水。到处有水,却是咸的,根本没法子喝。我此时连咸水也看不到,我眼前只有一片干黄的尘土。同古舟子正相反,我是:

Water, water, nowhere（水，水，无处有水）。

我坐在那里，患了思水狂。恍恍惚惚，不知待了多久。

此地处在燕山脚下，北倚大山，南面是纵横交错的田畴。距离居民聚居的太平庄，还有一段路。实际上它孤立在旷野之中。然而押解我们到这里来的革命小将和中将，对于这个风景宜人宛如世外桃源的地方，却怕得要命。他们大概害怕，人数远远超过他们的黑帮会团结起来举行暴动。所以在任何时候，在任何地方，他们都是手持长矛。他们内心是胆怯的。其实我们这一群手无缚鸡之力的中老年知识分子，哪里还能有什么暴动的能力和勇气呢？我们只是虔心默祷上苍，愿不吃素的长矛不要刺到我们身上，我们别无所求，别无所图。看了他们这种战战兢兢的神气，心里觉得非常可笑。

七、太平庄

到了夜里，更是戒备森严，大概是怕我们逃跑，试问在旷野荒郊中我们有逃跑的能力和勇气吗？也许是押解人员真正心慌。他们传下命令：夜里谁也不许出门，否则小心长矛！如果非到厕所去不行，则必须大声喊："报告！"得到允许，才能行动。有一天夜里，我要小便，走出门来，万籁俱寂，皓月当空。我什么人都看不到，只好对空高呼："报告！"在黑影里果然有了人声："去吧！"此人必然是长矛在手，但是我没有见到人影。

我们是来劳动改造的。劳动是我们的主课。第二天早晨，我们就上了半山，课程是栽白薯秧。按说这不是什么累活。可是我拖着带伤的身体，跪在地上，用手栽秧，感到并不轻松。但是我仍然卖劲地干，一点不敢懈怠。可是我头上猛然挨了一棒，抬头看到一个一手执长矛一手执棒的押解人员，他厉声高喊："季羡林！你想挨揍吗？！"我不想挨揍，只好低下头，用出吃奶的力气来干活，手指头磨出了血。

此地风光真是秀美。当时是初夏，桃花、杏花早已零落，但是周围全是树林，绿树成荫，地上开满了各种颜色的小花，如锦绣一般。再往上看，是高耸入云的山峰。在平常时候，这样美妙的大自然风光，必然会引起我的兴趣，大大地欣赏一番。但是此时，我只防备头上的棒子，欣赏山水的闲情逸致连影儿都没有了。也许真是积习难除，在满身泥污、汗流浃背的情况下，我偶一斜眼，瞥见苍翠欲滴的树林，心里涌起了两句诗：栽秧燕山下，慊然见绿林。

当年陶渊明是"悠然见南山"。我此时却是"悠然"不起来的，我只能"慊然"。大自然不关心人间的阶级斗争，不管人间怎样"黄钟毁弃，瓦釜雷鸣"，它依然显示自己的美妙。我不

"愀然"能行吗？

我干了几天活儿以后，心理的负担、身体的疲劳，再加上在学校大批斗时的伤痕，我身心完全垮了。睾丸忽然肿了起来，而且来势迅猛，直肿得像小皮球那样大，两腿不能并拢起来，连站都困难，更不用说走路。我不但不能劳动，连走出去吃饭都不行了。押解人员大发慈悲，命令与我同住的那一位东语系的老教授给我打饭，不让我去栽秧，但是不干活是不行的，安排我在院子里拣砖头石块，扔到院子外面去。我就叉开双腿，趴在地上，把砖石拣到一起，然后再爬着扔到院子外面。此时，大队人马都上了山，只有个别的押解人员留下。不但院子里寂静无声，连院子外面、山脚下、树林边、田畴上，小村中也都是一片静寂。静寂铺天盖地压了下来，连几里外两人说话的声音都能听到。久住城市的人无法领会这种情景。我在仿佛凝结了起来的大寂静中，一个人孤独地在地上爬来爬去。我不禁"念天地之悠悠，独怆然而泪下"了。

又过了两天，押解人员看到我实在难熬，睾丸的肿始终不消，便命令我到几里外的二百号去找大夫。那里驻有部队，部队里有医生。但是郑重告诫我：到了那里一定要声明自己是"黑帮"。我敬谨遵命，叉开两腿，夹着一个像小球似的睾丸，蜗牛一般地爬了出去。路上碰到"黑帮"难友马士沂。他推着小车到昌平县去买菜。他看到我的情况，再三诚恳地要我上车，他想把我推到二百号。我吃了豹子心老虎胆也不敢上车呀！但是，他这一番在苦难中的真挚情意，我无论如何也是忘不了的。

我爬了两小时，才爬到二百号。那里确实有一个解放军诊所。里面坐着一个穿军服的医生。他看到了我，连忙站起来，满面春风地要搀扶我。我看到他军服上的红领章，这红色特别鲜艳耀眼，闪出了异样的光彩。这红色就是希望，就是光明，就是我要求的一切。可是我必须执行押解人员的命令。我高声说："报告！我是黑帮！"这一下子坏了。医生脸上立刻晴转阴，连多云这个阶段都没有。我在他眼中仿佛是一个带艾滋病毒的人，连碰我一下都不敢，慌不迭地连声说："走吧！走吧！"我本来希望至少能把我的睾丸看上一眼，给我一点止痛药什么的。现在一切都完了，我眼前的红色也突然暗淡下来。我又爬上了艰难的回程。

人类忍受灾难和痛苦的能力，简直是没有底的，简直是神秘莫测的。过了几天，我一没有停止劳动，二没有服任何药，睾丸的肿竟然消了。我又能够上山干活了。此时，白薯秧已经栽完。押解人员命令我同东语系那一位老教授上山去平整桃树下的畦。我们俩大概算是一个劳动小分队，由一名押解人员率领，并加以监督。他是东语系阿拉伯语教员。论资排辈，他算是我们的学生。但现在是押解人员,我们是阶下囚,地位有天壤之别了。就我们这两个瘦老头子,他还要严加戒备,手执长矛,威风凛凛,宛如四大天王中的一个天王。这地方比下面栽白薯秧的地方,更为幽静,更为秀美。但是我哪里有心去欣赏呢?

我们的生活——如果还能算是"生",还能算是"活"的话——简单到不能再简单。吃饭的地方在山脚下,同我们住的平房群隔一个干涸的沙滩。这里房子整洁,平常是有人住的。厨房就设在这里。押解人员吃饭坐在屋子里,有桌有椅,吃的东西也不一样。我们吃饭的地方是在房外的草地上、树根下,当然没有什么桌椅。吃的东西极为粗糙,粗米或窝头、开水煮白菜,炸油饼算是珍馐,与我们绝对无缘。我们吃饭不过是为了维持性命。除了干活和吃饭睡觉外,别的任何活动都没有。

但是,我们也有特殊的幸福之感:这里用不着随时担心被批斗。批斗我们的单位都留在校内了。在这里除了偶尔挨上一棒或一顿骂之外,没有喷气式可坐,没有胡说八道的批斗发言。这对我们来说已是最大的幸福。

我们真希望长期待下去。

八、自己亲手搭牛棚

但是,我们的希望又落了空。

造反派的脾气我们还没有摸着。

有一天，接到命令：回到学校去。我们在太平庄待的时间并不长，反正不到一个月。

返校就返校吧。反正我们已是"瘸子掉在井里，扶起来也是坐"，到什么地方去都一样。太平庄这二十来天，我不知道，在虐待折磨计划中占什么地位。回来以后，我也不知道，他们还会想出什么花样来继续虐待和折磨我们。

到了学校，下车的地点仍然是渣滓洞阎罗殿煤厂。临走时给我们训话的那一个学生模样的公社头子，又手执长矛，大声训了一顿话。第二天，我们这一群"黑帮"就被召到外文楼和民主楼后面的三排平房那里去，自己动手，修建牛棚，然后再请君入瓮，自己住进去。

这几排平房我是非常熟悉的。我从家里到外文楼办公室去，天天经过这里。我也曾在这里上过课。房子都是简陋到不能再简陋的程度。屋顶极薄，挡不住夏天的炎阳。窗子破旧，有的又缺少玻璃，阻不住冬天的寒风。根本没有暖气。安上一个炉子，也只能起"望梅止渴"的作用。地上是砖铺地，潮湿阴冷。总之，根据我在这里上课的经验，这个地方毫无可取之处。

然而今天北大公社的头子们却偏偏选中了这块地方当做牛棚，把我们关在这里。牛棚的规模是，东面以民主楼为屏障，南面以外文楼为屏障，西面空阔的地方，北面没有建筑的地方，都用苇席搭成墙壁，遮了起来。在外文楼与民主楼之间的空阔处，也用苇席围起，建成牛棚的大门。我们这一群"牛"们，被分配住在平房里，男女分居，每屋二十人左右，每个人只有躺下能容身之地。因为久已荒废，地上湿气霉味直冲鼻官。监改者们特别宣布："老佛爷"天恩，运来一批木板，可以铺在地上挡住潮气。意思是让我们感恩戴德。这样的地方监改者们当然是不能住的。他们在民主楼设了总部，办公室设在里面，有的人大概也住在那里。同过去一样，他们非常惧怕我们这一群多半是老弱的残兵。他们打开了民主楼的后门，直接通牛棚。后门内外设置了很多防护设施，还有铁蒺藜之类的东西，长矛当然也不会缺少。夜里重门紧闭，害怕我们这群"黑帮"会起来暴动。这情况令人感到又可笑又可叹。在西边紧靠女牢房的地方搭了一座席棚，原名叫外调室。后来他们觉得这不够"革命"，改名为审讯室。在这里确审讯过不少人，把受审者打得鼻青脸肿的事情，也经常发生。在外文楼后面搭了一座大席棚，后来供囚犯们吃饭之用。

　　黑帮大院的建筑规模大体上就是这样。这里由于年久失修，院子里坑坑洼洼，杂草丛生，荒芜不堪。现在既然有我们这一批"特殊"的新主人要迁入，必须大力清扫，斩草铺地。这工作当然要由我们自己来做。监改人员很有韬略，指挥若定。他们把我们中少数年富力强者调了出来，组成了类似修建队的小分队，专门负责这项工作。其余的老弱残兵以及一些女囚徒则被分配去干其他的活。工地上一派生气勃勃的劳动气氛。同任何工地不同之处则是：这里没有一个人敢说说笑笑，都是囚首丧面，是过去在任何时候、任何地方都没有见过的劳动大军。

我原来奉命在今天考古楼东侧的一排平房（平房现在已经拆掉）的前面埋柱子，搭席棚。先用铁锹挖土成坑，栽上木桩，再在桩与桩之间架上木柱，搭成架子，最后在架子上钉上苇席，有一丈多高，人们是无法爬出来的。原来是毫无阻拦的通道，现在则俨然成了铁壁铜墙，没有人胆敢跨越一步了。

席棚搭完，我又被调到审讯室去，用铁锹和木棍把地面捣固，使之平整。我们被调去的人，谁也不敢偷懒耍滑。我们都是鼓足干劲，力争上游。并不是因为我们的觉悟特别高。我们只害怕有意外的横祸飞临自己头上。这时候，监改人员手里都不拿着长矛了，同在太平庄时完全不同。也许是因为太平庄地处荒郊野外，而此处则是公社的大本营，用不着担心了。我们心里也清楚：虽然他们手里没有长矛，但大批的长矛就堆在他们民主楼内的武器库中，不费吹灰之力就可以拿到手的。而且他们现在手中都执有木棒。他们的长矛是不吃素的，他们的木棒也不会忌荤的。

我的担心并没有错。西语系教法语的一位老教授,当时岁数总在古稀以上。他眼睛似乎有点毛病,神志好像也不那么清醒,平常时候就给我以痴呆的印象。他大概是没有到太平庄去经受大的洗礼;在被批斗方面,他也没有上过大的场面,有点闭目塞听,不知道天高地厚,没有长矛不吃素的感性认识。现在也被调来用铁锹捣地。在干活的时候,手中的铁锹停止活动了一会儿。他哪里知道,监改人员就手执木棒站在他身后。等到背上重重挨了一棒,他才如梦方醒,手里的铁锹又运转起来了。这可能算是一个小小的插曲。插曲一过,天下太平,小小的审讯室里响彻铁锹砸地的声音,激昂而又和谐,宛如某一个大师的交响乐了。

劳改大院终于就这样建成了。

落成之后,又画龙点睛,在大院子向南的一排平房的墙上,用白色的颜料写上了八个大字:横扫一切牛鬼蛇神。每一个字比人还高,龙飞凤舞,极见功力。顿使满院生辉,而且对我们这一群牛鬼蛇神极有威慑力量,这比一百次手执长矛的训话威力还要大。我个人却非常欣赏这几个字,看了就心里高兴,窃以为此人可以入中国书谱的。我因此想到,在文化大革命中,写大字报锻炼了书法,打人锻炼了腕力,批斗发言锻炼了诡辩说谎,武斗锻炼了勇气。对什么事情都要一分为二。你能说十年浩劫一点儿好处都没有吗?

此外，我还想到，鲁迅先生的话是万分正确的，他说中国是文字之国。这种做法古已有之，于今为烈。汉朝有"霄寐匪祯，扎闼宏庥"，翻成明白的话就是"夜梦不祥，出门大吉"。只要把这几个字往门上一写，事情就"大吉"了。后来这种文字游戏花样繁多，用途极广，什么"进门见喜"、"吉祥如意"等，到处可见。连中国的鬼都害怕文字，"泰山石敢当"是最好的例子。中国进入社会主义阶段以后，此风未息。"为人民服务"五个字，很多地方都能看到。好像只要写上这五个字，为人民服务的工作就已完成。至于服不服务，那是极其次要的事情了。现在我们面临的"横扫一切牛鬼蛇神"，也属于这种情况。八个字一写，我们这一群牛鬼蛇神，就仿佛都被横扫了。何其简洁！何其痛快！

从此以后，我们这一群囚徒就生活在这八个大字的威慑之下。

九、牛棚生活

我们亲手把牛棚建成了，我们被"请君入瓮"了。

牛棚里面也是有生活的。有一些文学家不是宣传过"到处有生活"吗？

但是，现在要来谈牛棚生活，却还非常不容易，"一部十七史,不知从何处说起"。我考虑了好久,忽然灵机一动,我想学一学过去很长时间内在中国史学界最受欢迎,几乎被认为是金科玉律的"以论带史"的办法,先讲一点理论。但是我这一套理论,一无经可引;二无典可据,完全是我自己通过亲身体验,亲眼观察,又经过深思熟虑,从众多的事实中抽绎出来的。难登大雅之堂,是可以肯定的。但我自己则深信不疑。现在我不敢自秘,公之于众,这难免厚黑之诮,老王卖瓜之讽,也在所不顾了。

我的理论是什么呢?一言以蔽之,可名之为"折磨论"。我觉得,"革命小将"在文化大革命中自始至终所搞的一切活动,不管他们表面上怎样表白,忠于什么什么人呀,维护什么什么路线呀。这些都是鬼话。要提纲挈领的话,纲只有一条,那就是:折磨人。这一条纲贯彻始终,无所不在,无时不在,左右一切。至于这一条纲的心理基础、思想基础,我在上面几个地方都有所涉及,这里不再谈了。从"打倒"抄家开始,一直到劳改,花样繁多,令人目迷五色,但是其精华所在则是折磨人。在这方面,他们也有一个进化的过程。最初对于折磨人,虽有志于斯,但经验很少,办法不多。主要是从中国过去的小说杂书中学到了一点。我在本书开头时讲到的《玉历至宝钞》,就是一个例子。此时折磨人的方式比较简单、原始、生硬、粗糙,并不精美、完整。比如打耳光，用脚踹之类，大概在原始社会就已有了。他们不学自通。但是，这一批年轻人勤奋好学，接受力强，他们广采博取，互相学习，互相促进。正如在战争中武器改良迅速，在文化大革命中，折磨人的方式也是时新日异，无时不在改进、丰富中。往往是一个学校发明了什么折磨人的办法，比电光还快，立即流布全国，比如北大挂木牌的办法，就应该申请专利。结果是，全国的"革命造反派"共同努力，各尽所能，又集中了群众的智慧，由粗至精，由表及里，由近及远，由寡及众，折磨人的办法就成了体系，光被寰宇了。如果有机会下一次再使用时，那就方便多了。

我的"论"大体如此。

这个"论""带"出了什么样的"史"呢？

这个"史"头绪繁多。上面其实已经讲了一些。现在结合北大的"牛棚"再来分别谈上一谈。据我看，北大黑帮大院的创建就是理论联系实践的结果。

下面分门别类来谈。

（一）正名

孔子曰："必也正名乎。名不正则言不顺。"我们这一群被抄家被"打倒"的罪犯应该怎样命名呢？这是"革命"的首要任务。我们曾被命名为"黑帮"，但是，这是老百姓的说法，其名不雅驯。我们曾被叫做"王八蛋",但是,此名较之"黑帮",更是"斯下矣"。我们曾被命名为"反革命分子"。这确实是一个"法律语言"。不知为什么,也没有被普遍采用。此外还有几个名,也都没有流行起来。看来这个正名的问题,一直没有妥善地解决。现在黑帮大院已经建成了,算是正规化了,正名便成了当务之急。我们初搬进大院来的时候,每一间屋的墙上都贴着一则告示,名曰"劳改人员守则"。里面详细规定了我们必须遵守的规矩,具体而又严厉。样子是出自一个很有水平的秀才之手。当时还没有人敢提倡法治。我们的"革命小将"真正是得风气之先,居然订立出来了类似法律的条款,真不能不让我们这些被这种条款管制的人肃然起敬了。

但是,俗话说:"智者千虑,必有一失。"我们这些小智者也有了"一失",失就失在正名问题上。《劳改人员守则》贴出来只有一两天就不见了,换成了《劳改罪犯守则》。把"人员"改为"罪犯",只更换了两个字,然而却是点铁成金。"罪犯"二字何等明确,又何等义正词严!让我们这些人一看到"罪犯"二字,就能明确自己的法律地位,明确自己已被打倒,等待我们的只是身上被踏上一千只脚,永世不得翻身了。我们这一群从来也不敢造反的秀才们,从此以后,就戴着罪犯的帽子,小心翼翼,日日夜夜,都如临深渊,如履薄冰,把我们全身,特别是脑袋里的细胞,都万分紧张地调动到最高水平,这样来实行劳改。

我有四句歪诗:

大院建成,

乾坤底定。

言顺名正,

天下太平。

(二)我们的住处

关于我们的住处,我在上面已经有所涉及。现在再简略地谈一谈。

"罪犯"们被分配到三排平房中去住。

这些平房,建筑十分潦草,大概当时是临时性的建筑,其规模比临时搭起的棚子略胜一筹。学校教室紧张的时候,这里曾用做临时教室。现在全国大学都停课闹革命已经快两年了。北大连富丽堂皇的大教室都投闲置散,何况这简陋的小屋?所以里面尘土累积,蛛网密集,而且低矮潮湿,霉气扑鼻。此地有老鼠、壁虎,大概也有蝎子。地上爬着多足之虫,还有土鳖,以及其他许许多多的小动物。总之,低矮潮湿之处所有的动物,这里应有尽有。实际上是无法住人的。但是我们此时已经被剥夺了"人"籍,我们是"罪犯"。让我们在任何地方住,都是天恩高厚。我们还敢有什么奢望!

最初几天，我们就在湿砖地上铺上席子，晚上睡在上面，席子下面薄薄一层草实在挡不住湿气。白天苍蝇成群，夜里蚊子成堆。每个人都被咬得遍体鳞伤，奇痒难忍。后来，运来了木头，席子可以铺在木头上了。夜里每间房子里还发给几个蘸着敌敌畏的布条，悬挂在屋内，据说可以防蚊。对于这一些"人道"措施，我们几乎要感激涕零了。

这时候，比起太平庄来，劳动"罪犯"的队伍大大地扩大了，至少扩大了一倍。其中原因我们不清楚，也不想清楚，这同我们有什么关系呢？我观察了一下，陆平等几个"钦犯"，最初并没有关在这里，大概旁处还有"劳改小院"之类，这事我就更不清楚了。有一些新面孔，有的过去在某个批斗会上见过面，有一些则从没有见过面，大概是随着"阶级斗争"的深入发展，新"揪"出来的。事实上，从入院一直到大院解散，经常不断地有新"罪犯"参加进来。我们这个大家庭在不断扩大。

（三）日常生活

牛棚里有了《劳改罪犯守则》，就等于有了宪法。以后虽然也时常有所补充，但大都是口头的，没有形诸文字。这里没有"劳改罪犯"大会，用不着什么人通过。好在监改人员——我不知道这是不是官方的称呼——出口成法，说什么都是真理。

在"宪法"和口头补充法律条文的约束下，我们的牛棚生活井然有序。早晨六点起床，早了晚了都不允许。一声铃响，穿衣出屋，第一件事情就是绕着院子跑步。监改人员站在院子正中，发号施令。在我的记忆中，他们很少手执长矛，大概是觉得此地安全了。跑步算不算体育锻炼呢？按常理说，是的。但是实际上我们这一群"劳改罪犯"，每天除了干体力活以外，谁也不允许看一点书，我们的体育锻炼已经够充分的了，何必再多此一举？再说我们"这一群王八蛋"已经被警告过，我们是铁案如山，谁也别想翻案。我们已经罪该万死，死有余辜，身体锻炼不锻炼完全是无所谓的。唯一的合理解释就是我发现的"折磨论"。早晨跑步也是折磨"罪犯"的一种办法。让我们在整天体力劳动之前，先把体力消耗净尽。

跑完步，到院子里的自来水龙头那里去洗脸漱口。洗漱完，排队到员二食堂去吃早饭。走在路上，一百多人的浩浩荡荡的队伍，个个垂头丧气，如丧考妣。根据口头法律，谁也不许抬头走路，谁也不敢抬头走路。有违反者，背上立刻就是一拳，或者踹上一脚。到了食堂，只许买窝头和咸菜，油饼一类的"奢侈品"，是绝对禁止买的。当时"劳动罪犯"的生活费是每月十六元五角，家属十二元五角。即使让我买，我能买得起吗？靠这一点钱，我们又怎样"生"，怎样"活"呢？餐厅里当然有桌有凳，但那是为"人"准备的，我们无份。我们只能站在楼外树底下、台阶上，或蹲在地上"进膳"。中午和晚上的肉菜更与我们无关，只能吃点盐水拌黄瓜，清水煮青菜之类。整天剧烈的劳动，而肚子里却滴油没有。我们只能同窝头拼命，可是我们又哪里去弄粮票呢？这是我继在德国挨饿和所谓"三年困难时期"之后的第三次坠入饥饿地狱。但是，其间也有根本性的区别：前两次我只是饿肚子而已，这次却是在饿肚之外增加了劳动和随时会有皮肉之苦。回思前两次的挨饿宛如天堂乐园可望而不可即了。

早饭以后，回到牛棚，等候分配劳动任务。此时我们都成了牛马。全校的工人没有哪个再干活了，他们都变成了监工和牢头禁子。他们有了活，不管是多脏多累，一律到劳改大院来，要求分配"劳改罪犯"。这就好比是农村生产队队长分配牛马一样。分配完了以后，工人们就成了甩手大掌柜的，在旁边颐指气使。解放后的北大工人阶级，此时真是踌躇满志了。

还有一件最最重要的事情，无论如何也是不能忘记的。在出发劳动之前，我们必须到树干上悬挂的黑板下，抄录今天要背诵的"最高指示"。这指示往往相当长。每一个"罪犯"，今天不管是干什么活，到哪里去干活，都必须背得滚瓜烂熟。任何监改人员，不管在什么场合，都可能让你背诵。倘若背错一个字，轻则一个耳光，重则更严厉的惩罚。现在，如果我们被叫到办公室去，先喊一声："报告！"然后垂首肃立。监改人员提一段语录的第一句，你必须接下去把整段背完。倘若背错一个字，则惩罚如上。有一位地球物理老教授，由于年纪实在太老了，而且脑袋里除了数学公式之外，似乎什么东西也挤不进去。连据说有无限威力的"最高指示"也不例外。我经常看到他被打得鼻青脸肿，双眼下鼓起两个肿泡。我颇有兔死狐悲之感。

背语录有什么用处呢？也许有人认为，我们这些"罪犯"都是花岗岩的脑袋瓜，用平常的办法来改造，几乎是不可能的。"革命家"于是就借用了耶稣教查经的办法，据说神力无穷。但是，我很惭愧，我实在没有感觉出来。我有自己的解释，这解释仍然是我发明创造的"折磨论"。我一直到今天还认为，这是唯一合理的解释。监改人员自己也不相信，"最高指示"会有这样的威力，他们自己也背不熟几条语录。连向"罪犯"提头时，也往往出现错误。有时候他提了一个头，我接着背下去，由于神经紧张，也曾背错过一两个字，但监改人员并没有发现。我此时还没有愚蠢到"自首"的地步，蒙混过了关。我如真愚蠢到起来"自首"，那么监改人员面子不是受到损害了吗？那后果就不堪设想了。

从此，我们就边干活，边背语录。身体和精神都紧张到要爆炸的程度。

至于我参加的劳动工种，那还是非常多的。劳动时间最长的有几个地方。根据我现在的回忆，首先是北材料厂。这里面的工人都属于新北大公社一派，都是拥护"老佛爷"的。在"劳改罪犯"中，也还是有派别区分的。同是"罪犯"，而待遇有时候会有不同。我在这里，有两重身份，一是"劳改罪犯"，二是原井冈山成员。因此颇受到一些"特殊待遇"，被训斥的机会多了一点。我们在这里干的活，先是搬运耐火砖，从厂内一个地方搬到小池旁边，码了起来。一定要码整整齐齐，否则会塌落下来。耐火砖非常重，砸到人身上，会把人砸死的。"罪犯"们都知道这一点，干起活来都万分小心谨慎。耐火砖搬完，又被分配来拔掉旧柱子和旧木板上的钉子。干这活儿，允许坐在木墩子上，而且活儿也不累，我们简直是享受天福了。厂内的活儿干完了后，又来到厂外堆建房用的沙堆旁边，去搬运沙子，从一堆运到另一堆上。在北材料厂我大概干了几个星期。我在这里还要补充说明几句，在这里干活的只是"罪犯"的一小部分。其余的人都各有安排，情况我不清楚，我只好略而不谈了。

我从北材料厂又被调到学生宿舍区去运煤。现在是夏天，大汽车把煤从什么地方运到学校，卸在地上，就算完成任务。我们的任务是把散堆在地上的煤，用筐抬着，堆成煤山，以减少占地的面积。这个活儿并不轻松，一是累，二是脏。两个老人抬一筐重达百斤以上的煤块或煤末，有时还要爬上煤山，是非常困难的，大风一起，我们满脸满身全是煤灰。在平常时候这种地方我们连走进都不会的。然而此时情况变了。我们已能安之若素。什么卫生不卫生，更不在话下了。同我长时间抬一个筐的是解放前在燕京大学冒着生命危险参加地下工作的穆斯林老同志，趁着监督劳动的工人不在眼前的时候，低声对我说："我们的命运看来已经定了。我们将来的出路，不外是到什么边远地区劳改终生了。"这种想法是有些代表性的。我自己何尝不是这样想呢？

以后，我的工种有过多次变化。我曾随大队人马到今天勺园大楼的原址稻田的地方去搬过石头，挖过稻田。有一次同西语系的一位老教授被分配跟着一个工人，到学生宿舍三十五楼东墙外面去修理地下水管。这次工人师傅亲自下了手，我们两个老头只能算是"助教"，帮助他抬抬洋灰包，递递铁锹。这位工人虽然也绷着脸，一言不发。但是对我们一句训斥的话都没有说过。我心里实在是铭感五内。十年浩劫以后，我在校园里还常见到他骑车而过，我总是用感激的眼光注视着他的背影渐渐消逝。

此外，我还被分配到一些地方去干活，比如修房子、拔草之类，这里不一一叙述了。

既然叫做"劳改"，劳动当然就是我们主要的生活内容。不管是在劳动中，还是在其他活动中，总难避开同监改人员打交道。见了他们，同在任何地方一样，我们从不许抬头，这已经是金科玉律。往往我们不知道，站在面前谈话的是什么人。但是对方则一张口就用上一句"国骂"，这同美国人见面时说"hello!"一样，不过我们只许对面的人说而已。监改人员用的词汇很丰富，除了说"妈的"以外，还说"你这浑蛋！""你这王八蛋！"等，词彩丰富多了。如果哪个监改人员不用"国骂"开端，我反而觉得非常反常，非常不舒服了。

（四）晚间训话

我先郑重声明一句：这是劳改监改人员最伟大的最富有天才的发明创造。

在我上面谈"劳改罪犯"的日常生活时，曾谈过监改人员在管理"劳动罪犯"时的许多发明创造。这些监改人员，除了个别职员和一些工人以外，有一多半是学生。这些学生平常学习成绩怎样，我说不清楚。但在管理劳改大院时的表现，我作为一个老师，却不能不给他们打很高的分数。过去我们的教学颇多脱离实际的地方。这主要由教学制度负责，我们当教员的也不能辞其咎。在劳改大院里，他们是完全联系实际的，他们表现出来的才能是多方面的：组织的才能、管理的才能、训话的才能、说歪理诡辩的才能、株连罗织的才能，等等，简直说也说不完。再加上他们表现出来的果断和勇气，说打人伸手就打，抬脚就踢，丝毫也不游移迟疑,我辈老师实在是望尘莫及。

但是,他们发明创造的天才表现得最最突出的地方,却是晚间训话。

什么叫"晚间训话"呢?每天晚上,吃过晚饭,照例要全体"罪犯"集合,地点在两排平房之间的小院子里。每天总有一个监改人员站在队列前面训话,这个人好像是上边来的,不是我们在大院里常碰到的那些人,他大概是学校公社的头子之一。这个训话者常换人,个中详情我说不清楚。训话的内容,每天不同。因为它的目的不在讲大道理,而大道理是没有多少的,讲大道理必然每天重复。他们的训话是属于"折磨学"的,是这一门学问的实践。训话者每天主要的做法是抓小辫子,而小辫子我们满头都是,如果真正没有,他们还可以栽在你头上嘛。小辫的来源大体上有两个:一个是白天劳动时一些芝麻绿豆大的小事;一个是我们每天的书面思想汇报中一些所谓"问题"。我们劳动都是非常兢兢业业的,并不是由于我们"觉悟"高,而是由于害怕拳打脚踢。但是,欲加之罪,何患无辞,说不定哪一个"棚友"今天要倒霉,让监改人员看中了。到了晚间训话时,就给你来算账。至于写书面的思想汇报,那更是每天的重要工作。不管我们怎样冥思苦想,细心推敲,在中国这个文字之国,这个刀笔师爷之国,挑点小毛病是易如反掌的。中国历史上这类著名的例子多如牛毛。清朝雍正皇帝就杀过一个大臣，原因是他把"朝乾夕惕"，为了使文章别开生面，写成了"夕惕朝乾"。这二者其实是一样的，都是"颂圣"之句。然而"龙颜大怒"，结果丢掉了脑袋。我们监改人员的智商要比封建皇帝高多了。他们反正每天必须从某个"罪犯"的书面汇报中挑点小毛病。不管是谁，只要被他们选中，晚间训话时就倒了大霉。

晚间训话的程序大体上是这样的。"罪犯"们先列队肃立，因为院子不大，排成四行。监改人员先点名。这种事情我一生经历多了，没有留下什么深刻的记忆。只有一件极小极小的小事，却给我留下了毕生难忘的回忆，就是我将来见了阎王爷，也不会忘记的。有一位西语系的归国华侨教授，年龄早过了花甲，而且有重病在身，躺在床上起不来。不知道是用什么东西把他也弄到黑帮大院里来。他行将就木，根本不能劳动，连吃饭都起不来。就让他躺在床上"改造"。他住的房子门外就是晚间训话"罪犯"们排队的地方。每次点名，他都能听到自己的名字。此时就从屋中木板上传出来一声："到！"声音微弱、颤抖、苍老、凄凉。我每次都想哭上一场。这声音震动了我的灵魂！

其他"罪犯"站在这一间房子的门外，个个心里打鼓。说不定训话者高声点到了谁的名字，还没有等他自己出队，就有两个年轻力壮的监改人员，走上前去，用批斗会上常用的方式，倒剪双臂，拳头按在脖子上，押出队列，上面是耳光，下面是脚踢。清脆的耳光声响彻夜空。更厉害的措施是打倒在地，身上踏上一两只脚，一千只脚是踏不上的，这只不过是修辞学的夸大而已，用不着推敲，这也属于我所发现的"折磨论"之列的。

这样的景观大概只有在十年浩劫中才能看到。我们不是非常爱"中国之最"吗？有一些"最"是颇有争议的，但是，我相信，这里决无任何争议。因此，劳改大院的晚间训话的英名不胫而走，不久就吸引了大量的观众，成为北大最著名的最有看头的景观。简直可以同英国的白金汉宫前每天御林军换岗的仪式媲美了。每天，到了这个时候，站在队列之中，我一方面心里紧张到万分，生怕自己的名字被点到；另一方面在低头中偶一斜眼，便能看到席棚外小土堆上，影影绰绰地，隐隐约约地，在暗淡的电灯光下，在小树和灌木的丛中，站满了人。数目当然是数不清的。反正是里三层外三层的人不在少数。这都是赶来欣赏这极为难得又极富刺激性的景观的。这恐怕要比英国戴着极高的黑帽子，骑在高头大马上的御林军的换岗难得得多。这仪式在英国已经持续了几百年，而在中国首都的最高学府中只持续了几个月。这未免太煞风景了。否则将会给我们旅游业带来极大的经济效益。

还有一点十分值得惋惜的是，我们晚间训话的棚外欣赏者们,没有耐性站到深夜。如果他们有这个耐性的话,他们一定能够看到比晚间训话更为阴森森的景象。这个景象连我们这个大院里的居民都不一定每个人都能看到。偶尔有一夜,我出来小解,我在黑暗中看到院子里一些树下都有一个人影,笔直地站在那里,抬起两只胳臂,向前做拥抱状。实际上拥抱的只是空气,什么东西都没有。我不知道,我们这几个棚友已经站在那拥抱空虚有多久了。对此我没有感性认识,我只觉得,这玩意儿大概同喷气式差不多。让我站的话,站上一刻钟恐怕都难以撑住。棚友们却不知道已经站了多久了,更不知道将站到何时。我们棚里的居民都知道,在这时候,什么话也别说,什么声也别出。我连忙回到屋里,在梦里还看到一些拥抱空虚的人。

(五)离奇的规定

在黑帮大院里面,除了有《劳改罪犯守则》这一部"宪法"以外,还有一些不成文法或者口头的法规。这我在上面已经说过几句。现在再选出两个典型的例证来说上一说。

这两个例证:一是走路不许抬头;二是坐着不许跷二郎腿。

我虽不是研究法律的学者,但是在许多国家待过,也翻过一些法律条文,可是无论在什么地方也没有看到或者听到一个人走路不许抬头的规定。除了生理上的歪脖子以外,头总是要抬起来的。

但是，在北京大学的劳改大院里，牢头禁子们却规定"罪犯"走路不许抬头。我不知道，他们是怎样想出这个极为离奇的规定来的。难道说他们读到过什么祖传的秘典？或者他们得到了像《水浒传》中说的那种石碣文？抑或是他们天才的火花闪耀的结果？这些问题我研究不出来。反正走路不许抬头，这就是法律，我们必须遵守。

除了在个人的牢房里以外，在任何地方，不管是在院内，还是在院外，抬头是禁止的。特别在同牢头禁子谈话的时候，绝对不允许抬头看他一眼的。如果哪一个"罪犯"敢于这样干，那后果真是不堪设想。轻则一个耳光，重则拳打脚踢，甚至被打翻在地。因此，我站在牢头禁子面前，眼光总是落在地上，或者他的脚上，再往上就会有危险。他们穿的鞋，我观察得一清二楚，面孔则是模糊一团。在干活时，比如说抬煤筐，抬头是可以的。因为此时再不允许抬头，活儿就没法干了。有一次，我们排队去吃饭，不知道由于什么原因，我稍稍抬了一下头，时间最多十分之一秒。然而押送我们到食堂的监改人员立即作狮子吼："季羡林！你老实点！"我本能地期望着脸上挨一耳光，或者腿上挨一脚，幸而都没有。我从此以后再也不敢不"老实"了。

至于跷二郎腿，那几乎是人人都有的一个习惯。因为这种姿势确实能够解除疲乏。但是在劳改大院里却是被严厉禁止的。

记得在什么书上看到有关袁世凯的记载,说他一生从来不跷二郎腿,坐的时候总是双腿并拢,威仪俨然。这也许是由于他是军人,才能一生保持这样坐的姿势。我们这一群"劳改罪犯"都是平常的人,不是洪宪皇帝,怎么能做得到呢?

还有一件不大不小的事情,我想在这里提一提。我在上面已经说到过,我们"罪犯"们已经丢掉了笑的本领。笑本来是人的本能,怎么竟能丢掉了呢?这个"丢掉",不是来自"劳改宪法",也不是出自劳改监督人员的金口玉言,而是完全"自觉自愿"。试问,在打骂随时威胁着自己的时候,谁还能笑得起来呢?劳改大院里也不是没有一点笑声的,有的话,就是来自牢头禁子的口中的。在寂静如古墓般的大院中,偶尔有一点笑声,清脆如音乐,使大院顿时有了生气。然而,这笑声会在我们心中引起什么感觉呢?别人我不知道,在我耳中心中,这笑声就如鸱鸮在夜深人静时的狞笑,听了我浑身发抖。

(六)设置特务

这一群年轻的牢头禁子们,无师自通,或者学习外国的"盖世太保"或克格勃,以及国民党的"中统"或"军统",也学会了利用特务,来巩固自己的统治。他们当然决不会径名之为"特务",而称之为"汇报人"。每一间牢房里都由牢头禁子们任命一个"汇报人"。这个"汇报人"是根据什么条件被选中的?他们是怎样从牢头禁子那里接受任务?对我们这些非"汇报人"的"罪犯"来说,都是极大的秘密。据我的观察,"汇报人"是有一些特权的。比如每星期日都能够回家,而且在家里待的时间也长一点儿。我顺便在这里补充几句。"罪犯"们中有的根本不允许回家。有的隔一段比较长的时间可以回家,有的每个星期日都能够回家。这叫做"区别对待"。决定的权力当然都在牢头禁子手中。"汇报人"既然享受特权,"士为知己者用"。他们必思有以报效,这就是勤于"汇报"。鸡毛蒜皮,都要"汇报",越勤越好。有的"汇报人"还能看风使舵。哪一个"罪犯""失宠"于牢头禁子,他就连忙落井下石,以期得到更大的好处。我还观察到,有一天,某一间屋子里的"汇报人"在一个牢头禁子面前,低头弯腰,"汇报"了一通,同房的某一个"罪犯"立刻被叫了出去,拖到一间专供打人用的房间里去了。其结果我无法亲眼看到,但是完全可以想象了。

(七)应付外调

所谓"外调",是一个专用名词,意思就是从外地外单位向劳改大院的某一个"罪犯"调查本地本单位某一个人——他们那里是不是也叫"罪犯"?这个称呼也许是北大的专利——的"罪行"。当时外调人员满天飞。哪一个单位也不惜工本,派人到全国各地,直至天涯海角,深入穷乡僻壤,调查搜罗本单位有问题人员的罪证，以便罗织罪名，把他打倒在地，让他永世不得翻身。拿我自己来讲。我斗胆开罪了那一位"老佛爷"。她的亲信们就把我看做"眼中钉"，大卖力气，四出调查我的"罪行"。后来我回老家，同村的儿童时的朋友告诉我说，北大派去的人一定要把我打成地主。他把他们（大概是两个人）狠狠地教训了一顿，说："如果讲苦大仇深要诉苦的话，季羡林应是第一名！"第一次夹着尾巴跑了。听口气，好像还去过第二次。我上面已经说到，在抄家时，他们专把我的通信簿抄走，好按照上面的地址去"外调"。北大如此，别的单位也不会两样。于是天下滔滔者皆外调人员矣。

我被关进"劳改大院"以后，经常要应付外调人员。这些人也是三六九等，很不相同。有的只留下被调查人的姓名，我写完后，交给监改人员转走。有的要当面面谈，但态度也还温文尔雅，并不吹胡子瞪眼。不过也有非常野蛮粗鲁的。有一天，山东大学派来了两个外调人员，一定要面谈。于是我就被带进审讯室，接受我家乡来人的审讯了。他们调查的是我同山大一位北京籍的国文系教授的关系。我由此知道，我这位朋友也遭了难。如果我此时不是"黑帮"的话，对他也许能有一点帮助，但我是自身难保，对他是爱莫能助了。我这个新北大公社的"罪犯"，忽然摇身一变，成了山东大学的"罪犯"。这两位仁兄拍桌子瞪眼,甚至动手扯头发,打人;用脚踹我。满口山东腔,"如此乡音真逆耳",我想到吴宓先生的诗句。我耳听粗蛮重浊而又有点油滑的济南腔,眼观残忍蛮横的面部表情,我真恶心到了极点。山东济南的"国骂"同北京略有不同,是用三个字:"我日妈!"这两个汉子满嘴使用着山东"国骂",迫我交代,不但交代我同那位教授的"黑"关系,而且还要交代我自己的"罪行"。来势之迅猛,让我这久经疆场的老"罪犯"也不知所措,浑身上下流满了汗。一直审讯了两个钟头,看来还是兴犹未尽。早已过了吃午饭的时间。连北大的监改人员都看不下去了,觉得他们实在有点过分,干脆出面干涉。这两位山东老乡才勉强收兵,悻悻然走掉了。我在被折磨得筋疲力尽之余,想到的还不是我自己,而是我的那位朋友:"碰到这样蛮横粗野没有一点儿人味的家伙,你的日子真够呛呀!"

(八)连续批斗

被囚禁在牛棚里,每天在监改人员或每天到这里要人的工人押解下到什么地方去劳动。我一下子就想到农村中合作化或人民公社时期生产队长每天向农民分配耕牛的情景。我们现在同牛的差别不大。牛只是任人牵走,不会说话,不会思想,而我们也是任人牵走,会说话而一声不敢吭而已。

但是劳动并不是我们现在唯一的生活内容,换句话说,并不是唯一的"改造"手段。我们不总是说"劳动改造"吗？我一直到现在，虽然经过了多年的极为难得的实践，我却仍然认为，这种"劳动改造"只能改造"犯人"的身体，而不能改造思想，改造灵魂。它只能让"犯人"身上起包，让平滑的皮肤上流血、长疤，却不能让"犯人"灵魂中不怒气冲冲。劳动不行怎么办呢？济之以批斗。在劳动改造以前，是批斗单轨制。劳动改造以后，则与批斗并行，成了双轨制。批斗我在上面已经谈到，它也只能用更猛烈、更残酷的手段把"犯人"的身体来改造，与劳改伯仲之间而已。

但是劳改与批斗二者之间还是有区别的。如果让我辈"罪犯"选择的话，我们都宁愿选取前者。可惜我们选择的权利一点都没有。因此，我们虽然身居劳改大院，仍然必须随时做好两手准备。即使我们已经被分配好跟着工人到什么地方去干活了，心里也并不踏实。说不定什么时候，也说不定哪一个单位，由于某一个原因——其中并不排除消遣取乐的原因——要批斗我们"罪犯"中的某一个人了。戴红袖章的公社红卫兵立即奉命来"黑帮大院"中押人，照例是雄赳赳气昂昂地，找到大院的"办公厅"。由负责人批准批斗。过了或长或短的时间，被批斗者回来了。无人不是垂头丧气，头发像乱草一般。间或也有人被打得鼻青脸肿。

至于有多少人这样被押出去批斗,我没有法子统计。反正每天都有。我自己在大院中,从某种意义上来讲,是"要犯"。我作为一个原井冈山的勤务员,反对了那一位"老佛爷",这就罪在不赦。从大院中被押出去批斗的机会也就特别多。我每天早饭之后,都在提心吊胆,怕被留下,不让出去劳动。我此时简直是如坐针毡,度秒如年,在牢房里,坐立不安。想到"棚友"们此时正在某处干活,自由自在,简直如天上人。等待着自己的却是一场说不定是什么样的风暴。押解我的红卫兵一走进大院,监改人员就把我叫到对着劳改大院门口的一座苇席搭成的屏风似的东西前面——屏风上有许多字,我现在记不清是什么了——低头弯腰,听候训示:"季羡林!好好地去接受批斗!"好像临行时父母嘱咐孩子:"乖乖的不要淘气!"在这期间,我被押去批斗的地方很多,详细情形我不讲了。每次反正都是"行礼如仪"。先是震天的"打倒"的口号,接着是胡说八道,胡诌八扯的所谓批斗发言。紧张的时候,也挨上两个耳光。最后又在"打倒"声中一声断喝:"把季羡林押下去!"完了,礼仪结束了。我回到大院,等于回到自己家里,大概也是垂头丧气,头发像乱草一般。

(九)1968年6月18日大批斗

我在上面谈到过北京大学文化大革命的历史。1966年6月18日,第一次斗"鬼"。因为我当时还不是"鬼",没有资格上斗鬼台，只是躺在家中，听到遥远处闹声喧天而已。1967年6月18日，此时这个日期已经被规定为"纪念日"，又大规模地斗了一次"鬼"。因为我仍然没能争取到"鬼"的资格，幸免于难。

到了1968年6月18日，我已经被打成了"鬼"，并已在黑帮大院中住了一个多月。今年我有资格了，可以被当"鬼"来斗了。但是，这也是一个沉重的灾难，是好久没有过的了。一大早，本院的牢头禁子们就忙碌上了。也不知道是根据什么原则来进行"优化组合"。并不是每一个"棚友"都能得到这个一年一度极为难得的机会。在列队出发的时候，我发现只有少数人参加。东语系的"代表"只有二人：我和那一位老教授。押解我们的人，不是本院的监改人员，而是东语系派来的一位管电化教育的姓张的老工作人员。由此也许可以推断，这次斗"鬼"的出席人员是由各系所单位确定的。这一位姓张的老同事，见了我们，不但不像其他同等地位人员那样，先"妈的！""浑蛋"骂上一通，而且甚至和颜悦色。我简直有点毛骨悚然，非常不习惯。我们这一伙"罪犯"，至少是我，早已觉得自己不是人了。一旦被人当人来看待，反而觉得"反常"。这位姓张的老同事使我终生难忘。

但是，那些"斗鬼者"却完全不是这个样子。这些人是谁，我不知道。我不敢抬头，不但路旁的人我看不清，也不敢看。连走什么道路也看不清。只是影影绰绰地被押出黑帮大院，看到眼前的路是走过临湖轩和俄文楼，沿斜坡走上去的。当时现在的大图书馆还根本没有，只有一条路通向燕南园和哲学楼。我们大概就是顺着这一条林荫马路，被押解到哲学楼一带地方。不知道在什么地方，也不清楚是用什么方式，批斗了一番之后，就押解回"府"。我没有记得坐很久的喷气式，也不记得有人针对我作什么批斗发言。我的印象是，混乱一团。我只听到人声鼎沸，间以"打倒"之声。也许是各个系所单位分头批斗的。我自己好像梦中的游魂，稀里糊涂地低头弯腰，向前走去，"前不见古人，后不见来者"，我只感觉到，不但前后有人，而且左右也有人，好像连上下都有人，弥天盖地，到处都是人。我能够看到的却只有鞋和裤子。在"打道回府"的路上，我感觉到周围的人似乎更多了，人声也更嘈杂了，砖头瓦块打到身上的更多了。我现在已经麻木，拳头打在身上，也没有多少感觉。回到黑帮大院以后，脱下衬衣，才发现自己背上画上了一个大王八，衣襟被捆了起来，绑上了一根带叶的柳条。根据我的考证，这大概就算是狗尾巴吧。平常像阎罗殿一样的黑帮大院，现在却显得异常宁静、清爽，简直有点可爱了。

　　痛定思痛，我回忆了一下今天大批斗的过程。为什么会这样热闹而又隆重呢？小小的批斗，天天都有，到处都有。根据心理学的原理，越是看惯的东西，就越不能引起兴趣。那些小批斗已经是"司空见惯浑无事"了。今天的大批斗却是一年才一次的大典,所以就轰动燕园了。

(十)棚中花絮

这里的所谓"花絮",同平常报纸上所见到的大异其趣。因为我一时想不出更恰当的名称,所以姑先借用一下。我的"花絮"指的是同棚难友们的一些比较特殊的遭遇,以及一些琐琐碎碎的事情,都是留给我印象比较深的。虽是小事,却小中见大,颇能从中窥探出牛棚生活的一些特点。又由于大家都能了解的原因,我把人名一律隐去。知情者一看就知道是谁,用不着学者们再写作《〈牛棚杂忆〉索隐》这样的书。

1. 图书馆学系一教授

这位教授做过北京图书馆的馆长,是国内外知名的图书馆学家和敦煌学家。我们早就相识,也算是老朋友了。这样的人在十年浩劫中难以幸免,是意中事。我不清楚加在他头上的是些什么莫须有的罪名。他被批斗的情况,我也不清楚。不知道是怎样一来,我们竟在牛棚中相会了。反正我们现在早已都变成了哑巴,谁也不同谁说话。幸而我还没有变成瞎子,我还能用眼睛观察。

在牛棚里,我辈"罪犯"每天都要写思想汇报。有一天,在著名的晚间训话时,完全出我意料,这位老教授被叫出队外,一记清脆响亮的耳光声在他脸上响起,接着就是拳打脚踢,一直把他打倒在地，跪在那里。原来是他竟用粗糙的手纸来写思想汇报，递到牢头禁子手中。在当时那种阴森森的环境中，我一点开心的事情都没有。这样一件事却真大大地让我开心了一通。我不知道，这位教授是出于一时糊涂，手边没有别的纸，只有使用手纸呢？还是他吃了豹子心老虎胆，有意嘲弄这一帮趾高气扬，天上天下，唯我独尊的牢头禁子？如果是后者的话，他简直是视这一帮手操生杀大权的丑类如草芥。可以载入旧社会流行的笔记中去了。我替他捏一把汗，又暗暗地佩服。他是牛棚中的英雄，为我们这一批阶下囚出了一口气。

2. 法律系一教授

这位教授是一个老革命干部，在抗日战争以前就参加了革命。他的生平我不清楚。他初调到北大来时，曾专门找我，请我翻译印度古代著名的法典《摩奴法论》。从那时起，我们就算是认识了。以后在校内外开会，经常会面。他为人随和、善良，具有一个老干部应有的优秀品质。我们很谈得来。谁又能料得到，在十年浩劫中，我们竟有了"同棚之谊"。

在黑帮大院里，除非非常必要时，"黑帮"们之间是从来不互相说话的。在院子里遇到熟人，也是各走各的路，各低各的头，连眼皮都不抬一抬。我同这位教授之间的情况，也并不例外。

有一天，是一个礼拜天，下午被牢头禁子批准回家的"罪犯"，各个按照批准回棚的时间先后回来了。我正在牢房里坐着，忽然看到这一位老教授，在一个牢头禁子的押解下，手中举着一个写着他自己名字的牌子，走遍所有的牢房，一进门就高声说："我叫某某某，今天回来超过了批准的时间，奉命检讨，请罪！"别的人怎么样，我不知道。我却是毛骨悚然，站在那里，不知所措。

3. 东语系一个女教员

她是东语系教蒙古语的教员，为人耿直，表里如一，不会虚伪。文化大革命一起，不知道是什么人告密，说她是国民党三青团的骨干分子。这完全是捕风捉影的无稽之谈，根本缺乏可靠的材料，也根本没有旁证。大概是因为她对北大那一位女野心家不够尊敬，莫须有的"罪名"浸浸乎大有变成"罪行"之势。当我同东语系那一位老教授被勒令劳动的时候，最初只有我们两个人，在学校东门外的一个颇为偏僻的地方，捡地上的砖头石块，有一个工人看管着我们。有一天，忽然这一位女教员也去了。我有点困惑不解。我问她，是不是系革委会命令她去的？她回答说："不是。""既然不是，你为什么自己来呢？""人家说我有罪，我就有了有罪的感觉。因此自动自愿地来参加劳动改造了。"她这种逻辑真是匪夷所思。"其愚不可及也。"这是我心中的一闪念。我对于这种类似耶稣教所谓"原罪"的想法，觉得十分奇怪，十分不理解。由此完全可以看出她这个人的为人。但是，在我当时的处境中，自己是专政的对象，"只准规规矩矩，不准乱说乱动"。我敢说什么呢？

如此过了一些时候。等我们被押解到太平庄去劳动的时候，"罪犯"队伍里没有她。这是理所当然的。焉知祸不单行，古有明训。等我们从太平庄回来自建牛棚自己进驻以后，最初也没有看到她。这也是理所当然的，我自己心里想。但是，忽然有一天，已经是傍晚时分，从黑帮大院门外连推带搡地推进一个新的"棚友"来，我低头斜眼一看：正是那一位女教员。我这一惊可真不小。我原以为她已经平安过了关。用不着再自投罗网，"鱼目混珠"了。现在，"胡为乎来哉！"她怎么到这阎王殿来了呢？这次看样子决不是自动自愿的，而是被押解了来的。尽管我心里胡思乱想，然而却一言不发，视而不见。

有一个牢头禁子问她：

"你叫什么名字？"

"华。"

"哪一个'华'呀？"

"中华民国的'华'。"

这一下子可了不得了！一个"反革命罪犯"竟敢在威严神

圣的、代表"聂"记北大革委会权威的劳改大院中,在光天化日众目睽睽下为"中华民国"张目,是可忍,孰不可忍!简直是胆大包天,狂妄至极!非严惩不可!立即给戴上了"现行反革命分子"的帽子,拳足交加,打倒在地。不知道是哪一个有天才的牢头禁子,忽然异想天开,把她带到一棵树下。这棵树长得有点奇特:有一枝从主干上长出来的支干,是歪着长的。她被命令站在这个支干下面,最初头顶碰到树干。牢头禁子下令:

"向前一步走!"

她遵令向前走了一步。此时她的头必须向后仰。又下了一个口令:

"向前一步走!"

此时树干越来越低,不但头必须向后仰,连身子也必须仰了。但是,又来了一个口令:

"向前一步走!"

此时树干已极低。她没有练过马戏,腰仰着弯不下去。这时口令停了。她就仰着身子,向后弯着站在那里。这个姿势她连一分钟也保持不了。在浑身大汗淋漓之余,软瘫在地上。结果如何,用不着我讲了。我觉得,牢头禁子把折磨人的手段提高到一个新的水平。然而,这一位女教员却是苦矣。

一夜折磨的情况,我不清楚。第二天早晨起来,我看到她面部浮肿，两只眼睛下面全是青的。

4. 生物系党总支书记

我在北大搞了几十年的行政工作，校内会很多。因此，我早就认识这一位总支书记。我们可以算是老朋友了。

文化大革命一开始，他在劫难逃，是天然的"走资派"。所以在第一阵批"走资派"的大风暴中，他就被揪了出来。第一个"六·一八"斗鬼，他必然是参加者之一。在这一方面，他算是老前辈了。

不知道是什么缘故，拥护那位"老佛爷"的"造反派"，生物系特别多。在黑帮大院的牢头禁子中，生物系学生也因而占绝对优势。我可是万没有想到，劳改大院建成后，许多"走资派"在被激烈地冲击过一阵之后，没有再同我们这一批多数是"资产阶级反动学术权威"的"牛鬼蛇神"一起被关进来。这一位生物系总支书记却出现在我们中间。

大概是因为牢头禁子中生物系学生多，他就"沾"了光，受到一些"特殊待遇"。详情我不清楚，不敢乱说。我只看到一个例子，就足以让人毛发直竖了。

有一天，中午，时间是七八月，正是北京最炎热，太阳光照得最——用一句山东土话——"毒"的时候，我走过黑帮大院的大院子，在太阳照射的地方，站着一个人：是那位总支书记。双眼圆睁,看着天空里像火团般的太阳。旁边树荫中悠然地坐着一个生物系学生的牢头禁子。我实在莫名其妙。后来听说,这是牢头禁子对这位总支书记惩罚:两眼睁着,看准太阳,不许眨眼,否则就是拳打脚踢。我听了打了一个寒战:古今中外,从奴隶社会一直到资本主义社会,试问哪一个时代,哪一个国家有这样的惩罚?谁要是想实践一下,管保你半秒钟也撑不下来。这样难道不会把人的眼睛活生生地弄瞎吗?

此外,我还听说,没有亲眼看到,也是生物系教员中的两位牛鬼蛇神,不知怎样开罪了自己的学生。作为牢头禁子的学生命令这两位老师,站在大院子中间,两个人头顶住头,身子却尽管往后退。换句话说,他们之所以能够站着,就全靠双方彼此头顶头的力量。

类似的小例子,还有一些,不再细谈了。总之,折磨人的"艺术"在突飞猛进地提高。可惜到现在我还没有看到这方面的专著。如果年久失传,实在是太可惜了。

5. 附小一位女教员

这个女教员是哪个单位的,我说不清楚了。我原来并不认识她。她是由于什么原因被关进牛棚的,我也并不清楚。

根据我在牛棚里几个月的观察,牢头禁子们在打人或折磨人方面,似乎有所分工。各有各的专业,还似乎有点有条不紊,泾渭分明。专门打这位女教员的人就是固定不变的。

有一天早上,我看到这位女教员胳臂上缠着绷带,用一条白布挂在脖子上。隐隐约约地听说,她在前几天一个夜里,在刑讯室受过毒打,以致把胳臂打断。但仍然受命参加劳动。详细情况,当时我就不清楚,后来更不清楚。当时,"黑帮"们的原则是,事不干己,高高挂起。我就一直挂到现在。

6. 西语系的一个"老右派"学生

这个学生姓周,我不认识他,平常也没有听说过。到了黑帮大院,他突然出现在我的眼前。

既然叫"右派",而且还"老",可见这件事有比较长久的历史渊源了。在中国,划右派最集中的时期是1957年。难道这一位姓周的学生也是那时候被划为右派的吗?到了进入牛棚时,他已经戴了将近十年的右派帽子了。这个期间他是怎样活下来的,我完全不清楚。等我见到他的时候,他满面蜡黄,还有点浮肿,头发已经脱落了不少,像是一个年老的病人。据说他原是一个聪明机灵的学生。此时却已经显得像半个傻子,行动不很正常了。我们只能说,这一切都是在身体上和精神上受到十分严重的折磨的结果。这无疑是一个人生悲剧。我自己虽然身处危难,性命操在别人手中,随时小心谨慎,怕被不吃素的长矛给吃掉,然而看到这一位"老右派",我不禁有泪偷弹,对这一位半疯半傻的人怀有无量的同情!

可是在那一批毫无心肝的牢头禁子眼中,这位傻子却是一个可以随意打骂,任意污辱,十分开心的玩物。这样两只腿的动物到哪里去找呀!按照他们的分工原则,一个很年轻的看上去很聪明伶俐的工人,是分工折磨这个傻子的。我从没有见过这个年轻工人打过别的"罪犯"。独独对于这个傻子,他随时都能手打脚踢。排队到食堂去吃饭的路上,他嘴里吆喝着又打又骂的也是这个傻子。每到晚上,刑讯室里传出来的打人的声音以及被打者叫唤的声音,也与这个傻子有关。我写回忆录,有一个戒条,就是:决不去骂人。我在这里,只能作一个例外,我要骂这个年轻的工人以及他的同伙:"万恶的畜类!猪狗不如的东西!"

有一天,我在这个傻子的背上看到一个用白色画着的大王八。他好像是根本没有家,没有人管他。他身上穿的衣服,满是油污,至少进院来就没洗过,鹑衣百结。但是这一只白色的大王八却显得异常耀眼,从远处就能看得清清楚楚。别人见了,有笑的权利的"自由民"会哈哈大笑,我辈失掉笑的权利的"罪犯",则只有兔死狐悲,眼泪往肚子里流。

7. 物理系的一个教员

这个教员是北大心理系一位老教授的儿子,好像还是独生子。不知道是由于什么原因,他的一条腿短一截,走起路来像个瘸子。

我从前并不认识他。初进牛棚时，甚至在太平庄时，都没有见到过他。我们在牛棚里已经被"改造"了一段时间。有一天，是中午过后不久——我在这里补充几句。牛棚里是根本没有什么午休的。东语系那位老教授，就因为午饭后坐着打了一个盹儿，被牢头禁子发现，叫到院子里在太阳下晒了一个钟头，好像也是眼睛对着太阳——我在牢房里忽然听牛棚门口有打人的声音，是棍棒或者用胶皮裹起来的自行车链条同皮肉接触的声音。这种事情在黑帮大院里是司空见惯的事，一天能有许多起。我们的神经都已经麻木了，引不起什么感觉。但是，这一次声音特别高，时间也特别长。我那麻木的神经动了一下，透过玻璃窗向棚口看了看。我看到这一位残伤的教员，已经被打倒在地，有几个"英雄"还用手里拿着的兵器，继续抽打。他身上是不是已经踏上了一千只脚，我看不清楚。我只看到这一位腿脚本来就不灵便的人，躺在地上的泥土中，脸上还好像流着血。

他为什么这样晚才到牛棚里来？他是由于什么原因才来的？他是不是才被"揪"出来的？这些事情我都不清楚。一直到今天也不清楚。我虽然也像胡适之博士那样有点考据癖，但是我不想在这里施展本领了。

从此以后，我们每次排队到食堂去吃饭时，整齐的队伍里就多了走起路来很不协调的瘸腿的"棚友"。

关于牛棚中个别人的"花絮",如果认真写起来的话,还可以延长几倍。我现在没有再写的兴致,我也不忍再写下去了。举一隅可以三隅反。希望读者自己慢慢地去体会吧。

(十一)特别雅座

我自己已经坠入地狱。但是,由于根器浅,我很久很久都不知道地狱中还是有不同层次的。佛教不是就有十八层地狱吗?

这话要从头讲起,需要说得长一点。生物系有一个学生,大名叫张国祥。牛棚初建时,我好像还没有看到他。他是后来才来的。至于他为什么到这里来,又是怎样来的,那是聂记北大革委会的事情,我辈"罪犯"实无权过问,也不敢过问。他到了大院以后,立即表现出鹤立鸡群之势。看样子,他不是一个大头子,只是一般的小卒子之类。但管的事特别多,手伸得特别长。我经常看到他骑着自行车——这自行车是从"罪犯"家中收缴来的。"罪犯"们所有的财务都归这一批牢头禁子掌握,他们愿意到"罪犯"家中去拿什么,就拿什么。连"罪犯"的性命自己也没有所有权了——在大院子里兜圈子,以资消遣。这在那一所阴森恐怖寂静无声的"牛棚"中,是非常突出的惹人注目的举动。

有几天晚上,在晚间训话之后,甚至在十点钟规定的"犯人"就寝之后,院子里大榆树下面,灯光依然很辉煌,这一位张老爷坐在一把椅子上，抬起右腿，把脚放到椅子上，用手在脚趾头缝里抠个不停。他面前垂首站着一个"罪犯"。他问着什么问题，间或对"罪犯"大声训斥、怒骂。这种训斥和怒骂，我已经看惯了。但是他这坐的姿势，我觉得极为新鲜，在我脑海里留下的影像，永世难忘。更让我难忘的是，有一天晚上，他眼前垂头站立的竟是原北大校长兼党委书记，"一二·九"运动的领导人之一，当过铁道部副部长的陆平。他是那位"老佛爷"贴大字报点名攻击的主要人物。黑帮大院初建时，他是首要"钦犯"，囚禁在另外什么地方，还不是"棚友"。不知道什么时候，他竟也乔迁到棚中来了。张国祥问陆平什么问题，问了多久，后果如何，我一概不知。只是觉得这件事很蹊跷而已。

可是我哪里会想到，过了不几天，这个噩运竟飞临到我头上来了。有一天晚上，已经响过熄灯睡觉的铃，我忽然听到从民主楼后面拐角的地方高喊："季羡林！"那时我们的神经每时每刻都处在最高"战备状态"中。我听了以后，连忙用上四条腿的力量，超常发挥的速度，跑到前面大院子里，看到张国祥用上面描绘的那种姿态，坐在那里，右手抠着脚丫子，开口问道：

"你怎么同特务机关有联系呀？"

"我没有联系。"

"你怎么说江青同志给新北大公社扎吗啡针呀？"

"那只是一个形象的说法。"

"你有几个老婆呀?"

我大为吃惊,敬谨回禀:

"我没有几个老婆。"

这样一问一答,"交谈"了几句。他说:

"我今天晚上对你很仁慈!"

是的,我承认他说的是实话。我一没有被拳打脚踢;二没有被"国骂"痛击。这难道不就是极大的"仁慈"吗?我真应该感谢"皇恩浩荡"了。

我可是万万没有想到,他最后这一句话里面含着极危险的"杀机"。"我今天晚上对你很仁慈。"明天晚上怎样呢?

第二天晚上,也是在熄灯铃响了以后,我正准备睡觉,忽然像晴空霹雳一般,听到了一声:"季羡林!"我用比昨晚还要快的速度,跑出牢房的门,看到这位张先生不是在大院子里,而是在两排平房的拐角处,怒气冲冲地站在那里:

"喊你为什么不出来?你耳朵聋了吗?"

我知道事情有点不妙。还没有等我再想下去,我脸上、头上蓦地一热,一阵用胶皮裹着的自行车链条作武器打下来的暴风骤雨,铺天盖地地落到我的身上,不是下半身,而是最关要害的头部。我脑袋里嗡嗡地响,眼前直冒金星。但是,我不敢躲闪,笔直地站在那里。最初还有痛的感觉，后来逐渐麻木起来，只觉得头顶上、眼睛上、鼻子上、嘴上、耳朵上，一阵阵火辣辣的滋味，不是痛，而是比痛更难忍受的感觉。我好像要失掉知觉，我好像要倒在地上。但是，我本能地坚持下来。眼前鞭影乱闪，叱骂声——如果有的话——也根本听不到了。我处在一片迷茫、混沌之中。我不知道，他究竟打了多久。据后来住在拐角上那间牢房里的"棚友"告诉我，打的时间相当长。他们都觉得十分可怕，大有谈虎色变的样子。我自己则几乎变成了一块木头、一块石头，成为没有知觉的东西，反而没有感到像旁观者感到的那样可怕了。不知到了什么时候，我隐隐约约地仿佛是在梦中，听到了一声："滚蛋！"我的知觉恢复了一点，知道这位凶神恶煞又对我"仁慈"了。我连忙夹着尾巴逃回了牢房。

但是，知觉一恢复，浑身上下立即痛了起来。我的首要任务是"查体"。这一次"查体"全是"外科"，我先查一查自己的五官四肢还是否完整。眼睛被打肿了，但是试着睁一睁：两眼都还能睁开。足证眼睛是完整的。脸上、鼻子里、嘴里、耳朵上都流着血。但是张了张嘴，里面的牙没有被打掉。至于其他地方流血，不至于性命交关，只好忍住疼痛了。

试想，这一夜我还能睡得着吗？我躺在木板上，辗转反侧，浑身难受。流血的地方黏糊糊的，只好让它流。痛的地方，也只好让它去痛。我没有镜子，没法照一照我的"尊容"。过去我的难友，比如地球物理系那一位老教授、东语系那一位女教员，等等，被折磨了一夜之后，脸上浮肿，眼圈发青。我看了以后，心里有点颤抖。今天我的脸上就不止浮肿，发青了。我反正自己看不到，由它去吧。

第二天早晨，照样派活，照样要背语录。我现在干的是在北材料厂外面马路两旁筛沙子的活。我身上是什么滋味？我心里是什么滋味？我一概说不清楚，我完全迷糊了，迷糊到连自杀的念头都没有了。

正如俗话所说的：祸不单行。我这一个灾难插曲还没有结束。这一天中午，还是那一位张先生走进牢房，命令我搬家。我这"家"没有什么东西，把铺盖一卷，立即搬到我在门外受刑的那一间屋子里。白天没有什么感觉，到了夜里，我才恍然大悟：这里是"特别雅座"，是囚禁重囚的地方。整夜不许关灯，屋里的囚犯轮流值班看守。不许睡觉。"看守"什么呢？我不清楚。是怕犯人逃跑吗？这是根本不可能的。知识分子犯人是最胆小的，不会逃跑。看来是怕犯人寻短见，比如上吊之类。现在我才知道，受过重刑之后，我在黑帮大院里的地位提高了，我升级了，升入一个更高的层次。"钦犯"陆平就住在这间屋里。打一个比方说，我在佛教地狱里进入了阿鼻地狱，相当人间的死囚牢吧。

但是，问题还没有完。仍然是那一位张先生，命令我同中文系一位姓王的教授，每天推着水车，到茶炉上去打三次开水，供全体囚犯饮用。我不知道为什么这一位王教授会同我并列。据我所知，他并没有参加"井冈山"，也并没有犯过什么弥天大罪，为什么竟受到这样的惩罚呢？打开水这个活并不轻，每天三次，其他的活照干，语录照背。别人吃饭，我看着。天下大雨，我淋着。就是天上下刀，我也必须把开水打来，真是苦不堪言。但是，那一位姓王的教授却能苦中寻乐：偷偷地在茶炉那里泡上一杯茶，抽上一烟斗烟，好像是乐在其中矣。

（十二）特别班

这一批牢头禁子们，是很懂政策的。把我们这些"劳改罪犯"集中到一起，实行了半年多的劳动改造。念经、说教与耳光棍棒并举。他们大概认为，我们已经达到了一定的水平。现在是采取分化瓦解的时候了。

"特别班"于是乎出。

牢头禁子们不知道是根据什么标准，从"劳改罪犯"中挑选出来了一些，进这个班。

这个班的班址设在外文楼内。但是，前门不能走，后门不能开，于是就利用一扇窗子当做通道，窗内外各摆上了一条长木板，可以借以登窗入楼，然后走入一间小教室。这间教室内是什么样子？有什么摆设？我不清楚。在我眼中，虽然近在咫尺，却如蓬山万里了。

我是非常羡慕这个班的。我觉得，对我们"劳改罪犯"来说，眼前的苦日子，挨打、受骂、忍饥、忍渴，咬一咬牙，就能够过去了。但是，瞻望将来，却不能无动于衷。什么时候是我们的出头之日呢？我眼前好像是一片白茫茫的大海，却没有舟楫，也看不到前面有任何岛屿。我盼望着出现点什么。这种望穿秋水的日子真是度日如年啊！现在出现了特别班，我认为，这正是渡过大海的轻舟。

特别班的学员有一些让人羡煞的特权。他们有权利佩戴领袖像章，他们有权利早请示，晚汇报，等等。在牛棚里，党员是剥夺了交党费的权利的。特别班学员是否有了权利？我不知道。我每次听到从特别班的教室里传出来歌颂领袖的歌声或者语录歌的歌声时，那种悠扬的歌声真使我神往。看到了学员们一些——是否被批准的，我不清楚——奇特的特权，我也是羡慕得要命。比如他们敢在牢房里跷二郎腿，我就不敢。他们走路头抬得似乎高一点了，我也不敢。我真是多么想也能够踏着那一块长木板走到外文楼里面去呀！

后来，不知是由于什么原因，一直到"黑帮大院"解散，特别班的学员也没能真正变成龙跳过了龙门。

（十三）东语系一个印尼语的教员

这一位教员原是从解放前南京东方语专业转来的学印尼语的学生，毕业后留校任教。人非常聪明，读书十分勤奋，写出来的学术论文极有水平，是一个不可多得的人才。他留学印尼时，家里经济比较困难，我也曾尽了点绵薄之力。因此我们关系很好。他对我毕恭毕敬。

然而人是会变的。文化大革命北大一分派，他加入了掌权的新北大公社。人各有志，这也未可厚非。但是，对我这一个"异教徒"，他却表现出超常的敌意。我被"揪"出来以后，几次在外文楼的审讯，他都参加了，而且吹胡子瞪眼，拍桌子砸板凳，胜过其他一些参加者。看样子是唯恐表现不出自己对"老佛爷"的忠诚来。难道是因为自己曾反苏反共现在故作积极状以洗刷自己吗？我曾多次有过这样的想法。否则，一般的世态炎凉落井下石的解释，还是不够的。

然而政治斗争是不讲情面的。

有一天早晨我走出黑帮大院，钦赐低头，正好看到写在马路上的大字标语：

打倒反革命分子某某某！

我大吃一惊。就在不久前，在一次审讯我的小会上，他还是

"超积极分子"。革命正气溢满眉宇。怎么一下子变成了"反革命分子"了呢?原来有人揭了他的老底。他在夜间就采用了资本主义的自杀方式,"自绝于人民"了。

对于此事,我一不幸灾,二不乐祸。我只是觉得人生实在太复杂、太可怕而已。

(十四)自暴自弃

在牛棚里已经待了一段时间。自己脑筋越来越糊涂,心情越来越麻木。这个地方,不是地狱,胜似地狱;自己不是饿鬼,胜似饿鬼。如果还有感觉的话,我的自我感觉是:非人非鬼,亦人亦鬼。别人看自己是这样,自己看自己也是这样。不伦不类地而又亦伦亦类地套用一个现成的哲学名词:自己已经"异化"了。

过去被认为是人的时候,我自己当然以人待己。我这个人从来不敢狂妄,我是颇有自知之明的。如果按照小孩子的办法把人分为好人和坏人的话,我毫不迟疑地把自己归入"好人"一类。就拿金钱问题来说吧。我一不吝啬;二不拜金。在这方面,我颇有一些"优胜纪略"。十几岁在济南时,有一天到药店去打药。伙计算错了账,多找给我了一块大洋。当时在小孩子眼中,一块大洋是一个巨大的财富。但是我立即退还给他,惹得伙计的脸一下子红了起来。这种心理我以后才懂得。1946年,我从海外回到祖国,卖了一只金表,寄钱给家里。把剩下的"法币"换成黄金。伙计也算错了账，多给了一两黄金。在当时，一两黄金也算是一笔不小的财富。但是我也立即退还给他。在大人物名下，这些都是不足挂齿的小事。然而对一个像我这样平凡的人，也不能说一点意义都没有的。

到了现在，自己一下子变成了"鬼"。最初还极不舒服，颇想有所反抗。但是久而久之，自己已习以为常。人鬼界限，好坏界限，善恶界限，美丑界限，自己逐渐模糊起来。用一句最恰当的成语，就是"破罐子破摔"。自己已经没有了前途，既然不想自杀，是人是鬼，由他去吧。别人说短论长，也由他去吧。

而且自己也确有实际困难。聂记革委会赐给我和家里两位老太太的"生活费"，我靠它既不能"生"，也不能"活"。就是天天吃窝头就咸菜，也还是不够用的。天天劳动强度大，肚子里又没有油水，总是饥肠辘辘，想找点吃的。我曾几次跟在牢头禁子身后，想讨一点盛酱豆腐罐子里的汤，蘸窝头吃。有一段时间，我被分配到学生宿舍区二十八楼、二十九楼一带去劳动，任务是打扫两派武斗时破坏的房屋，捡地上的砖石。我记得在二十八楼南头的一间大房子里，堆满了杂物，乱七八糟，破破烂烂，什么都有。我忽然发现，在一个破旧的蒸馒头用的笼屉上有几块已经发了霉的干馒头。我简直是如获至宝，拿来装在口袋里，在僻静地方，背着监改的工人，一个人偷偷地吃。什么卫生不卫生，什么有没有细菌，对一个"鬼"来说，这些都是毫无意义的了。

我也学会了说谎。离开大院，出来劳动，肚子饿得不行的时候，就对带队的工人说，自己要到医院里去瞧病。得到允许，就专拣没有人走的小路，像老鼠似的回到家里，吃上两个夹芝麻酱的馒头，狼吞虎咽之后，再去干活，就算瞧了病。这行动有极大的危险性，倘若在路上邂逅监改人员或汇报人员，那结果将是什么，用不着我说了。

有一次我在路上捡到了几张钞票，都是一毛两毛的。我大喜过望，赶快揣在口袋里。以后我便利用只许低头走路的有利条件，看到那些昂首走路的"自由民"决不会看到的东西，曾捡到过一些钢镚儿。这又是意外的收获。我发现了一条重要的规律：在黑帮大院的厕所里，掉在地上的钢镚儿最多。从此别人不愿意进的厕所，反而成了我喜爱的地方了。

上面说的这一些极其猥琐的事情，如果我不说，决不会有人想到。如果我自己不亲身经历，我也决不会想到。但是，这些都是事实，应该说是极其丑恶的事实。当时我已经完全失掉了羞恶之心，并没有感到有什么不对。现在回想起来，真是不寒而栗。我从前对一个人堕落的心理过程发生过兴趣，潜意识里似乎有点认为这是天生的。现在拿我自己来现身说法，那种想法是不正确的。

然而谁来负这个责任呢?

(十五)"折磨论"的小结

牛棚生活,千头万绪。我在上面仅仅择其荦荦大者,简略地叙述了一下。我根据"以论带史"的原则,先提出了一个理论:折磨论。最初恐怕有很多怀疑者。现在看了我从非常不同的方面对黑帮大院情况的叙述,我想再不会有人怀疑我的理论的正确性了。

"革命小将"们的折磨想达到什么目的呢?他们决不会暴露自己心里的肮脏东西,别人也不便代为答复。冠冕堂皇的说法是"劳动改造"。我在上面已经说过,这种打着劳动的旗号折磨人的办法,只是改造人的身体,而决不会改造人的灵魂。如果还能达到什么目的的话,我的自暴自弃就是一个最好的例证。折磨的结果只能使人堕落,而不能使人升高。

这就是我对"折磨论"的小结。

十、牛棚转移

时令已经进入了冬季,牢房里也装上了炉子,生上了火。虽然配给的煤不多,炉火当然不能很旺。但是,比起外面来,屋子里已经是温暖如春了。

可是劳改的队伍却逐渐缩小了起来。一来二去，剩下的人不多了，就都受命搬到一间大屋子里来。什么原因呢？我不清楚，当然也不敢问。我此时反正已经堕入阿鼻地狱，再升上一级两级，是鬼总是鬼，对我无所谓了。

屋子里显得空荡荡的。大概是因为人少了，连老鼠的胆子也大了起来，大白天里，竟敢到处乱窜。我从家里带回来的一个干馒头首当其冲，被老鼠咬掉了一些。我想赶走它们，它们竟敢瞪着小眼睛，在窗台上跟我玩捉迷藏。也许老鼠们也意识到，屋子里住的不是人，而是"黑帮"，等级不比老鼠高，欺负他们一下，谅他们也不敢奈自己何。

大家虽然不大敢随便说话，不能互通信息，但是正如俗话所说的："没有不透风的墙"，我逐渐知道了，聂记革委会改变了对待"劳改罪犯"的"政策"，不再集中，而要实行分散，把各系所处的"罪犯"分回各自的单位。姗姗来迟，东语系也把我们几个"罪犯"提回系里。我们的"牛棚"转移了。转移到外文楼去。

前些日子，"特别班"还在外文楼时，我是多么希望能进外文楼来呀！现在果然进来了，却是依然故我。我们几个"罪犯"被分配住在二楼北面的缅甸语教研室里，都在地上搭地铺。靠窗子有一张大桌子，我们的牢头禁子睡在上面，居高临下，监督我们。他外号叫"小炉匠",大概是姓卢的青年学生。最使我吃惊的是,"我们"又增加了新人,是黑帮大院中没有见过的。他们也是"罪犯"吗?我心里纳闷。反正现在是同我们一锅煮了,彼此相安无事。

在这里,生活比较平静了。不像在黑帮大院里那样,时时刻刻都要把神经绷得紧紧的,把耳朵伸得长长的,唯恐牢头禁子喊自己的名字时答应晚了,招致灾难。现在牢头禁子就高踞在同一间小屋的桌子上,用不着把神经弄得那样紧张了。

但是,日子也并不好过,也不可能好过。我仍然是"劳改罪犯"。这楼上有许多办公室,大多是各专业的教研室。在我被"打倒"以前,我当了二十年的系主任。这些办公室我都是熟悉的。周围的气氛当然是非常好的。我是这里的主人。而今时移世迁,我一"跳"(自己跳出来)而成为阶下囚了。"流水落花春去也,天上人间。"我当"反革命"已经有一年多了。我并不是留恋当年的"威风",我深知自己已被"打倒在地",永无翻身之日了。我只求苟延残喘而已。

现在,在整个大楼里,我只有三个地方能进:一是牢房;二是厕所;三是审讯我的屋子,最后这一项是并不固定的。至于第二项则是"黑帮"同"白帮"("革命者")共同享用的,因为"黑帮"虽然是鬼,也总得大小便呀——真鬼大概是不大小便的,待查。

此外,这里也颇有令人难堪之处。"黑""白"杂居,抬头不见低头见。中国是礼仪之邦,见了面,总得说点什么。可我们又缺少英美人见面说的Good morning! How do you do? 或者单纯一声Hello! 现在习用的"早安"之类,是地道的舶来品。我们过去常用的"你吃了吗?"是举国通用的问候语,我想缩为"国候"。现在,在外文楼,见到了以前很熟很熟的人,舶来品不敢用,"国候"也不敢用。只有低头,望望然而去之。"白帮"怎么想?我不得而知。似我"黑帮"却实在觉得非常别扭。有时"白人"在某一间屋子里,讨论什么问题,逸兴遄飞,欢笑之声中溢满了"革命气",在楼道里往复回荡。这革命气却一点儿也没有熏到我身上。我们现在是"谈笑之声能闻,而老死不相往来"。"能闻"者,能听到也,这是别人的声音,我们是不能有声音的。我们都像影子似的活动着,影子是没有声音的。

但是,这里也并不缺少新闻,缺少有刺激性的东西。这新闻并不是哪一个人告诉我的,现在没有人敢干、肯干这种事。这是我自己从楼道中叽叽喳喳的声音中听出来的。最重要的一条新闻是关于我在上面提到过的那一位蒙古语女教员的。原来东语系"罪犯"中只有她一个女性。在黑帮大院时有女囚牢。到了外文楼以后,女囚牢没有了,又不能同我辈男士一起睡在地铺上。

所以就把她关在另外一间屋子里。据我的推测，管理她的大概是一个学朝鲜语的女学生和一个系图书室女管理员。后者姓叶，大名暂缺。此人是一个女光棍似的人物，泼辣、粗暴，最擅长惹是生非，兴风作浪。她所在的图书室是东语系小沙龙，谣言由此处产生，小道消息在这里集散。文化大革命一分派，她就成了聂记公社在东语系的女干将，大概也属于那一种"老子铁了心，誓死保聂孙"类型的人物。有一次是她到我家来，大声叱骂，押解着我到外文楼去接受批斗。女牢头禁子押解男"犯人"，在北大恐怕是罕见的新鲜事儿。这样一个人物，对唯一的女囚绝对不会放过。在一天夜里，她和其他几个人对这位女囚大肆审讯、殴打。这位女囚是不是像在黑帮大院里那样被折磨得眼圈发青，我没有看见，不敢瞎说。我听到这个消息以后，心里没有引起什么波动，我的神经现在已经完全麻木了。

可是我却万万没有想到，第二条引起人们震动的新闻竟然出在我身上。

到了外文楼以后，我没有再挨揍。大概我天生就是一个不识抬举的家伙，一个有着花岗岩脑袋瓜死不改悔的家伙。虽然经过了炼狱的锻炼，我并没有低头认罪。有一天，解放军派来"支左"的常驻东语系的一个大概是营长的军官，大名叫赵良山（此人后来听说已经故去），把我叫到他的办公室里，问我一个问题。我当时心里非常火，非常失望。我想，解放军水平总应该是高的，现在看来也不尽然。我粗声粗气地说道："我的全部日记已经都被抄来了。一定会放在外文楼某一间屋子里。你派一个人去查一查那一天的日记。最多只用五分钟，问题就可以全部弄明白了。"万没有想到，这一下子又捅了马蜂窝。他勃然变色，说我态度极端恶劣。他现在是太上皇，我哪里还敢吭气呢？

晚饭以后，回到牢房。原先反聂的一位女教员，率领着几个人，手里拿着红红绿绿的大标语，把小屋墙上贴满。原来一片白色，非常单调寡味。现在增添了大红大绿，顿觉斗室生光，一片勃勃的生机。标语内容，没有什么创新，仍然是"季羡林要翻天，就打倒他！""坦白从宽，抗拒从严！""只许规规矩矩，不许乱说乱动！"，等等。"司空见惯浑无事。"这些东西已经对于我的神经不能产生任何作用了。我夜里照睡不误，等候着暴风雨的来临。

果然，"革命家"们第二天就开始行动了。首先由东语系的"红卫兵"——现在恐怕是两派的都有了——押解着我，走向东语系学生住的四十楼。我自己又像一个被发配的囚犯，俯首帖耳，只能看到地上，踉跄前进。旧剧中，囚犯是允许抬头的。我这个新社会的囚犯却没有这个特权。既来之则安之，由它去吧。

我原来并不知道把我押向何方。走近四十楼，凭我的本能，我恍然大悟。此时隐隐约约地看到楼外贴满了大字报和大标语，内容不外是那一套。我猜想——因为我不能看——不过是"打倒老保翻天的季羡林！""坦白从宽，抗拒从严！"此外再加上造谣、诬蔑、人身攻击。从震耳欲聋的口号声中，听到的也不过是那些东西。我顿时明白了：我现在成了"翻天"的代表人物。

我被卡住脖子，拧住胳臂，推推搡搡，押进楼去，先走过一楼楼道。楼道本来很狭，现在又挤满了学生。我耳朵里听的是口号，头上、身上，挨的是拳头。我一个人也看不到，仿佛腾云驾雾一般，我飞上了二楼。同在一楼一样，从楼道这一头，走（按语法来讲，应该是被动式）到那一头。仍然是震天的口号声。在嘈杂混乱中，我又走（同前）上了三楼。在这里也没有什么新花样，心里颇有点不满足，觉得太单调，不够味。"仪式"完了以后，我又被押解着回到了外文楼。

后来听说，这叫做"楼内游斗"。这是不是东语系学生的发明创造？如果是的话，将来有朝一日编写《无产阶级文化大革命史》时，应该着重提上一笔，说不定还要另立专章的。至于我自己，我是经过了大风大浪的人。身体上、精神上都没有受到什么痛苦，只觉得有点"好玩"而已。

事情当然不能就这样结束。看来那位赵营长下定了决心，连夜召开会议，制定了斗争方案。第二天，刚吃过早饭，立即有学生来找我，到一间教研室里去批斗。这次准我抬头了，看到的是一个教研室的成员，加上个别的学生。我已摆好了架子坐喷气式。然而有人却推给我一把椅子。我大惊失色，我现在已经成了法门寺的贾桂了。在这样的情况下，你想这个批斗会，还能批出什么，又斗出什么呢？我觉得十分平淡寡味。我于是把两个耳朵都关闭了起来，"任凭风浪打，稳坐钓鱼船"。朦胧中，听到一声："把季羡林押出去！"我知道，这一出戏算是结束了。

我正准备回自己的牢房，又有人来把我拉到另一个教研室去，"行礼如仪"。然后是第三个教研室，第四个教研室。我没有记录，也无法统计。估计是每一个教研室都批斗一次。东语系十几个教研室，共批斗了十几次。接着来的是学生。我不知道，东语系学生共有多少个班。每班批斗一次（也许有的班是联合批斗），我记不清楚，加起来，总有二十来次。以每次批斗一小时计算，共有三十来小时。我看有的班"偷工减料"，质量大有问题。实际上怕用不了这样多的时间。反正在三四天以内，我比出去"走穴"的人还要忙。这个班刚批完，下一个班接着干。每天批斗八九场，只给我留出了吃饭的时间。可谓紧张之至了。

对我产生了什么结果呢？除了感觉到有点疲倦之外，"虱子多了不痒"，我"被批斗的积极性"反而调动起来了。我爱上了这种批斗。我觉得非常开心。你那里"义正词严"，我这里关上耳朵，镇定养神，我反而是"以逸待劳"了。

世间事真是复杂的。我以"态度恶劣"始，又以"态度恶劣"终。第一个"恶劣"救了我的命，第二个"恶劣"养了我的神。当时的真假革命家们，大概是万万想不到的吧。

十一、半解放

什么叫"半解放"呢？没有什么科学的定义。只是我个人的感觉而已。

集中批斗之后，时令已经走过了1968年，进入了1969年。在这一年的旧历元旦前，系革委会突然通知我，可以回家了。送我（这次恐怕不好再说"押解"了）回家的，就是上面提到的那一个"小炉匠"。此时我家的那一间大房间久已被封了门。全家挤住在一间九平米的小屋里。据家里两位老太太告诉我，其间曾有一个学生拿着抄走了的房门钥匙，带着一个女人，在那间被查封了的大屋子里，鬼混了相当长一段时间，睡在我的床上，用我们的煤气做饭。他们威胁两位老太太说："不许声扬！"否则将有极其严重的后果。现在"小炉匠"就拿着那一把钥匙，开了门，让我睡在里面。我离开自己的床已经有八九个月了。

我此时在高兴之中又满怀忧虑。我头上还顶着一摞帽子，自己的前途仍然渺茫。每月只能拿到那一点钱，吃饭也不够。我记得后来增加了点钱,数目和时间都想不起来了。外来的压力还是有的。有一天我无意中听到楼下一个家属委员会的什么"连长"的老头子(他自己据说是国民党的兵痞)高声昭告全楼:"季羡林放回来了。大家都要注意他呀!"这大概是"上面"打的招呼。我听了没有吃惊,这种事情对我可以说是习以为常了。但是,心里仍然难免有点别扭,知道自己被判"群众监督"了。我仿佛成了瘟神或艾滋病的患者,没有人敢接触了。

即使没有人告诉我,毋宁说是提醒我这种情况,我这人已经有点反常。走路抬头,仍不习惯。进商店买东西,像是一个白痴,不知道说什么好。我不敢叫售货员"同志",我怎么敢是他们的"同志"呢?不叫"同志"又叫什么呢?叫"小姐",称"先生",实有所不妥。什么都不叫,更有所不安。结果是口嗫嚅而欲言,足趑趄而不前,一副六神无主、四体失灵的狼狈相,我自己都觉得十分难堪。我已经成了一个老年痴呆症的患者了。

过了没有多久,我被指令到四十楼去参加"学习"。我第一次从家里走向四十楼的时候,正是千里冰封、万里雪飘的时候。这一段路相当长,总有三四里路;走快了,也得用半小时。我走出门去,走了一段路,立即避开大路,从湖中的冰上走过去。我忽然想到古人"如临深渊,如履薄冰"的说法,这只是形象的比喻,可我今天的处境不正是这个样子吗?我不知道将来会发生什么事情。我现在已经很不习惯同人打交道。我到了四十楼,见了革命小将,是不是还要高喊"报告!"呢?是不是还要低头垂手站在他们面前呢?这都是非常现实的问题。我得不到答复,走起路来,就磨磨蹭蹭。

我越走越慢,好不容易才走到四十楼。我见景生情,思绪万端。前不久我还在这里被"楼中游斗",曾几何时,我又回到这里来了。这回是以什么身份?我说不清。"丑媳妇怕见公婆的面",怕也不行。我一鼓勇气,进去报了到。幸而没有口号的喊声,没有手打脚踹,而是不冷不热的待遇。我心头一块石头落了地,被分派了小组,组员都是学印地语的学生。从此以后,我就以一个莫名其妙的身份,参加了他们的学习和活动。原来东语系的"棚友"都被召唤到那里。可是待遇却不知为什么显然不同了。有的被分配打扫楼道。有一个印地语教员被无端扣上了地主的帽子,被分配打扫厕所。我原来是有思想准备来干最脏最累的活。然而竟然没有,实出我的意料了。

同革命群众在一起,我还非常不习惯,有点拘谨,有点不舒服。我现在是人是鬼,还没有定性。游离于人鬼之间,不知何以自处。学生们是青年人,活泼爱动。学习休息时,他们就吹拉弹唱。有一个同学擅长拉二胡,我非常欣赏,但又不敢忘形。年轻人说说笑笑,打打闹闹,我则呆坐一旁,宛然泥塑木雕。自己也觉得气氛很不协调。

但是，在相对平静的生活中，也不是没有一些波澜。我回忆所及，首先就是党费问题。我上面已经谈过，在黑帮大院中，交党费是犯忌讳的。我当时自己不能领每月的生活费，都是我的年迈的婶母代劳。她每月到外文楼东语系办公室去领全家三口人四十多元的生活费。作为"黑帮"的家属，她没少听到闲话。特别是井冈山"黑帮"的家属，更会直接或间接受到奚落。老人没有办法，只有忍气吞声。在这个情况下，她居然还怕自己的孩子丢掉党票，仍然按月交纳党费。东语系不知道哪一位党组织干部居然敢收下，而没有向黑帮大院通报。否则我一定会多挨上一顿打。我至今感激不尽。我婶母还告诉我，一位姓袁的老同志，不但对她没有奚落，而且还偷偷地小声对她说："把钱收好！走路要小心！"她老人家每次谈到这种雪地冰天中的一星温暖，也总是感激不尽。

但是，到了四十楼以后，应该我自己交党费了。我这种非人非鬼的处境，却使我不敢厚着脸皮去交党费。此时党组织好像已经不再活动。我也不知道向谁交。如此就耽误了一些时间。系里的领导找我谈话，问我"为什么不按时交党费？"我十分坦诚地告诉他："等到支部决定开除我出党的时候，我一定会把所有拖欠的党费一文不少地交上，然后离开。"由此可见，我认为，留在党内已经完全不可能了。

除了党费问题,我在四十楼颇有一些小小的无关大局的感慨。这一座楼对我来说实在是太太熟悉了。我在东语系,截至1966年,已经当了二十年的系主任。东语系的男学生在四十楼也住了极长的时间了。我必然要经常到这里来的。我在这里走过阳关大道,也走过独木小桥。我受到过热烈的欢迎,也遭受过无情的凌辱。我不想发那些什么"世态炎凉,人情如纸"一类的牢骚。因为世态自古以来就是这样。不这样的人与事,只能算是例外。因此这种事情已经不值得再发牢骚了。

但是,我在感情上是异常脆弱的。我不能成为英雄,我有自知之明。我从来也不想成为英雄。英雄是用特种材料造成的,而我实非其俦。我是一个极其平凡的人,小小的个人悲欢,经常来打扰我。何况"十年浩劫"决非小事,我在其中的遭受,也决非小事。以我这个脆弱的心灵来承受这空前的灾难,来承受这一件极大极大的事,其艰难程度完全可以想见了。到了四十楼以后,我的处境应该说是已经有所改变。但是前途仍然笼罩在一片迷雾之中。触景生情,心里就难免有所波动了。

远的不必讲了。专就文化大革命开始以来的两年多来说,四十楼就能唤起我很多不同的回忆,激起我很多不同的感慨。1966年6月我从南口村回校,看到批判我的《春满燕园》的大字报,鼻子里不由自主地哼了一声,是在四十楼;我被勒令交出"黑钱"三千元,又被拒绝接受,是在四十楼;亲眼看到文化大革命初期批斗东语系"走资派",口号之声惊天动地,我自己也颇想"对号入座",是在四十楼;自己顶撞了"支左"的解放军军官而被判处"楼内游斗",是在四十楼。

啊,四十楼!我本不愿意想但又不能不想的四十楼!

我现在又到你里面来了,第二次滥竽"革命群众"之中。

这一次我在四十楼待的时间不算很长,大概是半个冬天,一个夏天,半个秋天。在这期间有一件大事,就是8341部队的进驻。只派不多的军官和士兵,也算是来"支左"吧。这是一支有悠久革命传统的部队。因此,他们的到来引起了绝大多数人,包括我在内的北大师生员工的极大的希望,希望他们能够拨乱反正,整理好北大这个烂摊子。在全校派性严重,一团乱糟糟的情况下,似乎出现了一派生气勃勃的生机。

不知道是出于哪一级的决定,北大绝大多数的教职员工,在"支左"部队的率领下,到远离北京的江西鲤鱼洲去接受改造。此地天气炎热,血吸虫遍地皆是。这个部队的一个头子说,这叫做"热处理",是对知识分子的又一次迫害。我有自知之明,像我这样的"人"当然在"热处理"之列。我做好了充分的精神和物质准备,准备发配到鄱阳湖去。可是,最初我不知道是出于什么考虑,让我留在北京,同印地语、泰语的学生到京郊长城以外的延庆新华营去,接受贫下中农的再教育。我没有来得及表露感激之情,我就发现,原来我是"另有任用"。

根据什么人的指示,大批判不能空对空,需要有人做"活靶子",这样批起来才能有生气、有声势,效果才能最好。现在我就是这样一个"活靶子"。我忽然想到,在新疆时我曾看到郊游时汽车上总载着一只活羊。到了山明水秀的目的地,游玩够了,就拿出刀子,把羊杀掉,做成羊肉抓饭,吃饱了回家。我在新华营,在菜窖里搬菜,曾拉出来,被批斗过一次。我知道,我不辱使命,完成了任务。

1970年旧历元旦,奉召回京。

十二、完全解放

回校以后,我有一股振奋的情绪。就在这一阵振奋中,我们都住进三十五楼。似乎是根据一种新精神,也许是一种新规定,每个系的办公室都设在学生宿舍中,大概是想接近学生,以利于学生的"上(大学)、管(理大学)、改(造大学)"吧。上、管、改的精义就是把老师、老知识分子置于学生的管理和改造之下,提倡初年级的学生编高年级的教材。如此等等,不一而足。

三十五楼共有四层。三、四层住女生,一、二层住男生。在二层中腾出若干间屋子，是系的党政办公室。这一些办公室与我无干。我被分配在一楼进口处左边的朝外有大玻璃窗子的极小的一间房子里，这里就是本楼的门房，我的差使就是当门房，第一个任务是看守门户；第二个任务是传呼电话；第三个任务是收发信件和报纸。第一个任务又难又不难。领导嘱咐我说：不要让闲杂人员进入楼内。本系的教职员都是"老同志"了，我都认识。高年级学生也认个八九不离十。新学生则并不清楚。我知道谁是闲杂人员呢？既然不认识，我无能为力，索性一概不管，听之任之。这不是又难又不难吗？

第二个任务，也是又难又不难。不难在于有电话我就接；没有电话，我就闲坐着。难在什么地方呢？据我统计，似乎女生的电话特别多，要我每次传呼都爬上三、四楼，这倒是很好的许多专家都介绍过的"爬楼运动"。无奈一天爬上十次二十次，是任何体育锻炼专家也难以做到的。我爬了几次，觉得不行，就改为到门外楼下向上高呼。这办法有一定的效果。但是住在朝北房间里的女同学就不大容易听到，也颇引起一点麻烦。我的能力如此，有麻烦就让它有麻烦吧。

至于第三个任务，那是非常容易的。来了报纸，我就上楼送到办公室。来了信，我就收下，放在玻璃窗外的窗台上，让接信者自己挑取。

就在完成这三项任务的情况下，日子像流水似的过去。我每天八点从十三公寓走到三十五楼，十二点回家；下午两点再去，六点回家，每天十足八小时，步行十几里路。这是很好的体育锻炼。我无忧无虑，身体健康。忘记了从什么时候起，又恢复了我的原工资。吃饭再也不用发愁了。此时，我既无教学工作，也没有科研任务。没有哪一个人敢给我写信，没有哪个人敢来拜访我。外来的干扰一点儿都没有，我真是十分欣赏这种"不可接触者"（印度的贱民）的生活，其乐也陶陶。

但是，我是一个舞笔弄墨惯了的人，这种不动脑筋其乐陶陶的日子，我过不惯。当个门房，除了有电话有信件时外，也无事可干。一个人孤独地呆坐在大玻璃窗子内，瞪眼瞅着出出进进的人，久了也觉得无聊。"不为无益之事，何以遣有涯之生？"我想到了古人这两句话。我何不也找点"无益之事"来干一干呢？世上"无益之事"多得很。有的是在我处境中没有法子干的，比如打麻将，等等。我习惯于舞笔弄墨久矣。想来想去，还是出不了这个圈子。在这个环境中，写文章倒是可以，但是无奈丝毫也没有写文章的心情。最后我想到翻译。这一件事倒是可行的。我不想翻译原文短而容易的，因为看来门房这个职业可能成为"铁饭碗"，短时间是摆脱不掉的，原文长而又难的最好，这样可以避免经常要考虑挑选原文的麻烦。即使不会是一劳永逸，也可以能一劳久逸。怎么能说翻译是"无益之事"呢？因为我想到，像我这种人的译品永远也不会有出版社肯出版的。翻译了而又不能出版，难道能说是有益吗？就根据我这一些考虑，最后我决定了翻译蜚声世界文坛的印度两大史诗之一的《罗摩衍那》。这一部史诗够长的了，精校本还有约两万颂，每颂译为四行（有一些颂更长），至少有八万多诗行。够我几年忙活的了。

我还真有点运气。我抱着有一搭无一搭的心情，向东语系图书室的管理员提出了请求，请他通过国际书店向印度去订购梵文精校本《罗摩衍那》。大家都知道，订购外国书本来是十分困难的事情。可我万万没有想到，过了不到两个月，八大本精装的梵文原著居然摆在我的眼前了。我真觉得这几本大书熠熠生光。这算是文化大革命以来几年中我最大的喜事。我那早已干涸了的心灵，似乎又充满了绿色的生命。我那早已失掉了的笑容，此时又浮现在我脸上。

可是我当时的任务是看门，当门房。我哪里敢公然把原书拿到我的门房里去呢？我当时还是"分子"——不知道是什么"分子"——我头上还戴着"帽子"——也不知是些什么"帽子"——反正沉甸甸的，我能感觉得到。但是，"天无绝人之路"，我终于想出来了一个"妥善"的办法。《罗摩衍那》原文是诗体，我坚持要把它译成诗，不是古体诗，但也不完全是白话诗。我一向认为诗必须有韵,我也要押韵。但也不是旧韵,而是今天口语的韵。归纳起来,我的译诗可以称之为"押韵的顺口溜"。就是"顺口溜"吧,有时候想找一个恰当的韵脚,也是不容易的。我于是就用晚上在家的时间,仔细阅读原文,把梵文诗句译成白话散文。第二天早晨,在到三十五楼去上班的路上,在上班以后看门、传呼电话、收发信件的间隙中,把散文改成诗,改成押韵而每句字数基本相同的诗。我往往把散文译文潦潦草草地写在纸片上,揣在口袋里。闲坐无事,就拿了出来,推敲、琢磨。我眼瞪虚空,心悬诗中。决不会有任何人——除非他是神仙——知道我是在干什么。自谓乐在其中,不知身在门房、头戴重冠了。偶一抬头向门外张望一眼——门两旁的海棠花正在怒放,其他的花也在盛开,姹紫嫣红,好一派大好春光。

春光虽好,我自己的境遇却并没有多少改进。我安心当门房,"躲进门房成一统",然而事实上却是办不到的。仍然有意想不到的干扰。

有一天,我正在向门外张望,忽然看到在门外专门供贴大字报之用临时搭起的席棚上贴出了很多张用黄纸写成的大字报,下面有几十位东语系教员签的名,有的教员还在江西鲤鱼洲没有回来。内容是批判"五·一六"分子的。这样的批判一点也不新奇,我原来想不去管它。但是为好奇心所驱使,我走出了我那"成一统"的窄狭的门房，到门外去看了看大字报。我真是万万没有想到，这张大字报竟是对我来的。我成了"五·一六"的嫌疑分子。这真是从何说起呀！稍微对所谓文化大革命有常识的人，都会知道，当时盛传一时的所谓"五·一六"组织是出身好的青年人所组成的。我一非青年；二又出身不好，既非工人；也非贫下中农或"革命干部"，我哪里有资格参加这样的"革命"组织呢？我同"五·一六"是完全风马牛不相及，是驴唇对不上马嘴。这样的事情，我本来可以一笑置之的。但是这一次我却笑不起来。几年前我看到批判我的《春满燕园》时，我曾不自觉地哼了一声。这次我连哼都哼不起来了。这样滑天下之大稽的事情，我不知道东语系的革委会和军工宣队是怎样考虑的。滑稽的事情还没有完，更滑稽的还在后面哩。全国上下大声嚷嚷了一阵"五·一六"，北大井冈山的一位头领公然承认自己是"五·一六"分子，可是最后却忽然销声匿迹——原来天地间根本没有一个什么"五·一六"组织。这真像是堂吉诃德大战风车，成为文化大革命中众多笑话中最可笑的一个。

不管人世风云如何变幻，文化大革命浪涛怎样激荡，时间还是慢慢地或者迅速地向前流逝。转瞬之间，文化大革命好像高潮已过，有要结束的样子了。虽然说"乱是乱了敌人"，实际上主要是乱了自己，还是以不乱为好。现在是要拨乱恢复正常的秩序了。首先是要恢复党的组织。一个非党的工宣队员,居然主持党支部的工作,实在有点太"那个"了。

要想恢复党组织的活动,首先要恢复党员的组织生活。我不知道,是从什么时候起,又是根据什么法令,所有的党员("四人帮"等当然除外)都失去了组织。现在每一个党员都要经过一定的手续,好像是要经过群众讨论和领导批准,才能恢复组织生活。这当然是一件大事。东语系大概是经过军工宣队的讨论(那一位非党的工宣队员当然会参加的),决定从全系党员中挑选出一个,当做标兵,演一出恢复组织生活的开场戏,期在一举通过,马到成功,为以后的人树立一个榜样。这样一个人选责任之大可以想见。用什么标准来挑选呢?首先要出身好,其次要党性强。具此二标准者,庶乎近之。大概是经过了周详的考虑,谨慎的筛选,我上面提到的那一位烈属兼贫下中农的姓马的党员中了标,他是我作为系主任兼导师精心选择留下当我的助教和接班人的。现在,我成了"资产阶级反动学术权威",这正好成了他的党性的试金石。具备这两个条件,又有这样"亮相"的机会的,东语系并无第二人。谁敢说这不是天生的"佳选"呢?

记得有一天下午,我同东语系全系的留校师生被召到学一食堂里去开会,每人自带木板小凳。空荡荡的食堂里,饭桌被推到旁边去,腾出来的空地上,摆满了小木板凳子,我们就坐在上面。前面有几张大桌子，上面摆了不少的东西。我仔细一瞧，有毛料衣服和裤子，有收音机（当时收音机还不像今天这样多，算是珍贵稀有的东西），还有一些零零碎碎的东西。我跟在"革命群众"的后面，还摸不清是怎么一回事，没有闲心去一件件地仔细瞅。我只觉得这颇像一个旧品展销义卖会。可是在这些东西旁边，有几本用很粗糙的纸张油印成本的讲义，我最初还不知道是什么讲义，也不知道这样粗糙的道具为什么竟能同颇为漂亮的西装裤子摆在一起。对所有的这一些道具，我都不知道它们在今天第一个恢复党员组织生活的会上会起什么作用。我满腹疑团坐在那里，不知道葫芦里究竟要卖什么药。

人到齐了，时间到了。主席宣布开会。他先说明了开会的目的和做法，然后就让这位选中的标兵发言，或讲话，或"检讨"，反正是一个意思。这位标兵站起来，走到前面，威仪俨然，义形于色，开始说话。说话的中心主题是：不做资产阶级学术权威的金童玉女。这里要解释一句：金童玉女是旧社会出殡时扎的殉葬的纸人。所谓"资产阶级学术权威"，谁一听都知道指的就是我。此时，我恍然大悟：原来今天这一出戏是针对着我来的。我有点吃惊，但又不太吃惊——惯了。只听我这位前"高足"，前"接班人"怒气冲冲地控拆起来，表情严肃，声调激昂，诉说自己中了资产阶级学术权威的糖衣炮弹，中了资产阶级思想的毒，在生活上追求享受，等等。说到自己几乎要背叛了自己出身的阶级时，简直是声泪俱下。他用手指着桌子上陈列的东西，意思是说，这些东西就是无可辩驳的证据。于是怒从心上起，顺手拿起了桌子上摆的那一摞讲义——原来是梵文讲义——三下五除二，用两手撕了个粉碎，碎纸片蝴蝶般地飞落到地上。我心里想：下一个被撕的应该轮到那漂亮的毛料西服裤或者收音机了！想时迟，那时快，他竟戛然而止，没有再伸出手去，料子西装裤和收音机安全地躺在原地，依旧闪出了美丽的光彩。我吃了一惊，恐怕全场的人都吃了一惊。这个撕东西的行动，应该是今天大会的高潮，应该得到满屋的掌声。然而这些全落了空。我哭笑不得，全体与会者大概也是哭笑不得。全场是一片惊愕的寂静。

这一幕闹剧以失败收场了。

在散会后回三十五楼的路上，大家纷纷议论：为什么不撕可能最透露资产阶级享乐思想的西装裤子，而偏偏撕很难说就是代表资产阶级思想的梵文讲义呢？我自己也想了很多。这一位表演家到北大来已经十年多了。当学生时对我温顺如绵羊。在文化大革命中的所作所为，我在上面已经说了一点。那是远远不够的。他还有一些非常精彩匪夷所思的表演。在一般政治性表态性的大标语上，按惯例从来没有人署名的。有之自北大始，北大有两个人是这样干的,恰恰都出在东语系,其中之一就是我说的这一位。这一个惊人的举动,在北大一时传为"美"谈或者笑谈。在我第一次混迹"革命群众"中参加学习的小组会上,我曾对他坦率地提过意见。我说,他既不像一个烈属,也不像一个贫农。他大概为此事耿耿于怀。以后发生的这一些事情,难道与此没有联系吗?

这一幕闹剧以后东语系的党员是怎样逐渐恢复党组织生活的,因为与我基本无关,我没有去注意,今天更回忆不起来了。

时序推移,不知经过了多长的时间,北京大学恢复党组织生活的工作已经要结束了。剩下的还只有两三个人了,我是其中之一。写一个榜的话,我不是孙山,就是还在孙山之下,俗话说"名落孙山"了。

忽然有一天,东语系的党组织找我谈话,我知道,这一下轮到我了。我此时早已调离了那个门房,参加印地语教研室的活动。系领导一个解放军的军官和总支书记告诉我,领导上决定不但发给我整个的工资,而且以前扣发的工资全部补给。我当然非常感动。我决意把补发的工资全部作为党费上缴给国家。东语系的一个非常正派的同志先递给我了一千五百元。我立即原封不动地交给了系总支。这位同志告诉我,还有四五千元以后给我。

我现在已经记不清楚,是否开过支部大会讨论我的恢复组织生活的问题。突然有一天,系里军宣队的头儿和系总支书记找我。总支书记问我："你考虑过没有,自己的问题究竟何在?"我愕然不知所对。要说思想问题,我有不少的毛病。要说政治问题,我没有参加过国民党和任何反动组织,我只能说没有。但是,我一时很窘,半天没有说话。那个解放军颇为机灵,连忙用话岔开。结束了这一场不愉快的谈话。不久,总支的宣委或组委一个由中文系调来的干部来找我,告诉我,支部决议:恢复我的组织生活,但给我留党察看二年的处分。我勃然大怒。由于我反对了那位一度统治北大的"女皇",我被诬陷、被迫害、被关押、被批斗,几乎把一条老命葬送上,临了仍然给扣上了莫须有的罪名。世界上可还有公道可讲!世界上可还有正义可说!这样的组织难道还不令人寒心!这位干部看到了我的表情,他脸上一下子也严肃起来:"我们总支再讨论一下,行不行?"他说。说老实话,我已经失望到了极点。我盼星星,盼月亮,盼着东天出太阳。太阳出来了,却是这样一个太阳。我不想再在这个问题上伤脑筋了,够了,够了,已经足够了。如果我在支部后面签上"同意"二字,那是绝对办不到的。如果我签上"不同意"三字,还有不知多少麻烦要找。我想来想去,告诉那位干部:"不必再开会了!"我提笔签上了"基本同意"四个字。我着重告诉他说:"你明白,'基本'二字是什么意思!"继而又一想:"我戴着留党察看二年的帽子,我有什么资格把补发的工资上缴给国家呢？"结果预备上缴的那四五千块钱，我就自己留下。

我恢复组织生活的故事结束了。

我算不算是"完全解放"了呢？

"完全解放"这一节我只能写到这里了。

我的文化大革命到此结束了。

但是，我必须还要啰嗦上一阵子。

我不能就到此住笔。

文化大革命结束后十六七年以来，我一直在思考有关这一次所谓"革命"的一些问题。特别在我撰写《牛棚杂忆》的过程中，我考虑得更为集中，更为认真。这可以算是我自己的"余思"或者"反思"吧。

我思考了一些什么问题呢？

首先是：吸取了教训没有？

世人都认为，所谓"无产阶级文化大革命"，既无"文化"，也无"革命"，是一场不折不扣的货真价实的"十年浩劫"。这是全中国人民的共识，决没有再争论的必要。在这一场空前绝后（我但愿如此）的浩劫中，我们人民在精神和物质两个方面所受的损失可谓大矣。这一笔账实在没有法子算了。不算也罢。我们不是常说，寻求知识、得到经验或教训，都要付出学费吗？我完全同意这个看法。可是，我们付出的学费已经大到不能再大的程度,我们求得的知识、得到的经验或教训在哪里呢?

我的回答是:吸取了一点,但是还不够。

我个人一向认为,"十年浩劫"是总结教训的千载难逢的好机会,是亿金难买的"反面教员"。从这一个"教员"那里,我们能够获得非常非常多的反面的教训。把教训一转化,就能成为正面的经验。无论是教训还是经验,对我们进一步建设我们伟大的祖国,都是非常有用的。

可是,我们没有这样干,空空错过了这一个恐怕难以再来的绝好机会。有什么人说:文化大革命已经过去了,可以不必再管它了。

因此,我思考的其次一个问题是:文化大革命过去了没有?

我们是唯物主义者,唯物主义的真髓是实事求是。如果真想实事求是的话,那就必须承认,文化大革命似乎还没有完全过去。虽然从表面上来看,似乎已经过去了,但是,如果细致地观察一下,情况恰恰相反。你问一问参加过文化大革命,特别是在文化大革命中受过迫害的中老年知识分子,如要他们肯而且敢讲实话的话,你就会知道,他们还有一肚子气没有发泄出来。今天的青年人情况可能不同。他们对文化大革命不了解,听讲文化大革命,如听海外奇谈。我觉得值得忧虑的正是这一点。他们昧于前车之鉴,谁能保证,他们将来不会干出类似的事情来呢?至于中老年受过迫害的知识分子，一提文化大革命，无不余怒未息，牢骚满腹。我不可能会见百分之百的这样的知识分子，但我敢保证，至少绝大部分人是这样子。

至于为创建新中国立过功而在文化大革命中遭受迫害的老干部，他们觉悟高，又能宽宏大度，可能同知识分子不同。我接触的老干部不多，不敢乱说。但是，我想起了一件小而含义深远的事，不妨说上一说。记得是在1978年，全国政协恢复活动后，我在友谊宾馆碰到一位参加革命很久的，在文艺界极负盛名的老干部，文化大革命前，我们同是全国政协社会科学组的成员，十多年不见，他见了我劈头第一句话就是："古人说：'士可杀，不可辱。''文化大革命'证明了'士可杀亦可辱'。"说罢，哈哈大笑。他是笑呢，还是哭？我却一点也笑不起来。在这位老干部心中，有多少郁积的痛苦，不是一清二楚了吗？

有这种想法的，决不止这个老干部一人。我个人就有这样的想法。而且，我相信，中国的知识分子，也就是古代的所谓"士"，绝大部分人都会有这种想法。"士可杀，不可辱"，这一句话表明了中国自古以来就有这种传统。我们比起外国知识分子来，在这方面更为敏感。

我不禁想起了中国知识分子这一类人，既不是阶级，也不是阶层，想起了他们的历史和现状。在封建社会里，士列在士农工商之首。一向是进可以攻，退可以守，在社会上有崇高的地位。予生也晚，《儒林外史》中那样的知识分子，我没有见到过。军阀混战时期和国民党统治时期的知识分子，我是见到过的。不说别的，专就当时的大学教授而言，薪俸优厚，社会地位高。他们无形中养成了一种高人一等的优越感。存在决定意识，这是必然的。他们一般都颇为神气，所谓"教授架子"者便是。到了我当教授的时候，情况大大改变。国民党统治已到末日，通货膨胀达到了惊人的程度。教授实际的收入少得可怜。但是，身上那一件孔乙己的大褂还是披着的，社会地位还是有的。

刚一解放，我同大部分教授一样，兴奋异常，觉得自己真是站起来了，自己获得了新生了。我们高兴得像小孩，幼稚得也像小孩。我们觉得"解放区的天是明朗的天"。我们看什么东西都红艳似玫瑰，光辉如太阳。

但是，好景不长。在第一个大型的政治运动"三反""五反"思想改造运动中，我在"中盆"里洗了一个澡，真好像是洗下来了不少污浊的东西，觉得身轻体健，尝到了思想改造的甜头。可是后面跟着来的政治运动，一个紧接一个，好像是有点喘不过气来。批判武训，批《〈红楼梦〉研究》，批判胡风，批判胡适，再加上肃反，等等，马不停蹄，应接不暇。到了1957年的反右斗争，达到了一个空前的高潮。我虽然没有被裹进去，没有戴什么帽子,但是时时处处,自己的精神都处在极度紧张的状态中,日子过得并不愉快。从我的思想深处来看,我当时是赞成这些运动的,丝毫也没有否定的意思。在反右期间,我天天忙于参加批判会——我顺便说一句,当时还没有发明"喷气式",批判会不像文化大革命中那么"好看"——忙于阅读批判的材料。但是,在我心里却逐渐升起了一片疑云:为什么人们的所作所为同在那前后发表的几篇"最高指示",有些地方显得极不合拍呢?即使是这样,我对那一句最有名的话:是阳谋,不是阴谋,并没有产生怀疑。

反右以后,仍然是马不停蹄,一个劲地搞运动,什么"拔白旗"等。庐山会议以后,极"左"思想已经达到了顶点,却偏偏要来一个反右倾。三年困难时期,我自己同其他老知识分子一样,尽管天天饥肠辘辘,连半点不满意的想法都没有,更不用说怪话了。连全国人民的精神面貌都是非常正常的,向上的。谁能说这样的人民,这样的知识分子不是世界上最优秀的呢?

1966年开始的所谓"无产阶级文化大革命"是形势发展的必然结果。事后连原新北大公社的东语系一个教员都告诉我说,我本来能够躲过这一场灾难的。但是,我偏偏发了牛劲,自己跳了出来,终于得到了报应:被抄家,被打,被骂,被批斗,被关进了牛棚,差一点连命都赔上。我当时确曾自怨自艾过。但是现在我却有了另一个想法：文化大革命是一个千载难逢的"盛事"。如果我自己不跳出来，就决不可能亲自尝一尝这一场"革命"的滋味，决不可能了解这一场灾难究竟是什么样子。那将是绝对无法挽回的极大的憾事。

关在牛棚里的时候，我看了很多，也想了很多。我逐渐感到其中有问题：为什么一定要这样折磨知识分子？知识分子身上毛病不少，缺点很多，但是十全十美的人又在哪里呢？我当时认识不高，思考问题肤浅片面。我没有责怪任何人，连对发动这一场"革命"的人也毫无责怪之意。我只是一个劲地深挖自己的灵魂。用现在间或用的一个词来说，就是"原罪感"。这是用在基督教徒身上的一个词，这里不过借用一下而已。

别的老知识分子有没有这个感觉，我不知道。它表现在我身上却是很具体的。解放前，我认为一切政治都是肮脏的，决心不介入。我并不了解共产党，只是觉得国民党有点糟糕，非垮台不行。解放以后，我上面说到我在思想改造运动中的收获，其中心就是知道了并不是所有的政治都是肮脏的，共产党就不是。同时又觉得自己非常自私自利：中国人民浴血抗战，我自己却躲在万里之外，搞自己的名山事业。我认为自己那一点"学问"，那一点知识，是非常可耻的，如果还算得上"学问"和知识的话。有很长一段时间，我称自己为"摘桃派"，坐享胜利的果实。

那么,怎么办呢?

我有很多奇思怪想。我甚至希望能再发生一次抗日战争,给我一个机会,让我来表现一下。我一定能奋力参战,连牺牲自己的性命,我都能做到。我读了很多描绘抗日战争或革命战争的小说,对其中那一些共产党员和革命战士不怕牺牲的精神,我崇拜得五体投地。我自己发誓向他们学习。这些当然都是幻想,即使难免有点幼稚可笑,然而却是真诚的。这能够表现出我当时的精神状态。

谈到对领袖的崇拜,我从前是坚决反对的。我在国内时,看到国民党人对他们的"领袖"的崇拜,我总是嗤之以鼻。这位"领袖","九·一八"事变后我作为清华大学的学生到南京请愿时见过,他满口谎言,欺骗了我们。后来越想越不是味儿。我的老师陈寅恪先生对此公也不感兴趣。他的诗句"看花难近最高楼",可以为证。后来到了德国,正是法西斯猖獗之日。我看到德国人,至少是一部分人,见面时竟对喊:"希特勒万岁!"觉得异常可笑,难以理解。我认识的一位不到二十岁的德国姑娘,美貌非凡。有一次她竟对我说:"如果我能同希特勒生一个孩子,那将是我毕生最大的光荣!"我听了真是大吃一惊,觉得实在是匪夷所思。我有一个潜台词:我们中国人聪明,决不会干这样的蠢事。

回国以后，仅仅隔了三年，中国就解放了。解放初期，我同其他一些老知识分子心情相同，我们那种兴奋、愉快，上面已经讲了一点。当时每年要举行两次游行庆祝，五一和十一，地点都在天安门。每次都是凌晨即起，从沙滩整队步行到东单一带的小胡同里等候，往往要等上几小时。十点整，大会开始。我们的队伍也要走过天安门前，接受领袖的检阅。当时三座门还没有拆掉。在三座门东边时，根本看不到天安门城楼上的领导人。一转过三座门，看到领袖了，于是在数千人的队伍中立即爆发出震天动地的"万岁"声。最初，不管我多么兴奋，但是"万岁"却是喊不惯，喊不出来的。但是，大概因为我在这方面智商特高，过了没有多久，我就喊得高昂、热情，仿佛是发自灵魂深处的最强音。我完完全全拜倒在领袖脚下了。

我在上面简短地但是真诚地讲了我自己思想转变的过程。一滴水中可以见大海，一粒沙中可以见宇宙。别的老知识分子可能同我差不多，至少是大同而小异。这充分证明了，中国老知识分子，年轻的更不必说了，是热爱我们伟大的祖国的。爱国主义是几千年来中国知识分子的传统。同其他国家的知识分子比较起来，这是中国知识分子的一个突出的特点。

"大梦谁先觉，平生我自知。"我在梦觉方面智商是相当低的。一直到了十年浩劫，我身陷囹圄，仍然是拥护这一场浩劫的。西谚说："一切闪光的东西不都是金子。"在这期间，我接触到派到学校来"支左"的解放军和工人。原来这都是我膜拜的对象。"全国人民学习解放军""工人阶级必须领导一切"，我深信不疑，奉行唯谨。可是现在一经接触，逐渐发现他们中有的人政策观念奇低，而且作风霸道，个别的人甚至违法乱纪。我头上仿佛泼上了一盆凉水，顿时清醒过来。"金无足赤，人无完人"的道理，我是明白的。可是这样的作风竟然发生在我素所崇拜的人身上，我无论如何也没有想到。我们唯物主义者应该实事求是，光明磊落；花言巧语，文过饰非，是绝对不可取的。

新时期新生活（1978—1993）

根据我个人的经验，新中国成立后将近五十年可以分为两大阶段，分界线是1978年。前面将近三十年为一阶段，后面将近二十年为一阶段。在第一阶段中，搞学术研究工作的知识分子只能信，不能想，不允许想，不敢想。天天如临深渊，如履薄冰，天天代圣人立言，不敢说自己的话，不允许说自己的话。在这种情况下，想在学术研究中搞点儿什么名堂出来，真是难于上青天了。只有真正贯彻了"百花齐放、百家争鸣"的精神，学术才能真正繁荣，否则学术，特别是人文社会科学，就只能干瘪。这是古今中外学术史证明了的一条规律，不承认是不行的。

从1978年起，改革开放宛如和煦的春风，吹遍了祖国的大地。重点转入市场经济以后，我们的经济得到了发展。虽然还有一些不尽如人意之处，但成就却是不可忽视的。在意识形态方面，从事学术研究工作的学者们，脑袋上的紧箍咒被砸掉了，可以比较自由地、独立自主地思考了，从而学术界思想比较活跃起来。思想活跃历来都是推动学术研究前进的重要条件。中国学术界萌生了生气勃勃的生机。

在这种非常良好的政治大气候下,我个人也仿佛从冬眠中醒来了,心情的舒畅是将近五十年来从来没有过的。

在这样优越的政治大气候中,我的学术研究工作能够比较顺利地进行了。从1978年一直到今天的二十年中,我的研究成果在量和质两个方面都远远超过这以前的四五十年。

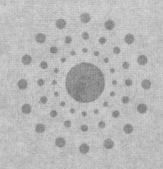

第五辑 百年回眸

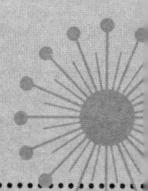

百年回眸

我们眼前正处在一个"世纪末",甚至"千纪末"中。所谓"世纪"是人为地制造成的。如果没有耶稣,哪里来的什么公元。如果没有公元,又哪里来的什么世纪。这种人工制成的东西,不像年、月、日、时,春、夏、秋、冬这些大自然形成的东西,有其产生的必然性,对人类和世界万物有其必然的影响。这是一个十分浅显的道理,一想就能明白的。

可是人造的世纪,偏偏又回过头来对人类的思想和行动产生影响。19世纪的"世纪末"中,欧洲思想界、文学艺术界所发生的颇为巨大的变动,是人所共知的。然而,迄今却还没有得到合情合理的解释。

现在一个新的"世纪末"又来到了我们身边。在这个20世纪的"世纪末"中,全球政治方面的剧烈变动,实在令人有石破天惊之感。在哲学思想、文艺理论等方面的变动,也十分惊人。

今天一个"主义",明天一个"主义",令人目不暇接,而所谓"信息爆炸"更搅得天下不安。这些都是事实,至于它们与

"世纪末"有否必然的联系，则是说不清楚的一个问题。

也有能完全说得清楚的就是，眼下全世界各国政府，以及一切懂得世纪和世纪末的意义的人士，无不纷纷回顾，回顾即将过去的20世纪，又纷纷瞻望，瞻望即将来临的21世纪。学术界也在忙着总结20世纪的成绩，预想下一个世纪的前景。几乎人人都在犯着神秘莫测的世纪病。

有人称我为"世纪老人"，我既感光荣，又感惶恐。因为，我自己还欠一把火，我只在20世纪生活了八十九年，还差十一年才够得上一个世纪，但是，退一步想，我毕竟经历了一个世纪的百分之九十，虽不中，不远矣。回忆一个世纪的经历，我还算是有点资格的。因此，我不揣冒昧，就来一个"世纪回眸"，谈一谈我在过去一个世纪中的亲身感受。

我一向有一个看法，我觉得，每一个人的一生都是一场拼搏。人的降生，都是被动的，并非出于个人愿望。既然来到人间，就必须活下去。然而，活下去却并不容易，包括旧时代的皇帝在内，馅饼并不从天上自动掉到你的嘴里来，你必须去拼搏。这是一个人生存的首要任务。我从1911年起，就拼搏着前进，有时走阳关大道，有时走独木小桥。有时风和日丽，有时阴霾蔽天。拼呀拼，一直拼到今天，总算还活着，我的同龄人有的已经离开了这个世界。我现在的情况可以拿一句旧诗来形象地描绘出来:"删繁就简三秋树。"我这一个叶片,身边老叶片不多了,怎能没有凄清寂寞之感呢?

再谈这一百年来的我亲身经历的世界大事和国家大事。我经历过清朝帝国,虽然只有两个多月,毕竟还得算是清朝"遗小"。我经历过辛亥革命,经历过洪宪称帝,经历过军阀混战,经历过国民党统治,经历过日寇入侵,经历过抗日战争,其间我在欧洲住过十年,亲身经历了二战,又经历过解放战争,经历过中华人民共和国的成立。建立以后,眼前虽然有了希望了,然而又今天斗,明天斗,这次我斗你,下次你斗我,搅得知识分子如我者,天天胆战心惊,如履薄冰,斗到了1966年,终于斗进了牛棚。

改革开放以后,松了一口气,然而人已垂垂老矣。

从世界范围内来看,西方工业革命以后,科技的发展给全世界人民带来极大的福利,无远弗届。这我们决不会忘记。然而跟着来的却是无穷无尽的灾害和弊端,举其荦荦大者,如环境污染、空气污染、生态平衡破坏、臭氧层出洞、人口爆炸、新疾病产生、淡水资源匮乏,如此,等等,不一而足。上面列举的弊端都与工业生产而紧密联系,哪一个弊端不消除,也能影响人类生存的前途。现在,有识之士奔走惊呼,各国政府也在努力设立专门机构,企图解决这些问题。"天之骄子"的人类何去何从?实在成了"世纪末"的一大问题。

再说到我自己。我从1911年就努力拼搏,拼搏了一生,好像是爬泰山南天门。我不想"会当凌绝顶,一览众山小"。我只是不得不爬而已。有如鲁迅《野草》中的那一位"过客",只有努力向前。我想起了两句旧诗:"马后桃花马前雪,教人哪得不回头?"我想把这诗改为:"马前桃花马后雪,教人哪得肯回头?"

我的"马前"当然指的是21世纪,"马后"就是即将过去的20世纪。"马后雪"是可以肯定的。"马前桃花"却只是我的希望。我真是万分虔诚地期望着,21世纪将会是桃花开满了普天之下,绚丽芬芳,香气直冲牛斗。

1998年10月15日

梦游21世纪

21世纪就在眼前,不久我们就能够亲身莅临,何劳梦游？但是,我们眼前还毕竟是处在20世纪中,要谈21世纪,只能梦游了。

21世纪究竟是个什么样子呢？我不相信20世纪的最后一天和21世纪的最初一天会有什么区别。早晨,太阳照样从东方出来；晚上,太阳照样在西方落下,一切几乎都一模一样。

但是,我认为,既然是21世纪,必然有其特点,不过,这个特点决不会一下子就显露出来的,这是一个缓慢的逐渐显露的过程。在这个世纪的初叶,只能渐露端倪,到了2050年左右,它已如日中天,整个特点都会毫无保留地显露出来了。

对于那一点特点,我现在只能做梦。

我梦到,近几百年以来,西方的科学技术给人民、全世界人民带来了空前的幸福；但是,其基础是"征服自然",与自然为敌,因而受到了大自然的惩罚,产生了许多弊端,比如大气污染、环境污染、生态失衡、物种灭绝,如此等等,不一而足,切盼到了21世纪能有所改变，能改恶向善。要想做到这一点，必须以东方"天人合一"的思想，济西方思想之穷，也就是说，人类必须同大自然为友，双方互相了解，增进友谊，然后再伸手向大自然要衣、要食、要住、要行。只有这样，人类才能避免现在面临的这一些灾难。

我梦到，我们的国家继续安定团结，繁荣昌盛下去。政府中减少了官气，社会上杜绝了假冒伪劣。人民的伦理道德水平提高，人文素质教育加强。56个民族团结得像一个人。南方不再洪水泛滥，北方没有森林火灾。天比现在蓝，水比现在清，一片祥和气象。

我梦到，在每一个家庭里，父慈子孝，兄友弟恭，夫妻相敬相爱，相忍相让。像眼前这样的一些青年对恋爱和婚姻的轻率态度，再也看不到了。对待爱情坚贞真实，谁也不做露水夫妻，把离婚当做家常便饭。原本温馨的家庭更温馨了；原本不温馨的家庭变得逐渐温馨起来。在任何时代，人生都是一场搏斗，搏斗就难免惊涛骇浪。在这样的浪涛中，有胜利者，当然也有失败者。在整个社会中，家庭对这样的浪涛来说，就是一个安全的避风港。胜利者回到这个避风港中，在温馨的气氛中，细细品味这胜利的甜蜜；失败者回到这个避风港中，追忆和分析失败的教训，家庭的温馨会增强他的斗志。回忆之余，奋然而起，他又有了足够的勇气和力量，再回到社会中，继续拼搏，勇往直前，必须胜利在握而后止。家庭的作用大矣哉！

我梦到，个人也有了新的变化和起色。对世界来说，他是一个世界公民。对国家来说，他是一个国家公民。对社会来说，他是其中的一分子。他应当在道德方面不断修养和锻炼，能做到"苟日新，日日新，又日新"，成为一个有用的人，成为一个正直的人。对世界，对国家和社会，对家庭都能尽上应尽的责任。他决不应当像杨花柳絮一样，虽然一时能飞满春城，但是随风飘荡，毫无自主能力，到头来，虽然给骚人墨客增添一些灵感，写出了美妙绝伦的诗词，自己最终却落到泥土地上，化为尘埃，消逝得无影无踪。

我想做和能做的梦还有很多很多，今天就先做这一些，至于能否成为现实，那就不能由我来决定，这要由每一个人自己决定，一方面要奋发图强，另一方面还必须靠点机遇，二者缺一不可。不管怎么样，我的梦是异常美妙的。我切盼，到了21世纪某一个时刻，我的梦能够完全实现，喜气盈大地，春色满寰中，全世界人民共庆升平。

1999年10月23日

千禧感言

旧日每逢新年，总有贴新门联的习惯，门联辞藻美而丰富，最常用的是"一元复始，万象更新"，对仗工整，含义深刻。但是，汉语是一种模糊性很强的语言，我们使用这种语言的人，往往习以为常，不去推敲。即如上面这两句话，说的是具体情况呢，还仅仅是希望？我个人的语感是，这仅仅是希望。一元虽已复始，眼前万象还未必就能更新。我现在要说：世纪——甚至千纪——复始，万象更新，也绝不是说，2000年的第一天同1999年的最后一天，其间会有天大的变化。就以常识而论，那也是绝不可能的，这不过是表示我的愿望而已。21世纪的特点是一定会出现的，不过决不会一蹴而就。

我对21世纪究竟有什么希望呢？

先从大的讲起。首先，我希望世界和平，民族团结。但是，我自己立即否定了这个希望，这是根本办不到的。眼前的世界大国，特别是那一个唯一的超级大国，一点也没有接受20世纪两次世界大战的惨痛教训，仍然自我感觉十分良好，颐指气使，横行霸道，以世界警察自居。我希望，我们中国人民不要为花言巧语所迷惑，奋发图强，加强团结，随时保留一点忧患意识，准备对付一切可能发生的外来的侵略，保卫我们的祖国。

其次，是对我们国家的希望。改革开放确实给我们国家带来了翻天覆地的变化。经济繁荣，政局安定，人民生活有了提高。总起来看，确有一个安定团结的局面。但这仅仅是一面，也不是没有令人担忧的一面。我不懂经济，但是我从《参考消息》上看到一则外国评论中国经济的报道，其中讲到中国国有经济在某一些方面给中国带来了一些麻烦，详情我不清楚，不敢妄加评论。

但是，《参考消息》敢于刊登，其中必有依据，我们的最高领导班子对这个问题是十分清楚的，也正在采取措施。我希望这个问题能够尽早地尽善尽美地得到解决。

从人类生存的前途来看，多少年来，我就提出了一个看法：西方自产业革命以后，恶性膨胀逐渐形成的对大自然诛求无餍的要求，也就是所谓"征服自然"的做法，现在已经产生了严重的后果。现在全世界各国政府都对环保问题异常重视，但是却没有什么人追究造成这种现象的根源。我认为，这是一种缺少远见卓识的表现。我一向主张，中国的，同时也是东方的"天人合一"的思想，也就是人类要与大自然为友，不要为敌的思想，能济西方思想之穷。我这种想法，反对的人有，赞成的人也有，我则深信不疑。我希望,21世纪走到某一个阶段时,人类文化会在融合的基础上突出东方文化的作用,明辨而又笃行之。

还有一件让我忧心忡忡的事,这就是:中国公民中某一些人素质不高,道德滑坡的现象。谁也无法否认,中华民族是一个伟大的民族。但是,在伟大的后面也确有不够伟大的地方,对此熟视无睹是有害无益的。例子用不着多举,我只举一个随地吐痰的坏习惯。这样做是一切文明国家所没有的,然而在中国却是司空见惯,屡禁不止。前不久,庆祝新中国成立五十年的喜事,北京市政府和各界人士费了九牛二虎之力,把北京打扮得花团锦簇,净无纤尘,谁看了谁爱。然而,曾几何时,国庆后不到一个月,许多地方又故态复萌,花坛和草地遭到破坏践踏,烟头随处乱丢,随地吐痰也不稀见。还有一些破坏公共设施的现象,连风光旖旎的燕园内也不例外。这种破坏对肇事者本人一点好处也没有,对群众则带来了莫大的不方便。我真不了解,这些人是何居心。这样的人,如果只有几个,则世界任何文明国家都难以避免。可惜竟不是这样子,看来人数并不太少。这一批害群之马实在配不上是伟大民族的一部分。救之方法何在?我觉得,过去主要靠说教,事实证明,用处不大。我认为,必须加以严惩。捉到你一次,罚得你长久不能翻身。只有这样才能奏效,新加坡就是一个例子。在此万象更新之际,我希望在21世纪某一个时候,这种现象能够绝迹，至少是能够减少。伟大的中华民族真正能显出伟大的本色，岂不猗欤休哉！

我在20世纪，有"世纪老人"之称。到了21世纪，决不可能再成为"世纪老人"了。但是，我对21世纪却不知道有多少希望。凡是20世纪没有能够做到的事情，我都寄希望于21世纪。希望太多，只能举出上面说到的几个，以概其余。在世纪之初，本来是应该多说一些吉利话的。但是，我在上面已经声明过，我不说大话，不说假话。我认为，那样做，对不起全国人民。其实我说的话，不管听起来多么不顺耳，里面却有大吉大利的内涵。如果把那些弊端除掉，不就是大吉大利了吗？我真希望，大吉大利能降临我国;我真希望，国泰民安;我真希望，人民的素质越来越提高;我真希望，人民越过越幸福;我真希望，我国能成为一个名副其实的经济文化大国，巍然立于全世界民族之林中。

1999年11月1日

豪情半怀迎新纪

再过十八天,一个新的世纪和千纪就要降临到人间了。世纪和千纪这玩意儿本来是人为地创造出来的。没有耶稣,何来世纪与千纪?但它一旦被创造出来,就对人类的心理产生了作用。至少是在最近的几个世纪的世纪末,人类社会,特别是在意识形态方面,就发生变异。这有历史为证,决不是信口雌黄。

现在又是世纪末了。中国以及世界各国的有识之士纷纷对即将来临的新世纪做出五花八门的预测和期望。我自己不敢以有识之士自居,但我是有脑筋,能思考的,我对21世纪也有我的期望。

最近若干年以来,我对世界文化的区分形成了一种看法。我认为,文化确实有东西之分的。西方文化以分析的思维模式为基础,对物质一分再分,认为可以无穷尽地分析下去;对大自然则抱着"征服自然"的态度,诛求无餍。结果产生的弊端是人所共见的,比如,环境污染、大气污染、生态平衡破坏、生物灭种、人口爆炸、新疾病产生、淡水资源匮乏,等等,无一不威胁着人类生存的前途。东方文化以综合思维模式为基础,主张"天人合一",也就是张载所说的:"民,吾同胞;物,吾与也。"人类要与大自然做朋友,不能征服自然。这种思想中国和东方其他一些国家是固有的。但是,近代以来,受了西方产业革命的影响,也有与大自然为敌的现象。在西方思想垄断世界思想的情况下,这是不可避免的。

我补充几句:西方也有综合的一方面,东方也有分析的一方面,不过不是主流而已。天下没有绝对纯之又纯的东西。

我对新世纪、新千年的期望,就是根据上面的想法而产生的。我期望,在新的世纪中,东西文化都将继续发展下去,而且会互相融合。但是,融合是有主次的,必须以东方文化济西方文化之穷,以东方"天人合一"的思想为中轴线而运转。

我这个看法,有人赞成,有人反对。赞成当然能使我高兴,反对也不能使我不高兴。因为21世纪毕竟还没有来到,一切对它的想法都只是像那个民间笑话"近视眼猜匾"一样的主观臆见。我对于这个问题不同任何人争论,在匾还没有挂出来之前,争论都是放空炮,"可怜无补费精神"。

就算是猜匾吧,我对21世纪这一块匾猜出了什么字没有呢?我猜出的字上面说了一点。最近读到浙江文艺出版社出版的《李政道文录》和金吾伦先生的《李政道、季羡林和物质是否无限可分》(《书与人》1999年第5期),颇得到一些极为宝贵的启发。

我发现，李政道的一些看法与鄙见颇有相同和相似之处，实在是于我"心有戚戚焉"。我现在抄几段李政道先生的原文："以为知道了基本粒子，就知道了真空，这种观念是不对的……我觉得，基因组也是这样，一个个地认识了基因，并不意味着解开了生命之谜。生命是宏观的，20世纪的文明是微观的。我认为，到了21世纪，微观和宏观结合成一体。"（引书同上，89页）李政道在几个地方都提到微观与宏观相结合。我认为，他的"微观"和我说的分析的思维模式相当，至少是相似。他的"宏观"与我说的综合的思维模式相当。现在再引一段话："现在我们猜不到21世纪的文化是什么，就如同在19世纪我们猜不到20世纪的文化将是怎样一样。同样，若我们真能激发真空的话，很可能我们对宇宙的了解要远远超过20世纪。将来的历史会写上:是在我们这个时代，把微观的世界与宏观的世界用科学的方法连接起来。"（引书同上，182页）

文多不具引。最好请读者看一看这一本非常有意义的新书，会从中得到很多教益的。我现在再强调一下，微观与宏观相结合，重点应该放在过去被忽视了的宏观上。

题目本应是"豪情满怀迎新纪"，但我对21世纪还有一些问号，所以改为"半怀"。

1999年12月19日